普通高等学校城市轨道交通专业规划教材
组织委员会

主　任　罗　斌　王丰胜
副主任　储继红　胡勇健　刘明亮　李　锐
委　员　郑　斌　廉　星　刘蓉蓉　朱海燕　李建洋　娄　智
　　　　杨光明　左美生

普通高等学校城市轨道交通专业规划教材
编写委员会

主　编　李　锐　刘蓉蓉
副主编　郑　斌　段明华
编　委　张国侯　李宇辉　穆中华　左美生　娄　智　李志成
　　　　兰清群　钟晓旭　李队员　王晓飞　李泽军　李艳艳
　　　　颜　争　彭　骏　黄建中　周云娣　陈　谦　黄远春
　　　　田　亮　文　杰　任志杰　李国伟　薛　亮　牛云霞
　　　　张　荣　苏　颖　孔　华　高剑锋　储　粲　孙醒鸣
　　　　罗　涛　胡永军　洪　飞　韦允城　吴文苗　钟　高
　　　　张诗航　张敬文　武止戈　吴　柳　赵　猛　沙　磊
　　　　吴　仃　赵瑞雪　聂化东　彭元龙　胡　啸　干　慧
　　　　项红叶　马晓丹　孙　欣　邹正军　余泳逸

普通高等学校"十三五"省级规划教材
普通高等学校城市轨道交通专业规划教材

城市轨道交通行车组织 第2版

主　　编　李志成　王晓飞
副主编　李宇辉　张　宁　马晓丹
编写人员（以姓氏笔画为序）
　　　　　马晓丹　王兆龙　王晓飞
　　　　　叶　坚　田　亮　朱永霞
　　　　　任志杰　李宇辉　李志成
　　　　　李　钢　李艳艳　李娟玲
　　　　　张　宁　薛　亮
主　审　李锐

中国科学技术大学出版社

内 容 简 介

本书为城市轨道交通运营管理等专业系列规划教材之一，从项目化教学的角度出发，对城市轨道交通行车组织工作过程进行了全面分析，共分为11个项目，包括运营计划编制、线站与信号设备运用、车辆认知与驾驶、运行进路与行车凭证运用、行车调度工作、正常情况下的行车组织、非正常情况下的行车组织、调车作业组织、工程列车与救援列车的开行、施工组织与管理、行车安全管理。

本书可作高职、中职院校城市轨道交通运营管理专业及其专业群的教材或参考用书，也可作为从事城市轨道交通规划、建设和运营管理的专业技术人员的培训教材。

图书在版编目(CIP)数据

城市轨道交通行车组织/李志成,王晓飞主编. —2版. —合肥:中国科学技术大学出版社, 2023.1

ISBN 978-7-312-03069-7

Ⅰ. 城⋯ Ⅱ. ①李⋯ ②王⋯ Ⅲ. 城市铁路—行车组织 Ⅳ. U239.5

中国版本图书馆 CIP 数据核字(2022)第 195010 号

城市轨道交通行车组织
CHENGSHI GUIDAO JIAOTONG XINGCHE ZUZHI

出版	中国科学技术大学出版社
	安徽省合肥市金寨路96号,230026
	http://press.ustc.edu.cn
	https://zgkxjsdxcbs.tmall.com
印刷	安徽国文彩印有限公司
发行	中国科学技术大学出版社
开本	787 mm×1092 mm 1/16
印张	20
字数	505千
版次	2014年11月第1版 2023年1月第2版
印次	2023年1月第4次印刷
定价	56.00元

总 序

本套教材根据城市轨道交通运营管理、城市轨道交通通信信号技术、城市轨道交通车辆技术、城市轨道交通机电技术、城市轨道交通供配电技术专业的人才培养需要,结合行业企业对职业岗位能力的要求,由安徽交通职业技术学院、南京铁道职业技术学院、郑州铁路职业技术学院、上海工程技术大学、辽宁省交通高等专科学校、新疆交通职业技术学院、江苏城乡建设职业学院、合肥职业技术学院、安徽城市管理职业学院、合肥铁路工程学校、合肥市轨道交通集团有限公司、深圳地铁集团公司运营分公司、杭州城市轨道交通运营公司、宁波城市轨道交通运营公司、郑州地铁集团有限公司运营分公司、中国铁路郑州局集团有限公司、中国铁路上海局集团有限公司等单位共同编写。

本套教材以立德树人为导向,融入课程思政元素,知识传授与技术技能培养、工程伦理教育、工匠精神塑造、爱国情怀激发并重,以校企深度合作订单培养为基点,对接城市轨道交通运营岗位技能标准,融合城市轨道交通职业技能大赛,融通城市轨道交通"1+X"职业资格证书,融入思政教育,实现了"岗、课、赛、证、思"的融合。教材编写整合了国内主要城市轨道交通运营企业现场作业的内容,以实际工作过程为导向,采用"项目引领、任务驱动、问题引导、案例分析"的编写模式,以知识学习为基础,以技能训练为重点,以技术创新为引领,激发学生学习动机,提高学生学习积极性。

本套教材涵盖城市轨道交通运营管理、城市轨道交通通信信号技术、城市轨道交通车辆技术、城市轨道交通机电技术、城市轨道交通供配电技术专业相关专业课程,可作为高校所涉专业教材,也可供城市轨道交通从业人员参考。

普通高等学校城市轨道交通专业规划教材
编写委员会

前言

行车组织是城市轨道交通运营管理的核心工作,行车指挥人员作为轨道交通运营的"大脑",担负着统筹协调各岗位,保障城市轨道交通安全、正点、高效运营的任务。

本书是安徽省高等学校"十三五"省级规划教材,由具有城市轨道交通运营管理经验的高级工程师与具有城市轨道交通岗前培训教学经验的"双师型"教师共同编写。

本书以城市轨道交通专业岗位所需的基本知识与操作技能为主要内容,以满足城市轨道交通运营技术岗位复合型人才需求为导向,以促进学生参与技能竞赛为切入点,以典型工作项目为载体,着力融合"岗、课、赛、证、思"五位一体综合育人融通机制,对城市轨道交通行车组织基础设备、信号联锁关系、行车闭塞法、列车运行图等进行了详细、全面的阐述,对城市轨道交通行车组织机构与有关行车人员岗位职责进行了介绍,以满足城市轨道交通发展对行车指挥人才的需求。

本书依据订单班合作企业行车岗位技能标准,对接全国交通运输行业职业技能大赛赛项技能要求和"1+X城市轨道交通职业技能等级"证书技能点,融通"岗、课、赛、证、思",将内容构建为11个项目:运营计划编制、线站与信号设备运用、车辆认知与驾驶、运行进路与行车凭证运用、行车调度工作、正常情况下的行车组织、非正常情况下的行车组织、调车作业组织、工程列车与救援列车的开行、施工组织与管理、行车安全管理。全书内容由浅入深、循序渐进、层次清晰,同时结合教学实践与岗位技能要求,以二维码形式融入了数字资源,每个任务后附有知识点练习、技能点训练,以便于学生巩固所学知识及提升解决实际问题的能力。

本书由安徽交通职业技术学院李志成担任主编,负责全书框架和编写思路的设计及全书的统稿工作,王晓飞担任第二主编,南京铁道职业技术学院李宇辉、合肥市轨道交通集团有限公司张宁、合肥铁路工程学校马晓丹担任副主编,深圳地铁集团公司运营分公司田亮,宁波城市轨道交通运营公司任志杰,辽宁省交通高等专科学校薛亮,安徽城市管理职业学院王兆龙,江苏城乡建设职业学院李钢和安徽交通职业技术学院李艳艳、朱永霞、叶坚、李娟玲参与编写,安徽交通职业技术学院李锐担任主审。具体编写分工如下:项目一、项目二、项目四、项目六、项目七、项目十由李志成、王晓飞和张宁共同编写,项目三、项目五由马晓丹、王兆龙、李艳艳和田亮共同编写,项目八、项目九由李宇辉、朱永霞、李娟玲和李钢共同编写,项目十一由薛亮、叶坚和任志杰共同编写。

编　者

"岗、课、赛、证"相关要求

"岗"：课程对接国家职业技能标准/岗位技能要求

国家职业技能标准相关工种/岗位技能要求 课程	城市轨道交通服务员						城市轨道交通列车司机						
	站务员			行车值班员			五级/初级工		四级/中级工		三级/高级工		二级/技师
	五级/初级工	四级/中级工	三级/高级工	五级/初级工	四级/中级工	三级/高级工	列车操纵	非正常行车及突发事件应急处置	列车操纵	非正常行车及突发事件应急处置	列车操纵	非正常行车及突发事件应急处置	技术管理与培训
	行车组织与施工组织	行车组织与施工组织	行车组织与施工组织	行车组织与施工组织	行车组织与施工组织	行车组织与施工组织							
项目一	√	√	√	√	√	√	√	√	√	√			√
项目二	√	√	√	√	√	√	√	√	√	√		√	√
项目三	√	√	√	√	√	√	√	√	√	√		√	√
项目四	√	√	√	√	√	√					√		√
项目五	√	√	√	√	√	√	√						
项目六	√	√	√	√	√	√							
项目七	√	√	√	√	√	√		√	√	√	√	√	
项目八				√	√	√	√				√		
项目九	√	√	√	√	√	√	√	√	√	√	√	√	√
项目十	√	√	√	√	√	√	√	√	√	√	√	√	√
项目十一	√	√	√	√	√	√	√	√	√	√	√	√	√

"赛":课程与相关职业技能大赛融合

城市轨道交通行车值班员职业技能大赛

课程	职业技能大赛基本要求																	
	理论知识								技能考核								
	基本要求	基础知识						相关知识			行车作业办理				应急处置				
														信号故障处置				手摇道岔处置	
	职业道德守则	行车安全组织规则等	列车运行控制基础知识	通信等系统基础知识	运行图	设备设施故障应急处置	突发事件应急处置	施工作业等	相关法律法规知识	行车作业办理	车站施工组织	上岗确认ATS系统控制权操作工作站状态	完成接收	组织图定列车按计划运行	列车计划性出段	紧急停车按钮点亮的处置	办理区故解业	信号重开操作	道岔单独操作	道岔单锁操作	道岔单解操作	计轴故障下的应急处置操作	手摇定位处置	手摇反位处置
项目一	√	√																						
项目二	√	√	√	√																				
项目三	√		√	√	√																			
项目四	√		√		√	√																		
项目五	√	√				√																		
项目六	√						√					√	√	√	√									
项目七	√									√			√			√	√	√	√	√	√	√		
项目八	√							√					√											
项目九	√								√															
项目十	√										√												√	
项目十一	√																					√		√

续表

课程	职业技能大赛赛要求项目	城市轨道交通信号工职业技能大赛					城市轨道交通列车司机职业技能大赛									
		理论知识					理论知识			标准化作业						
		城市轨道交通行车组织专业知识	城市轨道交通乘务管理知识	城市轨道交通通信、信号知识	安全规章制度		行车知识	乘务管理知识	通信、信号知识	出乘前检查	出入库	区间运行	上下客监护	不同模式驾驶	折返及交接班作业
项目一		√					√								
项目二		√		√			√		√						
项目三		√					√	√		√		√	√	√	√
项目四		√					√								
项目五		√					√				√				
项目六		√					√								
项目七		√	√				√								
项目八		√	√		√		√								
项目九		√			√		√								
项目十		√					√								
项目十一		√			√		√								

"证"：课程与"1+X"职业技能等级证书融通

"1+X"职业技能等级证书技能要求 / 课程	城市轨道交通站务职业资格					城市轨道交通乘务职业资格					
	初级	中级		高级		初级	中级			高级	
	行车组织及施工组织	现场组织及施工组织	应急情况处理	行车组织及施工组织	应急情况处理	列车运行与操作	列车运行与操作	列车故障处理	应急情况处理	计划编排	培训指导
项目一	√										
项目二	√		√								√
项目三	√	√						√			
项目四	√			√		√					√
项目五	√	√		√	√	√					
项目六	√		√	√			√	√	√	√	
项目七	√	√		√	√		√	√			√
项目八	√	√		√	√						
项目九	√	√		√	√					√	√
项目十	√		√		√				√		
项目十一	√				√						√

目 录

总序 ………………………………………………………………………………（ⅰ）
前言 ………………………………………………………………………………（ⅲ）
"岗、课、赛、证"相关要求 ……………………………………………………（ⅴ）

项目一　运营计划编制 ………………………………………………………（ 1 ）
　　任务一　客流计划编制 ……………………………………………………（ 1 ）
　　任务二　全日行车计划编制 ………………………………………………（ 4 ）
　　任务三　列车配备与运用计划编制 ………………………………………（ 9 ）
　　任务四　列车开行方案编制 ………………………………………………（ 14 ）
　　任务五　列车运行图及时刻表识读 ………………………………………（ 21 ）
　　任务六　列车运行图编制 …………………………………………………（ 30 ）

项目二　线站与信号设备运用 ………………………………………………（ 45 ）
　　任务一　线站与信号设备认知 ……………………………………………（ 45 ）
　　任务二　道岔及转辙机运用 ………………………………………………（ 61 ）

项目三　车辆认知与驾驶 ……………………………………………………（ 71 ）
　　任务一　车辆和列车认知 …………………………………………………（ 71 ）
　　任务二　列车驾驶工作认知 ………………………………………………（ 81 ）
　　任务三　车辆基地内驾驶 …………………………………………………（ 91 ）
　　任务四　正线驾驶 …………………………………………………………（ 93 ）
　　任务五　出、入基地驾驶 …………………………………………………（103）

项目四　运行进路与行车凭证运用 …………………………………………（105）
　　任务一　进路的基本认知 …………………………………………………（105）
　　任务二　进路控制 …………………………………………………………（112）
　　任务三　进路的划分 ………………………………………………………（115）

任务四　行车凭证使用 …………………………………………………………… (119)

项目五　行车调度工作 …………………………………………………………… (130)
　　任务一　控制中心及设备功能 …………………………………………………… (130)
　　任务二　城轨行车调度工作认知 ………………………………………………… (135)
　　任务三　列车运行调整 …………………………………………………………… (144)

项目六　正常情况下的行车组织 ………………………………………………… (150)
　　任务一　正常情况下行车组织工作认知 ………………………………………… (150)
　　任务二　正常情况下控制中心行车组织 ………………………………………… (152)
　　任务三　正常情况下车站行车组织 ……………………………………………… (158)
　　任务四　正常情况下车辆基地行车组织 ………………………………………… (164)

项目七　非正常情况下的行车组织 ……………………………………………… (178)
　　任务一　ATC设备故障时的列车运行组织 ……………………………………… (178)
　　任务二　车站联锁设备故障时的行车组织 ……………………………………… (181)
　　任务三　特殊情况下的行车组织 ………………………………………………… (192)

项目八　调车作业组织 …………………………………………………………… (199)
　　任务一　调车工作基本理论 ……………………………………………………… (199)
　　任务二　调车作业组织 …………………………………………………………… (203)

项目九　工程列车与救援列车的开行 …………………………………………… (211)
　　任务一　工程列车的开行 ………………………………………………………… (211)
　　任务二　救援列车开行 …………………………………………………………… (217)

项目十　施工组织与管理 ………………………………………………………… (225)
　　任务一　施工组织基本认知 ……………………………………………………… (225)
　　任务二　施工计划管理 …………………………………………………………… (232)
　　任务三　施工计划实施 …………………………………………………………… (240)

项目十一　行车安全管理 ………………………………………………………… (252)
　　任务一　城市轨道交通行车安全 ………………………………………………… (252)
　　任务二　城市轨道交通行车事故防治 …………………………………………… (256)
　　任务三　事件、事故汇编 ………………………………………………………… (269)

附录 ………………………………………………………………………………… (273)
　　附录一　行车日志 ………………………………………………………………… (273)
　　附录二　调度命令登记簿 ………………………………………………………… (274)
　　附录三　中间站接发车作业标准 ………………………………………………… (275)
　　附录四　折返站站前折返作业标准 ……………………………………………… (276)
　　附录五　折返站站后接发车作业标准 …………………………………………… (277)
　　附录六　出基地作业标准 ………………………………………………………… (278)

附录七　入基地作业标准 …………………………………………………… (279)
附录八　电话闭塞前准备作业 ……………………………………………… (280)
附录九　电话闭塞法中间站接发车作业标准 ……………………………… (281)
附录十　电话闭塞法站后折返接发车作业标准 …………………………… (284)
附录十一　电话闭塞法站前折返作业标准 ………………………………… (290)
附录十二　电话闭塞法出基地接发车作业标准 …………………………… (294)
附录十三　电话闭塞法入基地接发车作业标准 …………………………… (298)
附录十四　城市轨道交通站场平面示意图 ………………………………… (300)

参考文献 ………………………………………………………………………… (301)

项目一 运营计划编制

任务一 客流计划编制

素质目标

培养学生养成精准计算、精益求精的工匠精神。

知识目标

1. 能正确描述客流定义。
2. 能正确描述客流计划定义。
3. 能正确开展断面客流量的计算。

能力目标

1. 能够识读站间发、到客流表。
2. 能够根据站间发、到客流表完成断面客流量的计算。

客流计划

一、客流

客流是指在单位时间内,城市轨道交通线路上乘客流动人数和流动方向的总和,包括流量、流向与流时等要素。

二、客流计划

客流计划是指对运输计划期间城市轨道交通线路客流的规划。它是全日行车计划、列车运行计划和车辆运用计划编制的基础,是运输计划的重要组成部分。在新线建成投入运营时,客流计划可根据客流预测资料进行编制;在既有运营线路运营时,客流计划可根据客流统计资料和客流调查资料进行编制。客流计划的主要内容包括站间发、到客流量,各站方向上、下车人数,全日、高峰小时和低谷小时的断面客流量,分时最大断面客流量等。

客流计划以站间发、到客流量数据作为原始资料,首先计算出各站上、下车人数,然后计算出断面客流量数据。例如,表1.1是某城轨线路1h的站间发、到客流斜表,根据站间发、到客流量数据可以计算出该时段各站的上、下车人数,如表1.2所示。

根据各站的上、下车人数,也可以计算出该时段断面客流量数据。

三、断面客流量与计算

所谓断面客流量是指在单位时间内,通过轨道交通线路某一地点的客流量。其计算公式为

$$P_{i+1} = P_i - P_下 + P_上$$

式中:P_{i+1}——第 $i+1$ 个断面的客流量(人);

P_i——第 i 个断面的客流量(人);

$P_下$——在车站下车人数(人);

$P_上$——在车站上车人数(人)。

根据以上公式计算出某线路各区间断面客流量,如表1.3所示。

表 1.1 站间发、到客流斜表

(单位:人)

发\到	A	B	C	D	E	F	G	H	合计
A		7 019	6 098	7 554	4 878	9 313	12 736	23 798	71 396
B	6 942		1 725	4 620	3 962	6 848	7 811	16 538	48 446
C	5 661	1 572		560	842	2 285	2 879	4 762	18 561
D	7 725	4 128	597		458	1 987	2 822	4 914	22 631
E	4 668	3 759	966	473		429	1 279	3 121	14 695
F	9 302	7 012	1 988	2 074	487		1 840	4 685	27 388
G	12 573	9 327	2 450	2 868	1 345	1 148		2 133	31 844
H	22 680	14 753	4 707	5 184	2 902	5 258	2 015		57 499
合计	69 551	47 570	18 531	23 333	14 874	27 268	31 382	60 951	292 460

表 1.2 各站上、下车人数

(单位:人)

下行上客数	下行下客数	车 站	上行上客数	上行下客数
71 396	0	A	0	69 551
41 504	7 019	B	6 942	40 551
11 328	7 823	C	7 233	10 708
10 181	12 734	D	12 450	10 599
4 829	10 140	E	9 866	4 734
6 525	20 862	F	20 863	6 406
2 133	29 367	G	29 711	2 015
0	59 951	H	57 499	0

表 1.3 各区间断面客流量

(单位:人)

下行	区间	上行
71 396	A—B	69 551
105 881	B—C	103 160
109 386	C—D	106 635
106 883	D—E	104 784
101 552	E—F	99 652
87 185	F—G	85 195
59 951	G—H	57 499

根据表 1.3 所示的资料可绘制断面客流图,如图 1.1 所示。

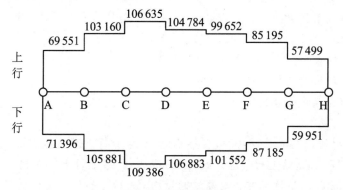

图 1.1 断面客流图

由图 1.1 可直观看到,该时段上行最大断面客流量出现在 D→C 断面,为 106 635 人;下行最大断面出现在 C→D 断面,为 109 386 人。在客流计划编制过程中,高峰小时的断面客流量可以通过高峰小时站间发、到客流数据来计算,也可以通过全日站间发、到客流量数据来估算。在用全日站间发、到客流数据来估算时,在求出全日断面客流量数据后,高峰小时的断面客流量可按占全日断面客流量的一定比例来估算,比例系数的取值可通过客流调查来确定。

技能点训练

某城市轨道线路客流调查早高峰小时(7:00—8:00)站间到、发客流如表 1.4 所示,请推算各站上、下车人数及各区间断面客流量。

表 1.4 早高峰小时站间到、发客流

(单位:人)

发\到	A	B	C	D	E	F	G	H
A		2 341	2 033	2 518	1 626	2 104	3 245	4 232
B	2 314		575	1 540	1 320	2 282	2 603	3 112
C	1 887	524		187	281	761	959	1 587
D	2 575	1 376	199		153	665	940	1 638
E	1 556	1 253	322	158		143	426	1 040
F	3 100	2 337	662	691	162		280	1 895
G	4 191	3 109	816	956	448	388		711
H	3 560	2 918	1 569	1 728	967	1 752	671	

知识点练习

一、填空题
1. 客流要素包括_____、_____、_____、_____。
2. 客流计划的主要内容包括_____、_____、_____、分时最大断面客流量等。
3. 客流计划是_____、_____和_____编制的基础,是运输计划的重要组成部分。

二、选择题
1. 客流是指在单位时间内,城市轨道交通线路上乘客(　　)和(　　)的总和。
   A. 流动人数　　　B. 流动方向　　　C. 流动速度　　　D. 流动时间
2. 高峰小时的断面客流量可以通过(　　)来计算。
   A. 高峰小时站间发客流数据　　　　B. 高峰小时站间到客流数据
   C. 全日站间发客流数据　　　　　　D. 全日站间到客流数据

三、名词解释
1. 简述客流的含义。
2. 简述客流计划的含义。
3. 简述断面客流量的含义。

四、计算题
假设晚高峰时段(17:00—18:00),在终端站 A 站上行上客人数为 56 617 人;B 站上行上客人数为 36 347 人,B 站上行下客人数为 5 830 人;C 站上行上客人数为 9 188 人,C 站上行下客人数为 6 620 人,请计算在该早高峰时段内 C—D 上行区间的断面客流量。

任务二　全日行车计划编制

素质目标
培养学生树立节约与为民服务的意识。

知识目标
1. 能正确描述全日行车计划的定义。
2. 能说明编制全日行车计划的程序。

全日行车计划

能力目标
1. 掌握全日行车计划编制资料的收集与整理。
2. 能在给定数据的基础上,完成全日行车计划的编制。

全日行车计划是城市轨道交通营业时间内各个小时开行的列车对数计划,它规定了城市轨道交通线路的日常运输任务,是编制列车运行图、计算运输工作量和确定车辆运用的基础资料。

全日行车计划是根据营业时间内各个小时的最大断面客流量、列车定员人数和车辆满载率,以及希望达到的服务水平综合考虑编制的。

一、资料的准备

1. 营业时间

轨道交通系统营业时间的安排主要考虑了两个因素：一是方便乘客，满足城市生活的需要，即考虑城市居民出行活动的特点；二是满足轨道交通系统各项设备检修养护的需要。根据资料，世界上大多数城市的轨道交通系统营业时间在 18—20 h，个别城市是 24 h 运营，如美国的纽约和芝加哥。适当延长运营时间，是轨道交通系统提高服务水平的体现。

2. 全日分时最大断面客流量

全日分时最大断面客流量，可在求出高峰小时断面客流量的基础上，根据全日客流分布模拟图来确定。

3. 列车定员数

列车定员数是列车编组辆数和车辆定员数的乘积。

列车编组辆数的确定以高峰小时最大断面客流量作为基本依据。在客流量一定的情况下，为达到一定的运能，除可采用增加列车编组辆数的措施外，也可采用缩短行车间隔时间的措施。但在行车密度已经较大时，为满足增长的客流需求，增加列车编组辆数往往成为选用措施。此时，轨道交通系统保有的运用车辆数是增加列车编组辆数的限制因素之一，其他限制因素包括车站站台长度和车辆基地停车线长度等。

车辆定员数的多少取决于车辆的尺寸、车厢内座位布置方式和车门设置数。一般来说，在车辆限界范围内，车辆长宽尺寸越大载客越多，车厢内座位纵向布置较横向布置载客要多，车厢内车门区较座位区载客要多。

4. 线路断面满载率

线路断面满载率是指在单位时间内特定断面上的车辆载客能力利用率。在实际工作中，线路断面满载率通常是指早高峰小时单向最大客流断面的车辆载客能力利用率，计算公式如下：

$$\beta^i = \frac{P_{\max}^i}{C_{\max}} \times 100\%$$

式中：β^i——第 i 小时线路断面满载率；

$P_{\max}^i$——第 i 小时单向最大断面客流量（人）；

$C_{\max}$——高峰小时线路运输能力（人）。

线路断面满载率反映了高峰小时开行列车在最大客流断面的满载程度，也反映了乘客的舒适程度。为了提高车辆运用效率、降低运输成本和提高经济效益，在编制全日行车计划时，轨道交通系统可采取列车在高峰小时适当超载的做法。

二、编制程序

1. 计算营业时间内各小时应开行列车数

计算公式如下：

$$n_i = \frac{P_{\max}^i}{P_{列} \cdot \beta^i}$$

式中：n_i——第 i 小时单向开行列车数或线路开行列车对数；

$P_{列}$——列车定员数（人）。

2. 计算行车间隔时间

计算公式如下：

$$t_{间隔} = \frac{3\,600}{n_i}$$

式中：$t_{间隔}$——行车间隔时间(s)。

3. 最终确定全日行车计划

在已经计算得到各小时应开行列车数和行车间隔时间的基础上，应检查是否存在某段时间内行车间隔时间过长的情况。行车间隔时间过长，会增加乘客的候车时间，降低乘客的出行速度，不利于吸引客流。为方便乘客、提高服务水平，轨道交通系统在非高峰运营时间内，如 9:00—21:00，最终确定的行车间隔时间标准一般不宜大于 6 min；而在其他非高峰运营时间内，最终确定的行车间隔时间标准也不宜大于 10 min。另外，对全日行车计划中的高峰小时行车间隔时间应检验是否符合列车在折返站的出发间隔时间。

4. 某地铁线路全日行车计划编制过程

（1）编制资料：

① 早高峰小时(7:00—8:00)单向最大段面客流量为 40 000 人；

② 全日分时单向最大断面客流分布模拟图如图 1.2 所示；

③ 列车编组为 6 辆，车辆定员为 300 人；

④ 线路断面满载率，高峰小时为 110%，其他运营时间为 90%。

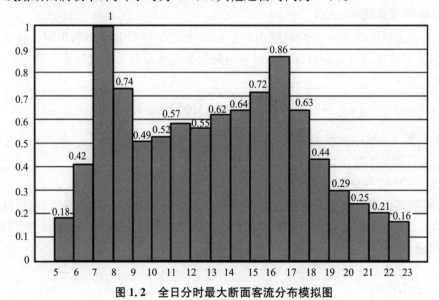

图 1.2　全日分时最大断面客流分布模拟图

（2）编制程序：

① 根据全日客流分布模拟图计算全日分时最大断面客流量，计算结果如表 1.5 所示；

② 根据公式计算营业时间内各小时应开行的列车数，计算结果如表 1.6 所示；

③ 根据公式计算行车间隔时间；
④ 最终确定全日行车计划。

表 1.5　全日分时最大断面客流量

营业时间	单向最大断面客流量	营业时间	单向最大断面客流量
5:00—6:00	7 200	14:00—15:00	25 600
6:00—7:00	16 800	15:00—16:00	28 800
7:00—8:00	40 000	16:00—17:00	34 400
8:00—9:00	29 600	17:00—18:00	25 200
9:00—10:00	19 600	18:00—19:00	17 600
10:00—11:00	20 800	19:00—20:00	11 600
11:00—12:00	22 800	20:00—21:00	10 000
12:00—13:00	22 000	21:00—22:00	8 400
13:00—14:00	24 800	22:00—23:00	6 400

表 1.6　全日分时开行列车数

营业时间	分时开行列车数	营业时间	分时开行列车数
5:00—6:00	5	14:00—15:00	16
6:00—7:00	11	15:00—16:00	18
7:00—8:00	20	16:00—17:00	18
8:00—9:00	18	17:00—18:00	16
9:00—10:00	12	18:00—19:00	11
10:00—11:00	13	19:00—20:00	7
11:00—12:00	14	20:00—21:00	6
12:00—13:00	14	21:00—22:00	5
13:00—14:00	15	22:00—23:00	4

检查计算得到的全日分时开行列车数及行车间隔时间，在非高峰运营时间内的 5:00—6:00 和 19:00—23:00 时间段行车间隔时间较长，为保持一定的服务水平，根据前面提出的列车开行数调整原则，最终确定全日行车计划如表 1.7 所示。

表 1.7　全日行车计划

营业时间	列车对数	行车间隔	营业时间	列车对数	行车间隔
5:00—6:00	6	10 min	14:00—15:00	16	3 min 45 s
6:00—7:00	11	5 min 25 s	15:00—16:00	18	3 min 20 s
7:00—8:00	20	3 min	16:00—17:00	18	3 min 20 s
8:00—9:00	18	3 min 20 s	17:00—18:00	16	3 min 45 s
9:00—10:00	12	5 min	18:00—19:00	11	5 min 25 s
10:00—11:00	13	4 min 35 s	19:00—20:00	10	6 min
11:00—12:00	14	4 min 15 s	20:00—21:00	10	6 min
12:00—13:00	14	4 min 15 s	21:00—22:00	6	10 min
13:00—14:00	15	4 min	22:00—23:00	6	10 min

编制完毕的某地铁线路全日行车计划全天开行列车234对,其中早高峰小时开行列车20对,行车间隔时间为3 min,晚高峰小时开行列车18对,行车间隔时间为3 min 20 s。全日客运量按早高峰小时全线各站乘车人数总和占全日客运量的一定比例估算,比例系数一般可取值为0.15—0.2,也可通过客流调查来确定。

技能点训练

1. 根据某城轨线路客流调查资料,完成全日行车计划编制。

编制资料:

(1)早高峰小时(7:00—8:00)站间到、发客流数据如表1.8所示。
(2)分时单向最大断面客流分布比例如图1.3所示。
(3)列车编组为6辆,车辆定员为310人。
(4)线路断面满载率,早、晚高峰小时为1.1,其他运营时间为0.9。

表1.8　早高峰小时站间到、发客流

(单位:人)

发＼到	A	B	C	D	E	F	G	H
A		2 341	2 033	2 518	1 626	2 104	3 245	4 232
B	2 314		575	1 540	1 320	2 282	2 603	3 112
C	1 887	524		187	281	761	959	1 587
D	2 575	1 376	199		153	665	940	1 638
E	1 556	1 253	322	158		143	426	1 040
F	3 100	2 337	662	691	162		280	1 895
G	4 191	3 109	816	956	448	388		711
H	3 560	2 918	1 569	1 728	967	1 752	671	

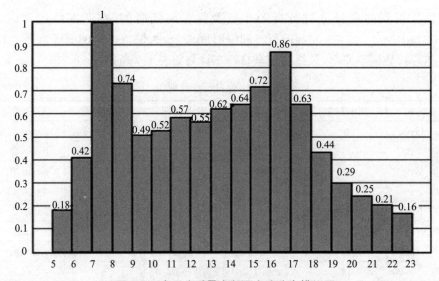

图1.3　全日分时最大断面客流分布模拟图

知识点练习

一、填空题
1. _____规定了轨道交通线路的日常运输任务。
2. 列车定员数是_____和_____的乘积。
3. _____是指在单位时间内、特定断面上的车辆载客能力利用率。
4. 9：00—21：00之外的非高峰时段行车间隔不宜大于_____。

二、选择题
1. 全日行车计划根据（　　）综合考虑编制。
A. 营业时间内各个小时的最大断面客流量　B. 列车定员人数
C. 车辆满载率　　　　　　　　　　　　　D. 希望达到的服务水平
2. 车辆定员数受（　　）因素影响。
A. 车辆尺寸　　　　　　　　　　　　　　B. 车辆运行速度
C. 车门设置数　　　　　　　　　　　　　D. 车厢内座位布置方式

三、名词解释
请简述全日行车计划的定义。

四、简答题
请简述全日行车计划编制程序。

任务三　列车配备与运用计划编制

素质目标

培养学生养成钻研业务、开拓创新的精神。

知识目标

1. 能说明车辆运用分类。
2. 能正确描述运用车、检修车和备用车的概念。
3. 能正确描述车辆运用计划内容。

能力目标

能完成列车运用计划的编制。

列车配备与运用计划

一、列车配备计划

列车配备计划是指为完成全线全日行车计划所需要的列车保有量计划。列车保有量包括运用车数、检修车数和备用车数三部分。列车保有量根据线路远期客流预测数据、远期计划运行行车间隔计算得出。

1. 运用车数

运用车（又称"上线车"）是指为完成日常运输任务而配备的技术状态良好的列车，运用

车的需要数与高峰小时开行列车对数、列车旅行速度及在折返站停留时间各项因素有关,按下式计算:

$$N = \frac{n_{高峰}\theta_{列}}{3\,600}$$

式中:N——运用车数(列);

$n_{高峰}$——高峰小时开行列车数(对);

$\theta_{列}$——列车周转时间(s)。

列车周转时间(又称"列车运行周期")是指列车在线路上往返一次所消耗的全部时间。它包括了列车在区间运行、列车在中间站停车供乘客乘降以及列车在折返站进行折返作业的全过程。

$$\theta_{列} = \sum t_{运} + \sum t_{站} + \sum t_{折停}$$

式中:$\sum t_{运}$——列车在线路上往返一次各区间运行时间的和(s);

$\sum t_{站}$——列车在线路上往返一次各中间站停站时间的和(s);

$\sum t_{折停}$——列车在折返站停留时间的和(s)。

当列车在折返站的出发间隔时间大于高峰小时的行车间隔时间时,须在折返线上预置一列车进行周转,此时运用车数需相应增加。

2. 检修车

检修车是指处于检修状态的列车。我国城市轨道交通运营企业采用定期检修制度,这是一项有计划的预防性维修制度。列车经过一段时间的运用后,各部件会产生磨耗、变形或损坏,为保证列车技术状态良好和延长使用寿命,需定期对列车进行检修。

目前列车检修制度一般分为预防性计划检修制度和技术状态检修制度两种。预防性计划检修制度是国内外城市轨道交通列车普遍采用的一种按列车运行周期进行计划检修的列车检修制度。按照《地铁设计规范》(GB 50157—2013)分为日常维修和定期大检修两类,按照修程可分为列检(又称"日检")、双周检、三月检、定修、架修和大修(又称"厂修")等级别修程,各修程检修内容如下:

(1) 列(日)检。对与列车的行车安全有关的部件进行日常技术检查,检修作业范围主要包括对受流器、空调、走行部、牵引电机、控制装置、各种电气装置、空气制动装置、车钩缓冲装置、车门、车体、贯通道、车灯等进行外观检查,并进行故障处理。

(2) 双周检。双周检是城市轨道交通车辆一般性日常检修中仅高于日检的修程,对运营两周的车辆进行基本的检修维护。检修维护内容在日检作业内容的基础上,进行车顶受电弓及空调的检查。仅采用第三轨受电的电客车因无受电弓,不进行车顶受电弓检查。

(3) 三月检。主要对影响安全行车的车辆重要部件(如转向架、制动机、电机悬挂部件、受电弓等)系统功能进行重点检查,查看故障诊断系统,对空调系统、主变流器核制动电阻进风口滤尘网进行清洗或更换。

(4) 定修。定修是承接检查、检修的重要环节。在对列车进行全面检查的基础上,对车辆的部分部件和少部分重点单位部件进行分解、检查、修理及更换。

(5) 架修。架修在专设的检修库内进行,按车辆的检修修程,除车体本身外,对车辆绝大部分的重点部件执行分解、清洗、检查、探伤、修理及更换,并对列车进行全面检测、调试和试验,以恢复列车综合性能,达到规定要求和质量验收标准。

(6) 大(厂)修。大(厂)修就是全面进行拆卸、维修、部件更换等处理,达到整体翻修的目的。

不同的检修修程有不同的检修周期,表 1.9 为列车检修修程和检修周期,列车检修修程和检修周期是根据列车各部件使用寿命以及列车运行环境等因数综合考虑确定的。通过对列车的不同部件制定不同的技术标准(检修规程)、检修修程和检修周期,使列车在经过不同种类的检修后,能在整个检修周期内保持良好的技术状态。

检修列车数量需根据运用列车数量、综合维修能力、修程修制、库停时间和检修周期确定,一般为运用列车数的 15%—20%。

表 1.9 列车检修修程和检修周期

类别	检修修程	日常维修和定期检修周期指标		检修时间(天)
		走行里程(万 km)	时间间隔	
日常维修	列(日)检	—	每天或两天	—
	双周检	0.5	0.5 月	0.5
	三月检	3	3 月	2
定期检修	定修	15	1.25 年	7
	架修	60	5 年	20
	大(厂)修	120	10 年	35

3. 备用车数

为适应客流变化,确保完成临时的紧急运输任务,以及预防运用车发生故障,必须保有若干技术状态良好的列车。备用车的数量一般控制在运用车数量的 10%—15%。备用车原则上停放在线路中具备存车条件的车站或车辆基地内。新线车辆状态较好,客流量不大,备用车数量可适当减少。

二、列车运用计划

车辆部门在正常运营结束后,应对车辆进行检查,并根据车辆的检修修程和状况,向车场的运转部门提供目前车辆的检修情况及可供使用的列车配备计划。车辆运转部门根据车辆部门提供的车辆使用计划,并综合运行图所需的上线车辆的数量和上线时间,编制列车运用计划。列车运用计划在列车运行图和车辆检修计划的基础上进行编制。列车运用计划包括以下四个方面:

1. 确定上线的客车车底

根据列车运行图规定上线列车数量及运输任务,结合车辆的运用情况和技术状态,确定投入服务的客车车底。在具体规定车辆的运用时,应注意使各客车车底的走行公里数能在一定时期内大体均衡。

2. 排定车辆出入段顺序和时间

在新列车运行图下达后,车辆段有关部门应根据列车运行图的要求,及时排定运用车辆的出段顺序、时间和担当车次,回段顺序、时间和返回方向。出段时间根据列车运行图关于列车在始发站出发时刻的规定确定,出段时间应分别明确乘务员出勤时间、客车车底出库和出段时间。回段时间和返回方向同样也根据列车运行图确定。

3. 铺画列车周转图

列车正线运行通常采用循环交路,根据列车运行图和收发车计划,以列车周转图的形式规定各车底全日在线路上往返运行的交路、列车在两端折返站到达和出发时间,以及列车出入基地时间和顺序,如图1.4所示。

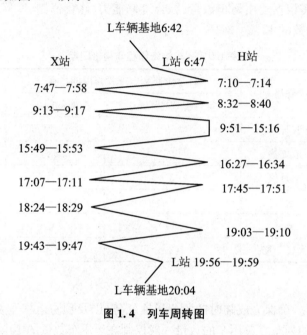

图1.4 列车周转图

4. 配备乘务员(又称司机)

为提高车辆利用效率和劳动生产率,轨道交通系统的乘务制度通常采用轮乘制。由于乘务员值乘的列车不固定,在编制车辆运用计划时,应对乘务员的出退勤时间、地点,值乘列车车次,以及工间休息和吃饭时间等同步做出安排。在安排乘务员工作时,应注意乘务员的连续工作时间,不要超劳。

【知识链接】

城市轨道交通乘务值乘方式有轮乘制和包乘制两种。

轮乘制是指列车的值乘乘务员不固定,由各个乘务员轮流值乘。采用轮乘制后,有利于合理安排乘务员作息时间,以较少的乘务员完成乘客输送任务。但乘务员对车辆性能、状态的熟悉程度和对车辆保养的责任心,可能不如包乘制,为此,需要通过建立制度、加强教育,明确乘务员的职责,提高车辆保养质量。

包乘制是指列车的值乘乘务员固定,由若干个乘务员包乘包管。采用包乘制后,便于乘务员掌握车辆性能、状态,有利于增强乘务员对车辆保养的责任心。但与轮乘制相比,采用包乘制时,乘务员劳动生产率较低,对车辆运用计划的编制要求较高,有的夜班乘务员长期上夜班。

目前,大多数轨道交通线路采用轮乘制,其中既有提高劳动生产率的考虑,也有不断提高车辆可靠性的考虑。但随着全自动运行新技术的运用,采用无人值守下的列车自动运行(UTO)方式时,司机岗位将与其他岗位复合,形成多职能岗位。

技能点训练

1. 完成下列 03001 列车周转图的识读,如图 1.5 所示。

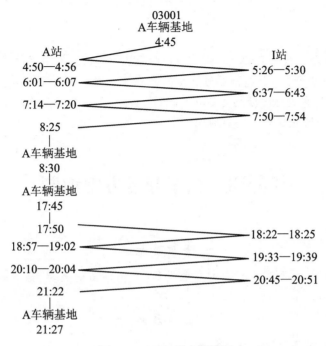

图 1.5　03001 列车周转图

知识点练习

一、填空题

1. 为完成乘客运送任务,轨道交通系统必须保有一定数量的车辆。列车保有量包括_____、_____和_____三部分。

2. 列车运用计划在列车运行图和车辆检修计划的基础上进行编制。列车运用计划包括以下四个方面:_____、_____、_____、_____。

3. 检修列车数量需根据运用列车数量、综合维修能力、修程修制、库停时间和检修周期综合确定,一般为运用列车数的_____。

4. 城市轨道交通乘务值乘方式有_____和_____两种。

5. 随着全自动运行新技术的运用,采用_____列车运行方式时,司机岗位将与其他岗位复合,形成_____岗位。

6. 备用车数量一般控制在运用车数的_____。

二、选择题

1. 为完成乘客运送任务,轨道交通系统必须保有一定数量的车辆。列车按运用上的区别,分为(　　)。

   A. 运用车　　　　　B. 备用车　　　　　C. 检修车　　　　　D. 客运车

2. 定修时间间隔一般为(　　)。

A. 1月 B. 0.5年 C. 1.25年 D. 5年

三、名词解释

1. 列车配备计划。
2. 运用车。
3. 检修车。
4. 备用车。

四、计算题

某轨道交通线路正线设有 A—K 站共 11 座车站，终端站 A 站以及终端站 K 站折返作业时间均为 4 min（包含上、下客作业时间）；其余在中间各站停站时间均为 30 s，列车在上、下行 A—J 各个区间的运行时分均为 2 min，J—K 上、下行区间运行时分为 1 min30 s，该线路执行单一运行交路，请完成列车周转时间计算。

任务四　列车开行方案编制

素质目标

培养学生全局观，具备组织指挥的职业素养、开拓创新的精神、全心全意为市民出行服务的意识。

知识目标

1. 能正确描述列车开行方案含义。
2. 能分析列车编组方案、列车交路方案及列车停站方案。
3. 能说出列车交路的定义及形式。
4. 能正确描述列车交路计划的含义。

列车开行方案

能力目标

1. 能正确识读列车编组方案。
2. 能正确识读列车交路方案。
3. 能正确识读列车折返方式。

列车开行方案是指根据客流在线路上的具体分布特征，拟定符合客运需要且经济合理的列车开行组织计划。列车开行方案包括列车编组方案、列车交路方案和列车停站方案三部分。在列车开行方案中，列车交路方案规定了列车的运行区段与折返车站；列车编组方案规定了列车是采用固定编组还是采用非固定编组，以及列车的编组辆数；列车停站方案规定了列车是站站停车还是非站站停车，以及非站站停车的方式。此外，列车开行方案还规定了按不同编组、交路和停站方案开行的列车数。

列车开行方案是日常运营组织的基础。列车开行方案的编制应遵循客流分布特征与运营经济合理兼顾原则，以实现既能维持较高的客运服务水平又能提高车辆运用效率的目标。

一、列车编组方案

1. 列车编组形式

编组形式有 3 种典型形式:长编组、短编组和 6 节编组。

(1) 长编组:长编组以 8 辆车编组形式为主,一般排列形式为:A—B—C—B—C—B—C—A/Tc—Mp—M—Mp—M—Mp—M—Tc 或 A—B—C—B—C—C—B—A/Tc—Mp—M—Mp—M—M—Mp—Tc(其中,A/Tc 表示带司机室拖车;B/Mp 表示无司机室带受电弓的动车;C/M 表示无司机室不带受电弓的动车),图 1.6 所示为上海 1 号线延长线列车编组形式。长编组的优点是运量大,适合人口高度集中的大都市。另外长编组动车比例高,实际黏着利用系数相对较低,发生滑行和空转的概率大大减小,故障运行和救援能力强,且电制动能力强,能有效地减少气制动的次数和损耗。但由于动车比例高,采购和维护费用都会相应增加。

图 1.6　上海 1 号线延长线列车编组形式

(2) 短编组:短编组以 4 辆车编组形式为主,一般排列形式为:A—B—B—A/Tc—Mp—Mp—Tc,图 1.7 所示为天津 1 号线编组形式。短编组的优点是允许使用较短的站台,从而减少了土建工程的工作量。很多中小城市都比较青睐这种方案,原因是采用该方案后土建工程和车辆的投资都很经济,同时也能满足中小城市的客流量需求。但是 2 动 2 拖编组形式的列车动车比例较低,列车气制动损耗或滑行也较为频繁,尤其是在线路条件较为恶劣的情况下。为了保证 2 动 2 拖编组形式列车的高黏着利用系数,提高列车防滑防空转能力是一种办法。改变列车牵引系统的控制方法,譬如改整车控制为转向架控也是提高黏着利用系数的一种办法。

图 1.7　天津 1 号线编组形式

(3) 6 节编组:6 节编组一般采用 4 动 2 拖的形式,其一般排列形式为:A—B—C—C—B—A/Tc—Mp—M—M—Mp—Tc,2 动 1 拖组成一个单元,2 个完全对称布置的单元构成了整列车 6 节编组的形式,图 1.8 所示为南京 1 号线编组形式。该编组形式的优点是运量较大,动力性能较好,故障运行和故障救援能力也比较好,能够适应线路的需要。另外电制动能满足常用制动的需要,大大减少了气制动的次数和损耗。动车比例高于短编组,但是低于长编组,采购费用和维护费用介于短编组和长编组之间,且单元式对称编组形式有着车种相对较少、电路相对简单、网络拓扑简洁的优点,有利于设计、组织生产和维护。各种编组形式均有优缺点,运用部门应对本地区的客流量、经济水平和预定的运营模式等各个方面进行综合考虑,最后决定采用最适合自己的列车编组方式。

| A/Tc | B/Mp | C/M | C/M | B/Mp | A/Tc |

图 1.8　南京 1 号线编组形式

2. 列车编组方案

列车编组方案规定了列车是固定编组还是非固定编组，以及编组数量。城市轨道交通列车以固定编组较多，分为大编组（6 或 8 节）、小编组（3 或 4 节）及大小混合编组（3/6、4/6、4/8）。

（1）固定编组方案特点：形式单一，行车组织、车站客运组织方便，但灵活性较差，不适合客流波动悬殊的运输线路。

（2）非固定编组方案特点：形式灵活，行车组织、车站客运组织复杂，适合客流波动悬殊的线路。

二、列车交路方案

1. 列车交路定义

列车交路是指在列车运行计划中，规定列车的运行区段与折返点。在线路各区段客流量不均衡程度较大的情况下，采用合理的列车交路，能在不降低服务水平的前提下提高车辆运用效率，避免运能浪费，使行车组织实现经济合理。

2. 列车交路形式

列车交路有长交路、短交路和长短交路三种，如图 1.9 所示。长交路是指列车在线路的两个终点站间运行。短交路是指列车在线路的某一区段内运行，在指定的车站上折返。而长短交路是指列车在线路上的运行距离有长、短两种情形。

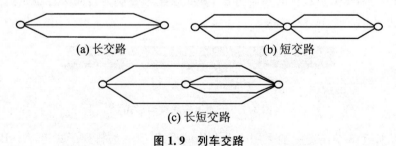

(a) 长交路　　(b) 短交路

(c) 长短交路

图 1.9　列车交路

图 1.9 中，图(a)是长交路列车运行的图解，从行车组织的角度，长交路较短交路列车运行组织简单，对中间站折返设备要求也不高，但在各区段客流量不均衡程度较大的情况下，会导致部分区段运能的浪费。图(b)是短交路列车运行的图解，将长交路改为短交路，能适应不同客流区段的运输需求，运营也比较经济，但要求中间折返站具有两个方向的折返能力以及具有方便的换乘条件。从乘客的角度看，服务水平有所降低。图(c)是长短交路列车运行的图解，长短交路混跑的组织方案，既能满足运输需求，又能提高运营效益。因此，在线路各区段客流量不均衡程度较大的情况下，可以采用以长交路为主、短交路为辅的列车交路安排，组织列车在线路上按不同的密度行车。同样，当高峰期间客流在空间分布上比较均匀而

低谷期间客流在空间上分布相差悬殊时,也可以在低谷时间采用长短交路列车运行方案,组织开行部分在中间站折返的短交路列车。

图 1.10 中,图(a)、图(b)、图(c)分别为上海地铁 1 号线、6 号线和 2 号线正常运营时的列车交路示意图,是根据不同客流分布设计相应列车长短结合交路的典型代表。

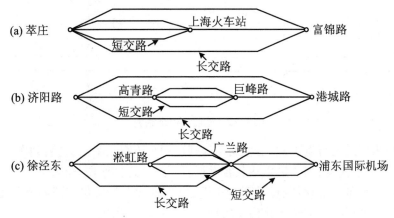

图 1.10　上海地铁列车交路示意图

3. 列车交路计划定义

列车交路计划是指根据运营组织的要求及运营条件的变化,按照运行图或由行车调度指挥列车运行区段、折返点的列车运行计划。

4. 折返方式定义

折返方式是指列车按照运行图的要求运行至图定的终点站或折返站时,进入折返线路,改变运行方向的过程。折返作业是司机驾驶列车到达终点站或折返站,车站行车人员以及司机按有关规定完成折返操作的程序与步骤。折返方式分为站前折返、站后折返和混合折返。

(1) 站前折返。站前折返是指列车通过站前的渡线实现折返过程。站前折返布置如图 1.11 所示。其中,图(a)是列车在终点站站前折返时的交叉渡线折返设备,图(b)是列车在中间站站前折返时的单渡线折返设备。

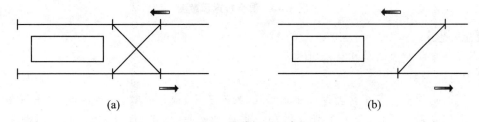

图 1.11　站前折返示意图

采用站前折返方式,列车走行距离较站后折返短,在进行折返作业时,乘客可同时上、下车,从而缩短停站时间;车站正线兼折返线以及站线长度缩短,有利于车站造价的节省。站前折返方式的缺点是出发列车与到达列车存在敌对进路;因列车进站或侧向通过道岔,列车速度受到限制,影响乘坐的舒适感;在大客流量的情况下,站台秩序将受到影响。在采用站前折返方式的情况下,要完全消除接发列车作业的交叉干扰难度较大。而为了避免进路交叉,只能将接发列车作业在时间上错开,但这样又会对终点站的列车折返能力以及线路通过能力产生不利的影响。

（2）站后折返。站后折返是指列车通过站后的渡线或折返线实现折返的过程。站后折返布置如图1.12所示。其中，图(a)是列车在终点站站后折返时的尽头式折返设备，图(b)是列车在中间站站后折返时的单渡线折返设备。

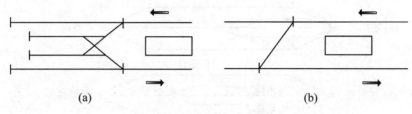

图1.12　站后折返示意图

在终点站采用站后折返方式，出发列车与到达列车不存在敌对进路；列车进出站速度较快，有利于提高旅行速度；列车进出站载客运行时不经过道岔区段，乘客无不舒适感。此外，采用尽头线折返设备，折返线既可供列车折返，也可供列车临时停车或检修。因此，站后折返被广泛采用。站后折返的缺点是列车的折返走行空驶距离较长。

（3）混合折返。混合折返是指站前和站后折返的形式都存在。站前、站后混合布置的折返线如图1.13所示。采用混合折返方式的目的是为了提高列车折返能力。混合折返兼有站前折返和站后折返的特点，有利于行车组织调整，适用于折返能力较高的终端站。

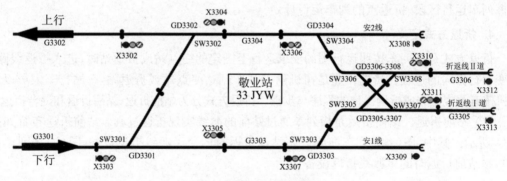

图1.13　混合折返示意图

【想一想】
提高列车折返能力的措施有哪些？
【要点提示】
列车的折返能力与车站辅助线布置形式、列车长度、道岔号数、列车速度、办理进路时间及信号系统自动化程度（如人工折返较自动折返时间长）有关，同时与站前、站后折返方式有关。

因此，加强列车折返能力的措施主要有：
(1)改变折返方式，主要采用站后折返形式。
(2)设置合理的折返线，通过增加道岔和股道来增加平行进路，必要时采用双向折返。
(3)增加发车线，在原有一条发车线的基础上增至两条发车线。
(4)灵活运用折返模式，站前设有交叉渡线折返时宜采用直进侧出与侧进直出模式交替折返，站后设有交叉渡线折返时宜采用侧进直出模式折返。

（5）改变站台结构，将站台设置成"一岛一侧"式站台，增加乘客下车通道，缩短乘客下车时间，加速列车的折返。

（6）采用先进的自动信号设备，该信号设备可实现列车自动折返，减少办理调车或接车进路的时间，提高列车的折返能力。

（7）优化折返站的道岔和轨道电路（移动闭塞系统除外）的设计，可将渡线道岔按两个单动道岔设计，并将站内轨道电路进行分割，通过这些措施能有效地减少列车等待时间，缩短列车折返时间。

三、列车停站方案

列车停站方案通常有以下几种形式：

1. 站站停

列车途经全线各站均停车，如图 1.14 所示。

图 1.14 站站停示意图

2. 区段停车

列车区段停车在长短交路情况下采用，长交路列车在短交路区段外每站停车，但在短交路区段内不停车通过；而短交路列车则在短交路区段内每站停车，短交路列车的中间站同时又是乘客换乘站。如图 1.15 所示。

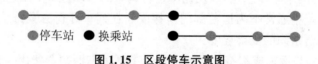

图 1.15 区段停车示意图

3. 跨站停车

列车跨站停车在长交路的情况下采用，将线路上开行的列车分为 A、B 两类，全线的车站分为 A、B、C 三类，其中 A、B 类车站按相邻分布的原则设置，C 类车站按每隔 4 或 6 个车站选择一个的原则设置，如图 1.16 所示。

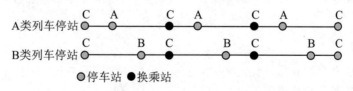

图 1.16 跨站停车示意图

A 类车在 A、C 类车站停车，在 B 类车站通过；B 类车在 B、C 类车站停车，在 A 类车站通过。由于 A、B 两类车站的列车到达间隔加大，在 A、B 两类车站上车的乘客候车时间有所增加；此外，在 A、B 两类车站间上、下车的乘客需要在 C 类车站换乘，会增加换乘时间及带来不便，但较适用于 C 类车站上、下车客流较大，并且乘客乘车距离较远的情形。

4. 部分列车跨多站运行

部分列车跨多站运行如图1.17所示。

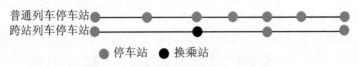

图1.17 部分列车跨多站运行示意图

四、列车开行方案优选

列车开行方案优选首先是列车编组、列车交路与列车停站方案的初步比选，然后是列车开行方案的综合选优。影响列车开行方案优选的因素较多，这是一个复杂的多指标综合评价问题。下面重点介绍五个方面的因素：

（1）乘客服务水平。与乘客服务水平有关的评价指标主要有乘客的乘车时间、候车时间、换乘时间、换乘次数和平均出行速度等。

（2）车辆运用。与车辆运用有关的评价指标主要有列车周转时间、运行速度、运用车数、日车走行公里和车辆满载率等。

（3）通过能力适应性。通过能力适应性主要是评价列车开行方案实施后的能力损失，以及最终通过能力是否适应。与通过能力适应性有关的评价指标主要是线路通过能力利用率、列车折返能力利用率等。

（4）运营组织复杂性。运营组织复杂性与列车开行方案中的列车编组、交路或停站种类数、乘客需要获得的乘车信息量，以及列车运行调整的机动性等有关。运营组织很复杂的列车开行方案在实践中通常不为运营部门所接受。在列车开行方案选优时，可用等级或排序的方式来反映运营组织的复杂程度。

（5）运输成本。与运输成本有关的评价指标主要是车辆购置费用、增设折返线费用、增设越行线费用、列车运行距离相关费用和乘务人员费用等。

技能点训练

1. 分组调查统计分析国内外城市轨道交通车辆编组方案，并分析其特点。
2. 分组讨论列车交路方案的形式与适应性，并写出分析报告。
3. 分组调查分析不同列车停站方案的特点及其适应性，并写出分析报告。

知识点练习

一、填空题

1. 列车开行方案内容包括_____、_____和_____三部分。
2. 编组形式有3种典型形式：_____、_____和_____。
3. 编组方案规定了列车_____、_____。
4. 列车交路有_____、_____和_____三种。
5. 折返方式分为_____、_____和_____。
6. 列车停站方案通常有_____、_____、_____、_____。
7. +Tc*Mp*M=M*Mp*Tc+中，Tc表示_____，Mp表示_____，M表示

_____,+ 表示_____,* 表示_____,= 表示_____。

二、选择题

1. 根据图 1.18 判断列车编组属于( )。

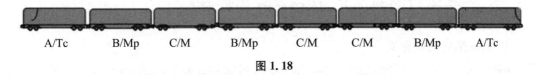

图 1.18

A. 长编组　　　　B. 中编组　　　　C. 短编组　　　　D. 6 节编组

2. 根据图 1.19 判断列车折返属于( )。

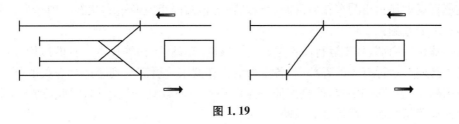

图 1.19

A. 站前折返　　　B. 站后折返　　　C. 混合折返　　　D. 环形折返

三、名词解释

1. 列车开行方案。
2. 列车交路。
3. 折返。

四、简答题

1. 请简述固定编组和非固定编组方案的特点。
2. 列车交路的种类有哪些？各有什么特点？
3. 列车停站方案有哪几种？各有什么特点？

任务五　列车运行图及时刻表识读

素质目标

培养学生形成爱国强国及自主创新的精神,培养大局观和全局意识。

知识目标

1. 能正确说出列车运行图的定义与作用。
2. 能正确描述列车运行图的形式。
3. 能正确分析列车运行图的构成。
4. 能正确说明列车运行图的分类。
5. 能正确描述列车运营时刻表的含义。
6. 能正确描述列车正点、延误及晚点的含义。

列车运行图及时刻表

能力目标

能够正确识读列车运行图。

一、列车运行图的定义、作用及输出形式

1. 列车运行图的定义

列车运行图是指利用坐标原理表示列车运行时间与空间关系的图解,是行车组织工作的基础。

2. 列车运行图的作用

它能直观地显示出列车在各区间运行及在各车站停车或通过的状态。列车运行图是列车运行组织的基础。

在运营企业内部,列车运行图不但规定了线路、车站、车辆等技术设备的运用办法,同时也规定了与列车运行有关的各部门、各工种的工作要求。所有与列车运行有关的部门、工种均应根据列车运行图的要求,严格按照一定程序有条不紊地开展工作,因此,列车运行图是轨道交通运营组织综合性计划的反映。

3. 列车运行图输出形式

列车运行图有图解表及时刻表两种输出形式,运营技术人员现场主要使用图解表形式,下文以"运行图"代替"图解表"来表述。

二、列车运行图的形式

列车运行图的形式主要有以下两种:(1) 用横坐标表示时间,纵坐标表示距离;(2) 用横坐标表示距离,纵坐标表示时间。国内开发的列车运行图一般采用形式(1),如图 1.20 所示;国外开发的列车运行图一般采用形式(2),如图 1.21 所示。

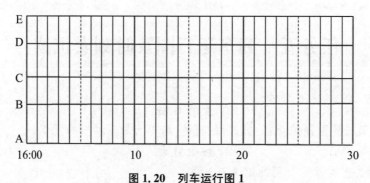

图 1.20　列车运行图 1

注:横坐标表示时间,纵坐标表示距离。

三、列车运行图的构成

列车运行图由横轴、纵轴、水平线、垂直线、斜线及车次构成。下面以形式(1)的运行图

来解释其构成,如图 1.22 所示。

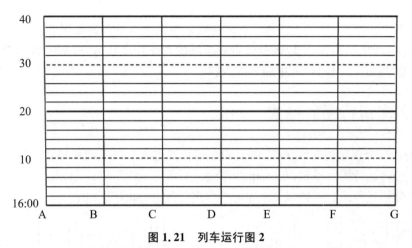

图 1.21　列车运行图 2

注:横坐标表示距离,纵坐标表示时间。

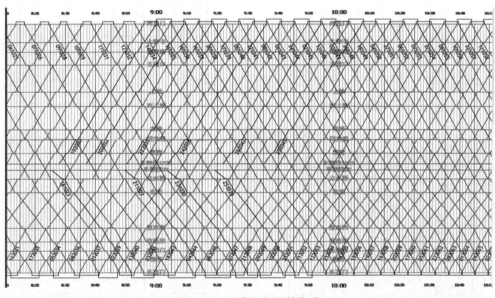

图 1.22　列车运行图的构成

（1）轴:横轴表示时间、纵轴表示距离。
（2）水平线:表示车站中心线。
（3）竖直线:表示时间轴的划分。
（4）斜线:表示列车的运行轨迹,又称"列车运行线",通常斜线向上表示上行方向列车运行线,反之为下行运行线,每一条线为一列车的运输任务,列车运行线与水平线(车站中心线)的交点即为该列车在该车站的到达、出发或通过时刻。当列车运行图未执行时运行线为计划运行线,当运行图执行过程中每一列车按照计划线执行时将产生实际运行线,计划运行线与实际运行线通常用不同的颜色显示。

【知识拓展】

（1）列车到达时刻:列车在规定位置对正停稳时所对应的时间点。

(2)列车出发时刻:列车由车站(包括车厂规定发车地点)前进启动(不再停下)时所对应的时间点。

(3)列车通过时刻:列车最前部通过站线规定位置时所对应的时间点。

(5)车次:列车识别符,用以区分各条线所属的列车作业任务,一般上行为双数,下行为单数(请参考"项目三 任务一"中的车次内容)。

四、列车运行图的格式

根据竖线等分横轴的时间单位不同,列车运行图主要有以下四种格式:

(1)一分格运行图。横轴以1 min为单位进行等分,如图1.23所示。

(2)二分格运行图。横轴以2 min为单位进行等分,如图1.24所示。

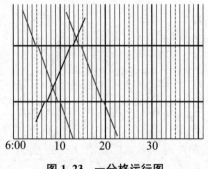

图1.23 一分格运行图

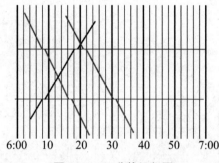

图1.24 二分格运行图

(3)十分格运行图。横轴以10 min为单位进行等分,如图1.25所示。

(4)小时格运行图。横轴以1 h为单位进行等分,如图1.26所示。

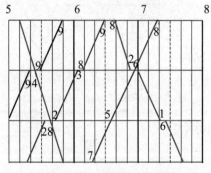

图1.25 十分格运行图

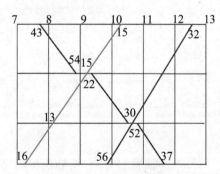

图1.26 小时格运行图

上述四种格式的列车运行图的用途各有不同。在我国,一分格运行图是城市轨道交通采用的列车运行图格式;二分格运行图是市郊铁路编制新图时使用的列车运行图格式;十分格运行图是市郊铁路日常使用的列车运行图格式;小时格运行图是编制旅客列车方案图、机车周转图或客车周转图时采用的列车运行图格式。

五、列车运行图的分类

根据区间正线数目,列车运行速度,上、下行方向列车数和同方向列车运行方式等条件,列车运行图可以分为以下各种类型。

1. 按区间正线数目的不同划分

（1）单线运行图。运行图上，上、下行列车都在同一正线上运行，上、下行方向列车交会必须在车站上进行，如图 1.27 所示。

（2）双线运行图。运行图上，上、下行列车在各自的正线上运行，上、下行方向列车运行互不干扰。列车交会可在区间或车站上进行，但列车的越行通常在车站上进行，如图 1.28 所示。

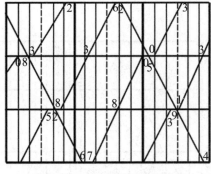

图 1.27　单线平行运行图

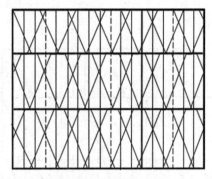

图 1.28　双线成对平行运行图

（3）单双线运行图。单双线运行图兼有单线和双线运行图的特点，列车在单线区间和双线区间各自按单线运行图和双线运行图的特点运行，如图 1.29 所示。

2. 按列车运行速度的不同划分

（1）平行运行图。运行图上，同一方向列车的运行速度相同，没有列车越行，如图 1.27 和图 1.28 所示。

（2）非平行运行图。运行图上，同一方向列车的运行速度不相同，如图 1.31 所示。

3. 按上、下行方向列车数目的不同划分

（1）成对运行图。运行图上，上、下行方向的列车数目相等，如图 1.28 所示。

（2）不成对运行图。运行图上，上、下行方向的列车数目不相等，如图 1.30 所示。

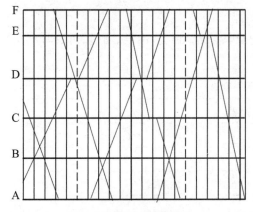

图 1.29　单双线运行图

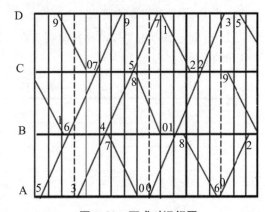

图 1.30　不成对运行图

4. 按同方向列车运行方式的不同划分

(1) 连发运行图。运行图上,同方向列车的运行以站间区间为间隔,在连发的一组列车之间不铺画对向列车,如图1.30所示。

(2) 追踪运行图。这种运行图上,同方向列车的运行以闭塞分区为间隔,即在一个区间内允许有一列以上同向列车运行,如图1.31所示。采用这种类型的运行图必须是安装自动闭塞设备的线路。

以上所归纳的分类,都是建立在分析列车运行图的某一特殊性基础上的。实际上,每张列车运行图都具有若干方面的特点,例如,城轨列车运行图通常采用双线、平行、成对、追踪运行图类型,如图1.32所示。

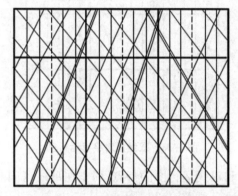

图1.31 双线追踪非平行运行图

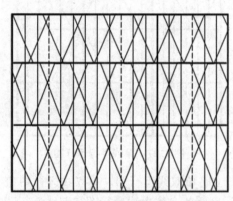

图1.32 双线平行成对追踪运行图

5. 按客流变化规律,对运行图进行分号编制

为适应运量波动需要应编制分号运行图,一般地,城市轨道交通列车运行图可以按照周一到周四、周五、周六到周日、节假日(如十一黄金周)等情况进行分号编制成1♯图、2♯图、3♯图及4♯图等。

六、列车运营时刻表

1. 列车运营时刻表的定义

以列车运行图为依据,表示各次列车在车站(含转换轨)到达、出发、通过、折返时刻及站停时间的表格,如表1.10所示。

表1.10 运营时刻表

G03007 时刻表						
下行线				上行线		
……	0903	0703	车次	1504	3102	……
			备注			
			A车辆段转换Ⅱ轨		▲ 08:59:56	

续表

G03007 时刻表

下行线				上行线		
……	08:21:10 08:22:10	08:16:20 08:17:20	A 站	08:52:37 08:52:07	08:57:52 08:57:22	……
……	08:23:41 08:24:11	08:18:51 08:19:21	B 站	08:50:45 08:50:15	08:56:00 08:55:30	……
……	08:26:20 08:26:50	08:21:30 08:22:00	C 站	08:48:32 08:48:02	08:53:47 08:53:17	……
……	08:28:39 08:29:09	08:23:49 08:24:19	D 站	08:46:08 08:45:38	08:51:23 08:50:53	……
……	08:30:57 08:31:27	08:26:07 08:26:37	E 站	08:43:43 08:42:50	08:48:58 08:47:53	……
	08:33:59 ▼		E 车辆基地 转换 I 轨			
			备注			
……	0903	0703	车次	1504	3102	……
……	4:50	4:50	行车间隔	4:50	5:15	……

注:G 表示工作日,03 表示 3 号线,007 表示编号。

2. 列车运营时刻表的作用

列车运营时刻表是行车组织的基础,也是地铁运行组织的一个综合性计划。

3. 列车运行图与列车运营时刻表的区别

列车运营时刻表和列车运行图的内容基本相同,它们的区别在于列车运营时刻表的服务对象是乘客,而列车运行图的服务对象是城轨运营系统内部各相关部门。

七、列车正点、延误及晚点

1. 列车正点、延误及晚点的定义

(1)列车正点。列车按照运行图或时刻表计划规定的时刻出发或到达称为列车正点。

(2)列车延误。列车延误是指运营列车在某一位置(一般指车站)的时刻比照其在时刻表规定的时刻延后的现象。

(3)列车晚点。列车运行图在执行过程中,列车在始发站出发或到达终点站的时刻与列车运行图计划时刻相比大于等于规定的数值时,称为晚点(多数企业规定 2 min 以上为晚点)。可分为始发晚点和到达晚点。列车正点、延误与晚点如图 1.33 所示。

2. 列车晚点时间标准计算

比照列车运营时刻表单程每列晚点 N s(N 的取值为行车间隔的三分之一,但最小值不低于 120 s)以下为正常,N s 及以上为晚点。行调应根据客车晚点情况及时采取措施,调整客车运行,因列车调整需要,在两端站晚发的列车不计为晚点,但在单程运行过程中晚 N s

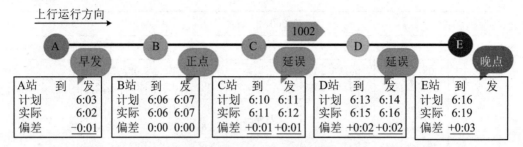

图 1.33　列车正点、延误与晚点示意图

及以上时为晚点。

3. 列车正点与晚点的界定

（1）列车执行运行图计划时间或者时刻表过程中，列车在始发站出发或到达终点站的时刻与运行图计划相比绝对值大于等于规定的晚点统计标准时均计为晚点，加开列次不计晚点。

（2）因首列晚点造成的后续晚点均计入晚点列次。列车始发晚点，但其全程运行时间未超过列车运行图规定的全程运行时间，不统计到达晚点。

（3）对于中途退出的列车，按其退出运营的车站作为到达统计晚点。

（4）同性质列车中途变更列车车次，到达晚点按初次变更前的列车车次统计。

技能点训练

请完成对图 1.34 所示列车运行图的熟读。

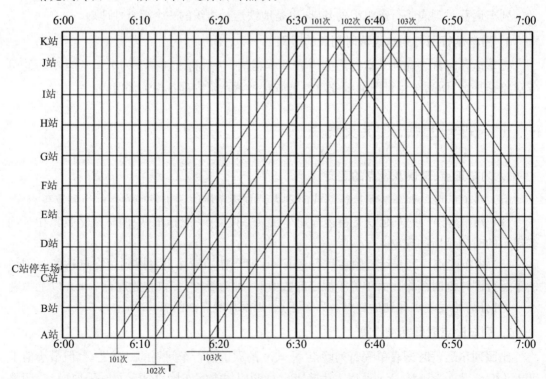

图 1.34　列车运行图示例

知识点练习

一、填空题

1. _____能直观地显示出列车在各区间运行及在各车站停车或通过的状态。
2. 列车运行图的形式通常有两种:(1)_____;(2)_____。
3. 根据竖线等分横轴的时间单位不同,列车运行图主要有四种格式,分别为_____、_____、_____、_____。
4. 按区间正线数目的不同,列车运行图分为_____、_____、_____。

二、选择题

1. 根据图 1.35 判断该列车运行图属于(　　)分格。

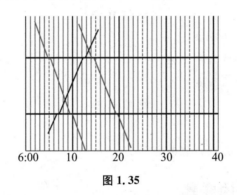

图 1.35

A. 一分　　　　B. 二分　　　　C. 十分　　　　D. 小时

3. 列车运行图中的斜线表示列车的运行轨迹又称(　　)。

A. 列车运行线　　B. 车次　　　C. 水平线　　　D. 竖直线

2. 按列车运行速度的不同,列车运行图可分成(　　)

A. 平行运行图　　B. 非平行运行图　　C. 成对运行图　　D. 不成对运行图

3. 运营列车在某一位置(一般指车站)的时刻比照其在时刻表规定的时刻延后的现象,称为(　　)。

A. 正点　　　　B. 延误　　　　C. 晚点　　　　D. 推迟

三、判断题

1. 横轴表示时间轴的列车运行图,则图中的水平线表示车站(车辆基地)中心线。(　　)
2. 当列车延误发生在本列次终点站时且符合列车晚点范围时,称为晚点。(　　)
3. 通过时刻以列车尾部通过站线规定位置时为准。(　　)
4. 列车运行线一般斜线向上表示下行方向的列车运行轨迹。(　　)

四、名词解释

1. 列车运行图。
2. 列车运营时刻表。
3. 列车正点、延误及晚点。

五、简答题

1. 列车运行图有哪些形式?
2. 列车运行图分类有哪些?

3. 简述列车运行图的作用。

任务六　列车运行图编制

素质目标

培养学生形成组织全线列车运行的素质及良好的沟通协调能力,树立团结协作、齐心协力工作作风,工作上做到"细心、精心、用心"。

知识目标

1. 能诠释列车运行图的要素。
2. 能说出列车运行图的编制方法。
3. 能开展新图编制质量检查。

能力目标

1. 能绘制列车运行图。
2. 能对运行图相关指标进行计算与分析。

一、列车运行图的要素

城市轨道交通列车运行图组成要素可分为三类:时间要素、数量要素和其他相关要素。

1. 时间要素

(1) 列车区间运行时分。列车区间运行时分是指列车在两个相邻车站之间的运行时间标准。它通过牵引计算和列车试运行相结合的方法进行确定。计算确定列车区间运行时分的基本参数是区间距离,运行速度,加、减速度和线路的平面、纵断面条件等。

计算列车区间运行时分的区间距离按车站中心线的距离确定。

由于上、下行方向线路的平面和纵断面条件以及列车运行速度的不同,区间运行时分应按上、下行方向和各种列车分别确定。

区间运行时分还应根据列车在每一区间的两个车站上不停车通过和停车两种情况分别确定。列车不停车通过两个相邻车站所需的区间运行时分称为纯运行时分。因列车到站停车和列车启动出站而延长时间的区间运行时分与纯运行时分之差称为停车附加时分和启动附加时分。停车、启动附加时分应根据车辆类型、列车重量以及进、出站线路的平面和纵断面条件进行确定。

此外,列车区间运行时分在 ATC 自动监控条件下还与列车运行方式有关,如列车以人工 ATP 方式运行时,列车进站停车是以人工 ATP 方式实施的,其列车进站停车所需时间就长,而采用 ATO 自动驾驶方式运行时,列车进站停车和区间调速都是自动进行的,其列车区间运行时分就短。

(2) 列车停站时间。列车停站时间是指列车停站作业(包括减、加速,开、关门等)及乘客上、下车所需时间总和。在确定列车的停站时间时,应考虑到列车在车站的到达与出发作业时间和乘客上、下车的客运作业时间,并最大限度地实施平行作业,最大限度地缩短列车停站时间,以提高线路通过能力和运输效率。

供乘客乘降的列车停站时间取决于下列因素:

① 高峰小时车站乘客乘降量,即车站上下车人数。

② 平均上、下一位乘客所需时间(每位旅客上下车约需 0.6 s),该项时间取决于车辆的车门数及车门宽度。

③ 车厢内的座椅布置方式。

④ 站台高度和车站客运组织措施。

⑤ 开关车门时间(一般开门约 5 s,关门 3—5 s)。

⑥ 车门和站台门不同步时间,以及司机确认车门关妥与信号显示时间。

列车停站时间的计算公式为

$$t_{站} = \frac{(p_{上} + p_{下})t_{上(下)}}{nmd} + t_{开关} + t_{不同步} + t_{确认}$$

式中:$t_{站}$——列车停站时间(s);

$p_{上}$、$p_{下}$——高峰小时车站上车、下车人数(人);

$t_{上(下)}$——平均上或下一位乘客所需时间(s);

n——高峰小时开行列车数(列);

m——列车编成辆数(辆);

d——每车每侧车门数(扇);

$t_{开关}$——开关车门时间(s);

$t_{不同步}$——站台门与车门不同步时间(s);

$t_{确认}$——确认车门关闭状态良好及出站信号显示时间(s)。

按公式计算的列车停站时间一般应适当加一余量并取整。在实际工作中,通常将全线各站的列车停站时间确定为 2—3 种时间标准。如上海地铁一号线按照车站客运量大、中、小三等划分,大站列车停站时间 45 s,中等车站列车停站时间 30 s,小站列车停站时间 25 s。

(3)列车在折返站停留时间。列车在折返站办理必要的作业所需时间,称为列车在折返站停留时间。下面以站后折返为例进行介绍,如图 1.36 所示。列车在折返站应办理的作业按顺序有以下五项:

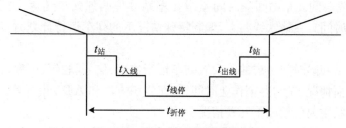

图 1.36 列车在折返站停留时间

① 列车在站线上进行到达客运作业及接乘司机上车。

② 列车进入折返线走行。

③ 列车在折返线上作业,包括更换列车操纵台等。

④ 列车出折返线走行。

⑤ 列车在站线上进行出发客运作业及到达司机下车。

以上各项作业时间可根据实际观测进行计算确定。综合各项作业所需要的时间,便可得出列车在折返站停留时间。

（4）列车出入基地作业时间。在铺画列车运行图时，所有列车都由基地按运行图规定时刻开出，进入相邻接轨车站始发，在运营结束前，正线上所有列车均需按图定时刻返回基地。所以，必须查定列车出入基地作业时间。列车出入基地作业时间由列车在车辆基地与正线防护信号机间的列车运行时分、列车在正线防护信号机与列车始发站间的运行时分、列车在出入区间正线前等待信号开放和确认信号（出场时还包括设置车次号）的时间组成。因此，该项时间标准取决的因素有出入基地线距离、列车运行方式（无码区段以慢速前行方式限速 20 km/h 运行，有码区按人工 ATP 方式运行）等。

（5）列车运行间隔时间。列车运行间隔时间应根据客运量的大小来确定。但其最小运行间隔时间受信号、联锁、闭塞设备类型和电动列车数目等设备条件的限制；同时，还要考虑到各地铁线路对行车组织工作的特殊要求。

使用电话闭塞法和过渡信号的司机在使用双区间闭塞法运行列车时，列车运行间隔均为"一站两区间"空闲要求，列车运行间隔时间一般在 5 min 或 6 min 以上，如图 1.37 所示。而实施 ATC 自动监控系统设备后，其列车运行间隔时间可压缩为 2 min 左右，这就极大地提高了地铁运营能力。

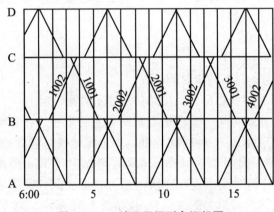

图 1.37　一站两区间列车运行图

（6）车站间隔时间。车站间隔时间是指在车站办理两列列车到达、出发或通过作业所需要的最小间隔时间。在地铁线路上，编制特殊情况下的列车运行计划时，需计算确定车站间隔时间。

计算确定车站间隔时间考虑的因素有列车运行速度、信号、联锁、闭塞设备类型、接近车站线路的平纵断面情况、车站办理作业时间、行车组织方法和 ATO 模式等。

车站间隔时间主要包括以下几种情况：

① 相对方向列车不同时到达车站间隔时间（$\tau_{不}$）：当双线区间因一条线路故障采用单线运行时，自某一方向的列车到达车站时起，至相对方向列车到达或通过该站时止的最小间隔时间。相对方向列车进站，如图 1.38 所示。有前一列停车、后一列通过和两列均停车两种形式，如图 1.39 所示。

② 相对方向列车会车间隔时间（$\tau_{会}$）：当双线区间因一条线路故障采用单线运行时，自某一方向的列车通过或到达车站时起，至由该站向这个区间发出另一对向列车时止的最小间隔时间。相对方向列车会车，如图 1.40 所示。有前一列通过、后一列出发和前一列停车、

后一列出发两种形式,如图 1.41 所示。

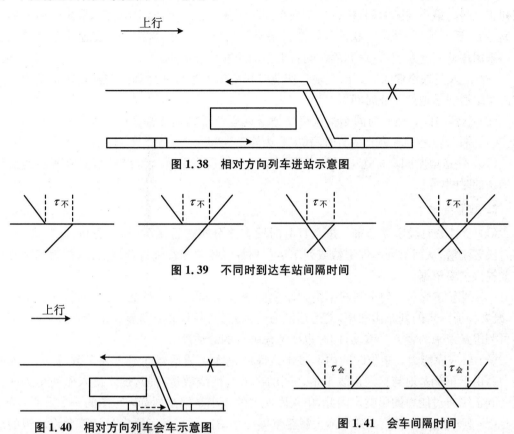

图 1.38　相对方向列车进站示意图

图 1.39　不同时到达车站间隔时间

图 1.40　相对方向列车会车示意图

图 1.41　会车间隔时间

③ 相对方向列车在同一站内线路开到间隔时间($\tau_{开到}$):在列车反向进站时,自某一方向的列车由车站开车或通过时起,至相对方向列车在同一站内线路到达或通过该站时止的最小间隔时间称为 $\tau_{开到}$。同一站内线路开到,如图 1.42 所示。

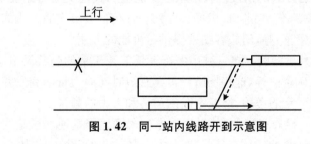

图 1.42　同一站内线路开到示意图

$\tau_{开到}$ 共有四种形式,如图 1.43 所示。

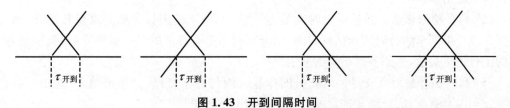

图 1.43　开到间隔时间

（7）追踪间隔时间。在自动闭塞区段，列车以闭塞分区为间隔运行，称为追踪运行。追踪列车之间的最小间隔时间，称为追踪列车间隔时间。追踪列车间隔时间，取决于前方列车距离、列车运行速度及限号、联锁与闭塞设备类型（目前新建的城市轨道交通线路信号系统普遍采用移动闭塞系统，追踪间隔时间较准移动闭塞系统更短）等。

（8）出入基地作业时间。出入基地作业时间是指列车从基地到达与其相邻正线的车站或由车站返回基地的作业时间。

（9）运营时间。运营时间是指城市轨道交通运营线路运送乘客的时间（一般在6:00—23:30）。那么与之对应为非运营时间（主要为施工期间）。

（10）停送电时间。停送电时间即每天运营开始前送电和运营结束后停电所需的操作和确认的时间。

2. 数量要素

（1）全日分时段客流分布。按全日分时段客流分布进行预测、调查分析，确定高峰、低谷时段客流量，从而对列车编组数或列车运行列数等相关因素进行合理安排，并为列车开行方案提供主要依据。

（2）列车满载率。列车满载率指列车实际载客量与列车定员数之比，编制列车运行图时，既要保证一定的列车满载率，使运输能力得到充分利用，又要留有一定余地，以应付某些不可测因素带来的客流量波动，同时也要考虑乘客的舒适度。

（3）出入库能力。单位时间内通过出入库线进入正线运营的最大列车数，称为出入库能力。由于车辆基地与接入正线车站之间的出入基地线数量有限，加之出入库列车进入正线受到正线通过能力的影响。因此，出入库能力的大小是编制列车运行图的一个重要因素。

（4）列车最大载客量。列车最大载客量即一个编制列车按车厢定员计算允许装载的最大乘客数，分为定员载客量和超员载客量。列车最大载客量主要与采用的车辆类型及编组辆数有关。

3. 其他相关要素

（1）与城市其他交通方式的衔接。城市轨道交通应与其他交通方式实现有效的衔接配合，包括大交通方面的铁路车站、港口、机场、公路交通枢纽，城市交通方式的公交系统、自行车交通、其他交通（如私家车）等，给旅客换乘提供尽可能的方便。

（2）与城市其他公共设施的衔接。城市中有大量客流聚集的公共设施，如大型体育场、娱乐、商业中心、大型工矿企业等，这些场所经常会有短时间的大量的突发客流，将给城市轨道交通的正常运营带来一定的考验，造成一时的运力和人力的紧张。

（3）列车试车作业。检修完毕的车辆，应首先在车辆检修基地的试验线上进行试验，各项指标合格后才能投入运营，有时候，某些项目的测试需要到正线上才能完成，此时，需要在运行图上做出适当的安排。

（4）列车检修作业。经过一定时间的运营后，车辆需要进行定期的维修和保养，因此，需要合理安排列车运行时间和检修时间，保证每列车都有日常的维护保养时间，又能使各列车的走行公里接近，达到各列车均衡使用。

（5）驾驶员作息时间安排。驾驶员的作息时间与列车交路、交接班地点、途中用餐、工时考核等因素有关，应合理安排驾驶员的休班和工作时间。

（6）车站的存车能力。城市轨道交通大部分车站不设辅助线（配线），只有在区间个别车站或终点站设有停车线,可以存放一定数量的列车,在日常运行中可作为维护用车或备车(夜间停放列车是为了均衡早晨的发车秩序及减少列车的空驶;白天停放列车是为了作为客流高峰运能不足时或列车故障时的补充)。

(7)投运电动列车数目。车辆的成本及在运营中的费用是运营企业运营成本的重要组成部分,应考虑企业的运营成本,做到运能和运量之间的良好配合,经济合理地安排电动列车的数量。

二、列车运行图的编制

在新线即将投入运营,既有线客运量、行车组织方法或技术设备发生较大变化时,均需进行列车运行图的编制。

1. 编图要求

列车运行图是行车部门组织列车安全正点运行和运输企业协调列车运行的有关各部门、各工种工作的最重要的综合性工作计划。列车运行图也是行车调度员日常指挥列车运行的基本依据。因此,列车运行图对保证行车安全、充分利用运输能力、提高运输效率和经济效益以及完成客运任务都具有重要的意义。

在技术设备、客运量发生较大变化或运输组织方法进行调整的情况下,有必要开展重新编制列车运行图的工作。

编制列车运行图时应符合下列要求:

(1)确保行车安全。列车运行图应符合行车技术管理有关规章的规定,严格遵守行车作业程序和时间标准。

(2)合理运用设备。列车运行图应流线结合,充分利用线路通过能力。在满足客流需求的同时,注意提高车辆满载率和旅行速度。为避免牵引供电设备超负荷,同一供电区段内同时启动的列车数应加以限制。

(3)方便乘客。列车运行图应按客流特点和需求的不同,开行运间间隔、编组辆数、停站次数和旅行速度不同的列车,以吸引客流,提高经济效益。同时,列车运行图应方便乘客,合理规定列车停站与停站时间,缩短乘客出行时间。合理规定列车通过沿途换乘站时刻,减少乘客换乘等待时间。合理规定运营低谷时间的列车间隔时间,减少乘客候车时间。此外,应注意与其他交通运输工具的相互衔接配合。

(4)配合车站与基地工作。列车运行图应安排列车均衡交错到达换乘站,使车站作业比较均衡。在基地无专用列车调试线的情况下,应预留好调试列车运行线。同时,运行图应注意避免乘务员连续工作发生超劳现象。

为了不断提高列车运行图的编制质量,编图人员应努力钻研技术业务、加强调查研究,做到熟悉情况、了解业务、掌握基本理论。编图人员应该学习和掌握下列各项基本业务知识:

(1)列车运行图理论及编制方法。

(2)运输能力计算方法。

(3)全日行车计划编制方法。

(4)车辆运用和检修工作组织。

(5)调度工作组织。

(6)客运工作组织。

(7) 行车技术管理的各种规章、制度、办法等。

2. 编图步骤与编图资料

列车运行图的编制，由运营管理部门负责组织，大体经历研究讨论、编制方案、铺画详图和计算指标四个阶段，具体工作步骤如下：

(1) 按上级要求和编图目标确定编图要求与注意事项。
(2) 收集编图资料，对有关问题组织调查研究和试验，计算确定列车运行图要素。
(3) 总结分析现行列车运行图的完成情况和存在问题，提出改进意见。
(4) 确定全日行车计划。
(5) 确定运用客车车底数。
(6) 编制列车运行方案。
(7) 征求调度部门、车站行车和客运部门运行方案的意见，并进行必要的调整；征求车辆部门对列车运行方案的意见，并进行必要的调整。
(8) 根据列车运行方案铺画详细的列车运行图。
(9) 对列车运行图的编制质量进行全面的检查，并计算列车运行图指标。
(10) 将编制完毕的列车运行图、列车运行图分析资料和编图工作总结等一并报上级部门审核批准。

在编制列车运行方案和铺画详细的列车运行图前，必须收集下列编图资料：

(1) 全日分时最大断面客流量。
(2) 列车运行方案。
(3) 线路通过能力。
(4) 终点站折返能力。
(5) 换乘站设备能力。
(6) 运用客车车底保有量。
(7) 列车编组辆数。
(8) 列车运行间隔时间。
(9) 车站间隔时间。
(10) 列车区间运行时分。
(11) 列车停站时间标准。
(12) 列车在折返站停留时间标准。
(13) 列车出入车辆基地作业时间标准。
(14) 现行列车运行图完成情况的分析。

3. 列车运行图铺画

列车运行图的具体铺画通常分两步进行。第一步铺画列车运行方案图，着重解决列车运行图的全面布局问题；第二步根据列车运行方案图铺画详细的列车运行图，即详细规定每一列车在各个车站上的到达、出发或通过时刻。在铺画列车运行图前，首先应采用按区间运行时分比率法来确定车站中心线的位置。

(1) 确定车站中心线。确定车站中心线的方法一般有区间实际里程比率法和区间运行时分比率法两种。

① 区间实际里程比率法。即按整个区段内各站间实际里程的比例来确定。采用该方

法,列车运行图上的站距能反映实际情况(能反映出站距大小),但由于各区间的线路纵断面不同,使得列车在各区间的运行速度有所不同,这样列车在整个区段的运行线基本上是一条斜折线,显得不整齐,也不便于运营技术人员使用。

② 区间运行时分比率法。即按整个区段内各站间列车运行时分的比例来确定。采用该方法,列车在整个区段的运行线基本上是一条直线,显得整齐,也便于运营技术人员使用,如图1.44所示。某地铁线路下行列车单程运行时分共计24 min,首先在运行图上确定该地铁线路两终点站A和B的位置,在代表终点站B的横线上向右截取等于24 min或24 min整倍数的线段,得分割点E,连接A、E两点,得一斜直线;然后自终点站A起,根据各区间下行列车的运行时分在代表终点站B的横线上向右依次截取相应的线段,得到相应的各分割点;接着以各分割点作为基点作横轴的垂直线,得到垂直线与斜直线的各交点;最后过各交点作横轴的平行线,得到该地铁线路各站的车站中心线。

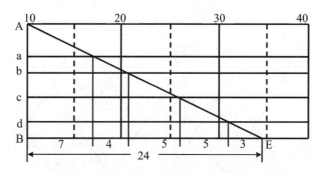

图1.44 按区间运行时分比率确定车站中心线

(2) 铺画列车运行方案图。在铺画列车运行方案图时主要解决如下问题:

① 方便乘客。方便乘客是编制列车运行图的一项基本要求。衡量城市轨道交通服务水平的重要标志之一是乘客出行时间的节约,它包括乘客候车、乘车和换乘等几个环节的时间节约。因此,在考虑列车运行方案时,要合理排定始、末班车的发、到时刻;在清晨和夜间的列车间隔不宜太长,以减少乘客在车站的候车时间;合理规定列车的停站站名和停站时间,提高运行速度和减少长途乘客在车厢内的乘车时间;对联结几个线路方向的换乘站,列车的到、发时刻应良好地衔接配合,以减少乘客在车站的换乘时间,如图1.45所示;列车的到、发时刻应与地面公共交通、铁路和航空等其他交通工具衔接配合,以给在不同交通运输方式间换乘的乘客带来较大的方便。

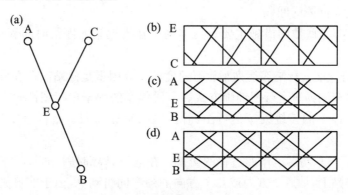

图1.45 换乘站列车到、发时刻的衔接

在图 1.45 中,图(a)表示换乘站 E 联结 A、B 和 C 三个方向,在 B 站有由 A 到 C、由 B 到 C、由 C 到 A 和由 C 到 B 四个方向的换乘客流。图(b)是 EC 线列车在 E 站的到、发时刻。图(c)是 AB 线列车与 EC 线列车在 E 站到、发时刻衔接欠佳的情况。图(d)是两线列车在 E 站到、发时刻安排能减少乘客中转换乘时间的情况。在换乘站存在几个方向的换乘客流时,各个方向的换乘客流同时得到照顾通常会有困难,此时,应重点照顾优势方向的换乘客流。

② 经济合理地使用车辆。经济合理地使用车辆是降低运输成本、提高经济效益的重要途径之一,在运用车辆不足或客流量增长较快的情况下,加速车辆周转,充分挖掘潜力,更具有较大的现实意义。

确定运用客车车底数的方法有图解法和分析法两种。

a. 图解法:根据列车运行方案图可以直接查出运用客车车底数。如图 1.46 所示,在运行图上垂直于横轴的截取线 J 与列车运行线和折返站列车停留线的交点数,即为运用客车车底数。

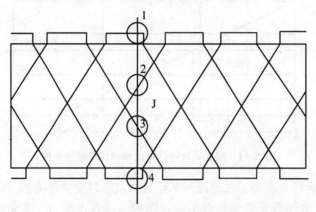

图 1.46　运用客车车底数图解

b. 分析法:运用客车车底数可按下式计算。

$$N_{车组} = \frac{\theta_{列}}{t_{间隔}}$$

式中:$N_{车组}$——运用客车车底数或上线列车数(列);

$\theta_{列}$——列车周转时间或列车运行周期(s),即列车在线路上往返一次所消耗的全部时间;

$t_{间隔}$——行车间隔时间(s)。

减少运用客车车底数的措施主要有压缩列车在折返站的停留时间和优化列车运行方案等。

③ 提高旅行速度。影响客运列车旅行速度的主要因素是停站次数和停站时间。因此,可以通过跨站停车的列车运行图铺画方式和分段停车的列车运行图铺画方式,即改变每一列车在每一车站停车的传统列车运行图铺画方式,来提高列车旅行速度和优化列车运行组织。

④ 列车运行与车站客运作业过程的协调。在运营高峰时间,通常行车密度较大,在采用岛式站台的车站上,如两个方向或几个方向的列车同时到达,由于客流集中,会造成站内拥挤。因此,为避免车站客运组织工作出现困难,宜安排不同方向的列车在车站交错到达。

⑤ 列车运行与车辆基地有关作业的协调。为保证运用车辆技术状态良好，应保证留有足够的列检作业时间。在安排列车回基地检修时，应考虑列检线能力的匹配。在车辆基地没有列车调试线时，应安排调试列车运行线，调试列车一般应在运营低谷时间开行。

⑥ 为适应客流量波动和列车人工驾驶的需要，还应编制分号运行图。所谓分号运行图是指在基本运行图以外另行编制的运行图。分号运行图包括双休日运行图、节假日运行图、冬季运行图和人工驾驶运行图等。

（3）铺画列车运行详图。在铺画列车运行详图时具体进行的工作如下：

① 在一分格列车运行图上精确地铺画每一条列车运行线，即根据列车运行方案图和有关资料，详细规定列车在每个车站的到达、出发和通过时刻，在折返站的停留时间等。在铺画详图的过程中，可按需要对方案图所拟定的列车运行线做适当的调整。

② 铺画顺序按照列车等级依次为：专用列车、载客列车、调试列车、空回列车及其他列车。自列车出库起，从始发站一直铺画到折返站，经过一定作业后，由折返站返回。

③ 在铺画详图时，要注意确保行车安全和乘客的乘降安全。所以，必须做到：

a. 遵守列车区间运行时分和列车停站时间标准。

b. 遵守列车在折返站停留时间标准。

c. 遵守追踪列车间隔时间和车站间隔时间标准。

d. 遵守司机连续工作时间标准。

e. 列车在车站折返时，同时停在折返站上的列车数应与该车站的线路数相适应。

（4）列车运行图编制的自动化。长期以来，列车运行图都是由人工编制的，要求编图人员具有丰富的行车组织实践经验和较高的编制列车运行图技巧，而且每次编图都需要较长的时间。由于重新编一次列车运行图要做大量工作，费工费时，在实际工作中不得不减少编图次数，延长执行期间，结果是列车运行图不能及时适应运量和设备的变化。

为了解决上述问题，从 20 世纪 60 年代起，很多国家开展了利用电子计算机编制列车运行图的研究。一些国家开发的编制地铁列车运行图软件在 20 世纪 70 年代达到实用化。列车运行图编制软件主要包括列车运行线铺画、安排运用客车车底、安排乘务人员和数据管理四个功能模块。采用电子计算机编制列车运行图，在节省运用客车车底和乘务人员方面也有一定效果。目前，国内一些地铁已经实现列车运行详图的电子计算机自动编制。

4. 新图编制质量检查

（1）新图编制质量检查。列车运行图编制完毕后，必须对列车运行图的编制质量进行全面检查。检查的主要内容有：

① 列车运行图上铺画的列车数是否符合要求。

② 列车运行图上铺画的折返列车数是否符合要求。

③ 列车运行线的铺画是否符合规定的各项时间标准。

④ 乘务员的连续工作时间是否符合规定的时间标准。

⑤ 同时停在折返站上的列车数是否超过该车站现有的线路数。

⑥ 同时停在到、发线上的列车数是否超过该车站现有的到、发线数。

⑦ 换乘站的列车到、发是否均衡。

（2）新图指标计算。通过检查，确认列车运行图符合要求，就可计算列车运行图的各项指标。列车运行图的主要指标如下：

① 总开行列车数。总开行列车数即列车在运营线路上行驶一个单程（无论是全程行驶

还是短交路折返)的列车总数。

$$总开行列车数 = 载客列车数 + 空驶列车数 + 专运列车数 + 调试列车数$$

② 折返列车数。按各个折返站分别计算。

③ 行车间隔时间：

a. 高峰时段行车间隔时间。

b. 非高峰时段行车间隔时间。

④ 始发站首、末班列车发车时刻。

⑤ 客运列车技术速度。计算公式为

$$客运列车技术速度 = \frac{运营线路长度}{单程旅行时间 - \sum 停站时间}$$

式中的单程旅行时间包括列车在各区间的运行时间，在各中间站的停站时间，以及在各中间站停车的启动、停车附加时间，但不包括列车在折返站的停留时间。

⑥ 客运列车旅行速度(运送速度)。计算公式为

$$客运列车旅行速度 = \frac{运营线路长度}{单程旅行时间}$$

⑦ 输送能力。计算公式为

$$输送能力 = 客运列车数 \times 列车定员$$

⑧ 高峰小时运用客车车底数。按早高峰小时和晚高峰小时分别计算。

⑨ 列车周转时间。为运送乘客，列车在运营线路上平均完成一次周转所消耗的时间。计算公式为

$$列车周转时间 = \frac{全日营业时间 \times 运用客车车底数 - \sum 回库时间}{全日开行列车对数}$$

式中的运用客车车底数可近似地取早高峰小时运用客车车底数。

⑩ 全日车辆总走行公里。全日车辆总走行公里是指车辆为运送乘客在运营线路上所走行的里程，它包括图定的车辆空驶里程和由于某种原因列车在中途清客或列车在少数车站通过后仍继续载客的车辆空驶里程。计算公式为

$$全日车辆总走行公里 = \sum (客运列车数 \times 列车编成辆数 \times 列车运行距离)$$

⑪ 车辆日均走行公里(日车公里)。每一运用车辆每日平均走行公里数。计算公式为

$$车辆日均走行公里 = \frac{全日车辆总走行公里}{全日运用车辆数}$$

式中的全日运用车辆数可近似地取早高峰小时运用车辆数。

⑫ 平均满载率。指运用车辆的平均满载程度，反映一定时间内车辆运能的利用水平。计算公式为

$$平均满载率 = \frac{日客运量 \times 平均运距}{输送能力 \times 线路长度}$$

平均运距是乘客平均每人次的乘车距离，该数据可通过全面客流调查或抽样客流调查获得。

为了评价新列车运行图的质量，除计算新列车运行图的各项指标外，还应与现行列车运行图进行比较，分析各项指标提高或降低的主要原因。

(3) 实行新图前的准备工作。为了保证新列车运行图能够正确和顺利地实行，必须在

实行新列车运行图之前做好下列准备工作：
① 发布实行新列车运行图的命令。
② 印刷并分发新列车运行图和列车时刻表。
③ 拟定执行新列车运行图的技术组织措施。
④ 做好车辆和乘务员的配备。
⑤ 组织有关作业人员学习新列车运行图，熟悉新列车运行图的规定与要求。

三、列车运行图的绘制

1. 列车运行线的表示方法

列车运行线的表示方法如表1.11所示。

表1.11　列车运行线的表示方法

序号	列车种类	服务号	表示方法	图例
1	普通客车	01—79	红实线	———————
2	空客车	80—89	红虚线	- - - - - - -
3	调试列车	90—97	红实线+短竖红实线	—│———│—
4	专列	98—99	红实线+方向箭头	——→——→
5	救援列车	601—629	红实线+红圈	——○——
6	工程车	501—549	蓝实线	———————
7	轨道车	551—599	蓝实线+蓝圈	——○——

2. 列车运行图符号

列车运行图符号（此处专指手绘运行图，下同）如图1.47所示。

注解：(a) 列车车站始发（或从车辆基地上正线）；(b) 列车终到（退出正线）；(c) 列车折返（含中途折返）；(d) 列车临时退出运行（中途进入折返/存车线）；(e) 列车在区间停车；(f) 列车载客通过车站；(g) 列车早点画红圈，在圈内用红笔记早点时分；(h) 列车晚点画蓝圈，在圈内用蓝笔记晚点时分；(i) 运行图过表表示，不能在本张运行图内到达的运行线，在运行线末端和另一张运行图的该列车运行线始端各划一直线，颜色与运行线同色，并在相应的位置填记车次号；(j) 在运营时间内或夜间施工作业时，需要长时间占用（封锁）某段线路时，用蓝框将占用（封锁）的区间框起来，在框内注明事由、起止时间和封锁区段（车站或里程），起止时间分别标注在封锁时间的起点和终点；(k) 在运营时间内和夜间施工作业时，区间线路需要限速时，在限速区间内，画一条蓝色虚线，并在线上注明限速速度、限速时间和限速区段（车站或里程），限速起止时间分别标注在限速时间的起点和终点。

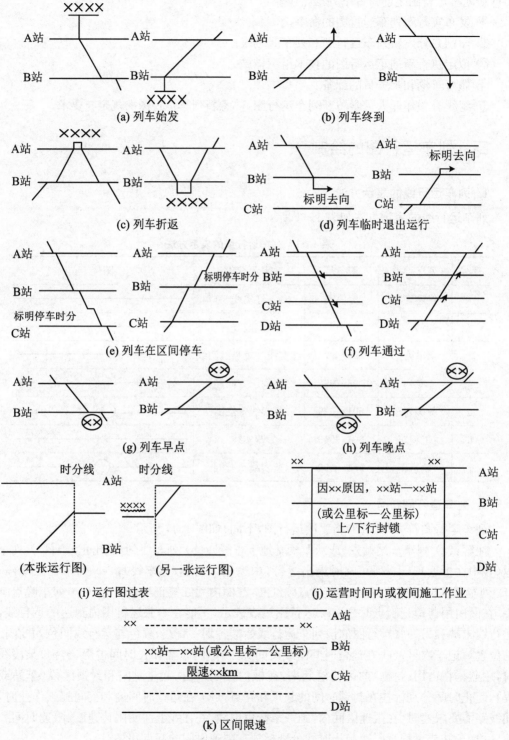

图 1.47 国内城市轨道交通系统运行图符号

技能点训练

已知车站停站时间为 1 min, A 与 E 站折返及停站时间皆为 4 min, AB 上下行区间运行时分皆为 4 min, BC 上下行区间运行时分皆为 2 min, CD 上下区间运行时分皆为 4 min, DE

上下行区间运行时间皆为 2 min。注：车次号＝目的地（两位）＋服务号（两位）＋行程号（两位），其中，目的地从 A 至 E（编号为 01 至 05），服务号从 01 开始编。

任务：

（1）请计算上线列车数；

（2）请在图 1.48 上，绘制 12:00—12:30 时段列车运行图，其中 12:00 始发，A、E 站列车双向始发。

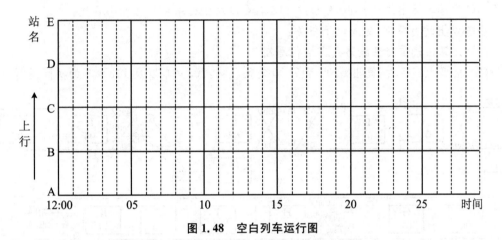

图 1.48　空白列车运行图

知识点练习

一、填空题

1. 列车运行图组成的要素有_____、_____、_____。
2. 列车运行图的时间要素主要有_____、_____、_____、_____等。
3. 编制列车运行图时，应符合_____、_____、_____、_____的要求。

二、选择题

1. 列车运行图的编制，由运营管理部门负责组织，大体经历（　　）四个阶段。
   A. 研究讨论　　　　B. 编制方案　　　　C. 铺画详图　　　　D. 计算指标
2. 确定运用客车车底数的方法有（　　）。
   A. 图解法　　　　　B. 分析法　　　　　C. 预测法　　　　　D. 描绘法
3. 图 1.49 所示运行图中黑色方框表示（　　）。
   A. 列车始发　　　　B. 列车终到　　　　C. 列车折返　　　　D. 列车通过

图 1.49

三、简答题

1. 简述列车运行图的基本要素。
2. 列车折返作业主要包括哪些内容？

四、综合题

如图 1.50 所示，某轨道交通线路正线设有 A—K 站共有 11 座车站，终端站 A 站以及终端站 K 站折返作业时间均为 4 min(包含上下客作业时间);其余在各站停站时间均为 30 s,列车在上下行 A 至 J 各个区间的运行时分均为 3 min,J 至 K 上下行区间运行时分为 1 min30 s。列车由 K 站停车场至 K 站下行站台需要 2 min,列车由 C 站停车场至 D 站上行或者下行站台需要 2 min。列车由 A 站空车回 C 站停车场(经 C 站后出入库线回库)需要 4 min。该线路下行 103 次 103♯车 6:04 分由 K 站停车场出库至 K 站下行后载客运营至 A 站(该车在 K 站下行停站 1 min),A 站上行列车发生制动故障空车回库(经 C 站后出入库线回库),C 站停车场出库线 6:40 分出库 113♯至 D 站上行站台后替开 103 次。

根据以上运行条件,完成以下任务:
(1) 计算该轨道交通线路列车运行周期。
(2) 根据上述条件,画出 6:00 至 7:00 时间段内,103♯车以及 113♯车的实际运行线。

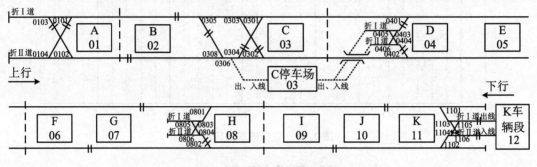

图 1.50　某轨道交通线路图

项目二　线站与信号设备运用

任务一　线站与信号设备认知

素质目标

培养学生的安全责任意识,形成精益求精的职业素养。

知识目标

1. 能正确描述站线、区间与信号等的基本概念。
2. 能正确描述信号分类及用符号正确表示。
3. 能正确描述信号机的类型及设置原则。
4. 能正确识别行车标志。
5. 能描述手信号类型与显示方式。

能力目标

1. 能正确识读轨道交通线路与信号站场图。
2. 能正确绘制站场图。
3. 能正确及时显示手信号。

线路与车站基础知识

一、线路和车站的定义

1. 线路

城市轨道交通线路按其在运营中的作用,可分为正线、辅助线(配线)和车辆基地线。

(1) 正线是指直股深入并贯穿各车站供列车载客运营的线路,包括站线及区间两部分。城市轨道交通系统采用单向双线(上、下分行)右侧行车法。因正线行车速度密度大,线路标准要求高,一般采用 60 kg/m 的钢轨敷设。道岔一般采用 9 号道岔或者 12 号道岔。

(2) 辅助线(配线)是为保证正线运营,合理调度列车(如折返、转线、停放、检查、出入场等)而设置的线路,其速度一般限速 35 km/h。辅助线包括:折返线、渡线、存(停)车线、联络线、出入基地及安全线等。

(3) 车辆基地线。正线是供列车运营的场所,车辆基地线就是供列车检查、维修和停放列车的场所。由于车辆基地内的列车为空载列车,因此,线路一般采用 50 kg/m 的钢轨敷设,道岔一般采用 7 号道岔。车辆基地线是车辆基地内作业、停放列车的线路。按其功能不同可分为停车线、检修线、试车线、洗车线及牵出线等。

2. 端墙

车站站台端门对应处即为端墙。车站的端墙可分为头端墙与尾端墙。如图2.1所示。

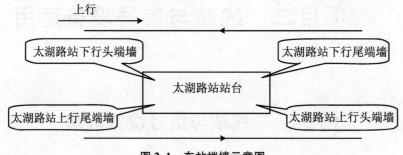

图 2.1　车站端墙示意图

（1）头端墙：按列车运行图规定的运行方向，列车停在车站站台时头部对应的车站端墙。

（2）尾端墙：按列车运行图规定的运行方向，列车停在车站站台时尾部对应的车站端墙。

3. 区间与站线分界

（1）区间：相邻两车站相邻端墙间的线路为区间，如图2.2所示。

（2）站线：车站两端墙间内方的线路为站内线路，简称站线，如图2.2所示。

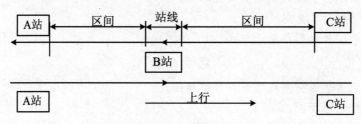

图 2.2　区间与站线分界示意图

4. 站台及其编号原则

（1）站台：提供列车停靠、乘客候车与乘降的场所。

（2）站台编号原则：车站站台的编号原则为面向上行方向，从左到右依次按"×站1站台、×站2站台……"顺序编号，如图2.3所示。

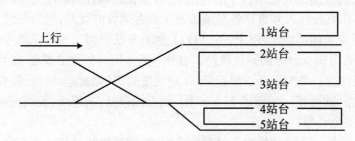

图 2.3　多站线车站站台编号示意图

5. 站线编号原则

（1）只有两条站线的车站站线编号原则：与上行线连接的站线称为"××站上行线"，与下行线连接的站线称为"××站下行线",如图2.4所示。

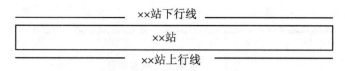

图 2.4　两条站线编号示意图

(2)有三条及以上站线的车站站线编号原则:车站站线的编号原则为面向上行方向,从左到右以罗马数字"Ⅰ道、Ⅱ道、Ⅲ道……"的顺序编号,如图2.5所示。

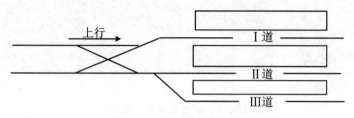

图 2.5　多条站线编号示意图

二、信号概念及基本要求

1. 信号的概念

信号是指用特定的物体(包括灯)的颜色、形状、位置,或用仪表和音响设备等向行车人员传达有关车辆(机车)运行条件、行车设备状态以及行车的指示和命令等信息。它是列车运行及调车作业的命令,有关人员必须严格执行。

2. 对信号的基本要求

(1)各种信号机的灯光排列、颜色、外形尺寸应符合规定的标准。
(2)信号机的显示方式和表达的含义必须统一并且符合规定的要求。
(3)信号机的设置须保持能够进行实时检测、故障警告,为列车运行提供安全保障、正确信息。
(4)在一般情况下,信号机设置在运行线路的右侧,与列车司机的驾驶位置同侧,便于瞭望和确认信号。
(5)行车手信号、行车听觉信号的显示方式和表达的含义应该符合规定的要求。
(6)信号机的显示以及行车手信号、行车听觉信号的显示应考虑线路地形、地物的相关影响。

三、信号分类

信号基础知识(上)

1. 按感官方式分为视觉信号和听觉信号

(1)视觉信号是指以信号灯的颜色、显示数目及灯光状态等表达的信号。颜色常见有五种:红色表示停车,黄色表示注意或者减速,绿色表示按正常速度运行,白色表示准许机车车辆越过该信号机,蓝色表示禁止机车车辆越过该信号机。红色、黄色、绿色为城市轨道交通信号的基本颜色，主要用于列车信号；其他为辅助颜色，用于调车信号，如图2.6所示。

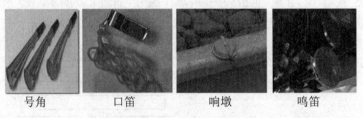

图2.6 视觉信号颜色划分

（2）听觉信号：号角、口笛、响墩等发出的音响和机车的鸣笛声，听觉信号发声设备如图2.7所示。

图2.7 听觉信号发声设备

2. 按安装方式分：固定信号、移动信号、车载信号和手信号

（1）固定信号是指被固定地安装在运行线路一定位置的装置，用以指示列车运行和调车工作的信号，如固定信号机、列车司机显示器、行车信号标志牌、信号表示器，如图2.8所示。

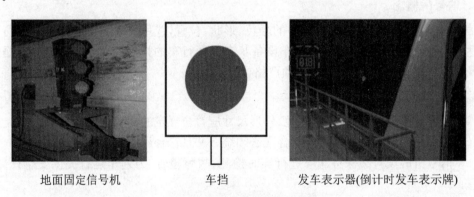

图2.8 常见固定信号设备

（2）移动信号。移动信号为运行线路在特殊情况下或需要施工、救援，要求列车禁止驶入某地点、区域或须减速运行时临时设置的装置。移动信号根据需要临时设置或撤除。如红闪防护灯、停车信号牌或灯、减速信号牌或灯、减速防护地段终端信号牌或灯，如图2.9所示。

（3）车载信号。车载信号指将地面信号通过传输设备或其他方式传输引入列车的信号。车载信号设备安装在列车的两端驾驶室。城市轨道交通采用"地面信号与车载信号系统相结合、以车载信号系统为主、地面信号为辅"的运用方式，列车运行速度不取决于地面信号的显示，地面信号显示代表列车运行进路是直向还是侧向、是允许还是禁止，如图2.10所示。

（4）手信号。手信号是指由人直接挥动信号旗、信号灯或徒手方式来下达的各种命令，用来表达相关的行车含义，指示机车、车辆或列车的允许或禁止行车条件，如图2.11所示。

红闪灯防护

昼夜间临时设置减速信号

图 2.9　常用移动信号设备

图 2.10　城市轨道交通车载信号(司机室 TOD 屏)

信号旗显示

信号灯显示

徒手方式

图 2.11　手信号显示方式

四、信号符号表示

城市轨道交通信号显示符号如表 2.1 所示。

表 2.1　信号符号表示

图形符号	灯色	名称	文字	含义
○	●	绿灯	L	按规定速度运行
●	●	红灯	H	停车
◐	◐	黄灯	U	注意并减速运行
◎	○	月白	B	允许越过该信号机调车
⊙	●	蓝灯	A	禁止调车
Ⓩ	●	紫灯	Z	用于道岔表示器
特殊功能信号机	┠●● →	自动信号	补充：	
	┠●● →	连续通过信号	(1) 高柱信号机符号 ┠●○●	
⌀		黄闪	(2) 矮柱信号机符号 ■●○●	
⌀		稳定亮绿色		
信号机前(外)方、内(后)方	信号机防护的一方为内方，相反的为外方。 示例：前方(外方) ┠●○● 后方(内方)			

五、信号机的类型

信号基础知识(下)

信号机是城市轨道交通最常用的视觉信号设备，它的作用贯穿于行车工作的整个过程。一般情况下，按功能可分为以下 11 类：

（1）进站信号机：设置在车站入口处，是为了防护车站、指示列车能否由区间进入车站而设置的信号机，其作用是防护车站和指示列车运行条件。目前城市轨道交通多采用CBTC 系统，在正线车站很少设置进站信号机，其设置如图 2.12 所示。

（2）出站信号机：设置在车站的出口处，是为了防护发车进路和区间，指示列车能否向区间发车而设置的信号机，其设置如图 2.13 所示。

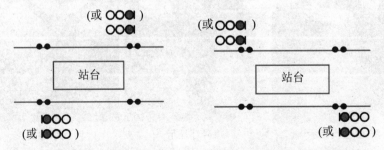

图 2.12　进站信号机设置示例　　图 2.13　出站信号机设置示例

（3）区间信号机：通常设置在车辆基地和其他线路进入正线入口处，以及为满足降级控制模式下长大区间列车运行间隔需要的区间分割点处，其设置如图 2.14 所示。

（4）防护信号机：防护敌对进路的列车相互冲突的信号机，通常设置在正线平面线路的交叉地点，即在正线道岔岔前和岔后适当地点设置，实现防护道岔的作用，可兼出站信号机使用，其设置如图 2.15 所示。

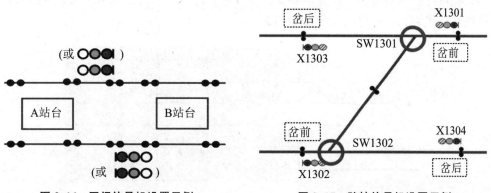

图 2.14 区间信号机设置示例　　　图 2.15 防护信号机设置示例

（5）复示信号机：信号机（主体信号）因受条件限制而达不到要求的显示距离时，在其前方适当地点设置复示该信号机显示内容的信号机。目前《地铁设计规范》《城市轨道交通信号系统通用技术条件》等城市轨道交通相关国家标准中均无复示信号机的设置及显示标准。复示信号机用于保证其主体信号机的连续显示距离满足列车安全停车的要求，目前主要有以下 2 种显示方案，如图 2.16 所示。

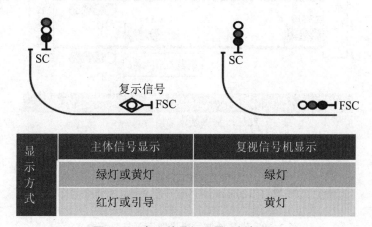

图 2.16 复示信号机设置示例与显示

（6）阻挡信号机：设置在线路尽头，不准车辆越过该信号机，防护线路终端，信号机始终处于关闭状态，如图 2.17 所示。

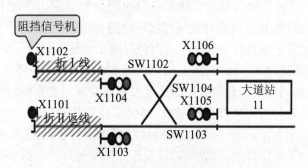

图 2.17 阻挡信号机设置示例

（7）调车信号机：是为了满足调车作业需要而设置的信号机，确保机车、车辆在站内或基地内从事转线、编组等调车作业能够安全高效地进行。调车信号机采用两显示信号机[蓝灯(可用红灯代替)、月白灯],其设置如图2.18所示。

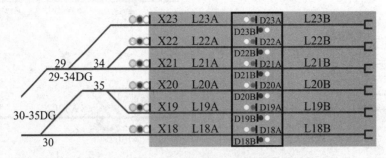

图 2.18　调车信号机设置示例

(8) 进基地信号机:进车辆基地信号机为高柱三灯位四显示信号机,其设置与显示含义如图2.19所示。

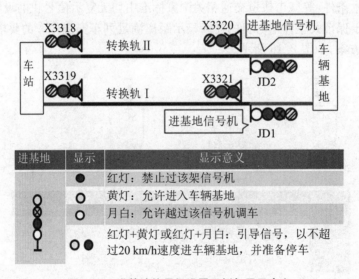

图 2.19　进基地信号机设置示例与显示含义

(9) 基地出库信号机:指示列车能否由车库出发,一般兼调车信号,通常为红、月白、黄三灯位三显示信号机,其设置与显示含义如图2.20所示。

(10) 引导信号:当进基地信号机或接车信号机因故障等原因不能开放接车信号时,指示列车以不超过20 km/h速度进基地或通过接车进路,并需准备随时停车,如进基地或接车进路色灯信号机显示1个红色灯光和1个月白色灯或1个红色灯和1个黄色灯。

(11) 发车倒计时器:车站可在正向出站方向站台的一侧、列车停车位置前方适当地点设置发车倒计时器,向司机表示能否关闭车门及发车的时间。发车倒时器常用两种形式:一种是采用月白灯的点亮与关闭状态提醒司机,当列车停靠后发车倒计时器无显示表示不能关闭车门、不能发车;距发车还有5 s时发车倒计时器显示白色闪光,提醒司机关闭车门;当发车倒计时器显示白色稳定灯光时,表示可以发车。另一种形式是数字显示,当列车停稳后发车倒计时器显示屏开始倒计时显示(正常停站时间为绿色,超过停站时间为红色),列车出发,显示屏关闭,如图2.21所示。

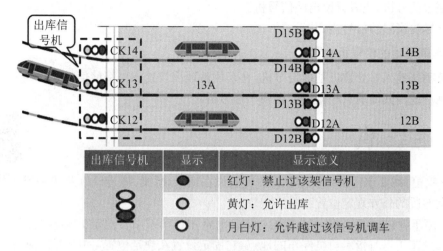

图 2.20 出库信号机设置示例与显示含义

图 2.21 发车倒计时器设置示例与显示

六、信号机的设置

因城市轨道交通采用右侧行车法,所以信号机通常设置在运行线的右侧(铁路设置在左侧),采用列车自动运行控制系统控制区域线路的,在道岔区段设防护信号机或道岔状态表示器,其他类型的信号机可根据需要设置。

1. 正线上的信号机设置

正线上的道岔区设防护信号机,具有出站性质以外的防护信号机应设引导信号。

采用列车自动控制系统的城市轨道交通,自动闭塞通过信号机时已失去主体信号的作用,所以区间分界点一般不设通过信号机。当列车自动防护子系统车载设备发生故障时,为了便于司机掌握列车运行的位置,可结合系统特点设置必要的地点标识,根据需要也可设置通过信号机。

车站一般不设进站、出站信号机,在正向出站方向的站台侧、列车停车位置前方适当地点设置发车表示器(Dwell Time Indicator,DTI)。也可根据需要设进站、出站信号机以及信号机的预告信号机,或者只设出站信号机。

线路尽头设阻挡信号机。

2. 车辆基地的信号机设置

在车辆基地入口处设进基地信号机,在车辆基地出口处设出基地信号机。

车辆基地内其他地点根据需要设调车信号机。

七、行车标识

线路与信号标识

(1) 鸣笛标:要求司机鸣笛的标识。一般设在道口、桥梁、隧道口以及线路状况复杂地段的外方规定位置。

(2) 停车牌:指示列车停车位置的标识。通常用于车站站台规定的乘客上、下车的停车地点以及列车折返时指示司机停车的地点,它固定设置在规定位置,如图 2.22 所示。

(3) 站界标:是车站与区间分界处的标识,主要用于车站管辖范围区界划分和列车运行时位置识别,如图 2.23 所示。

图 2.22　停车牌　　　　　　　图 2.23　站界标

(4) 预告标:通常设于非自动闭塞区段进站信号机外方,用以预告进站信号机位置距离的标识。在城市轨道交通运输中的基地试车线设置了类似的预告牌(警告牌),用于预告试车线尽头端距离。预告牌(警告牌)为直立白色长方形牌,三个为一组,牌上分别涂有三条、两条、一条黑色斜线,表示距尽头车挡距离。立牌地点距尽头的距离由城市轨道交通管理部依据实际情况制定,如图 2.24 所示。

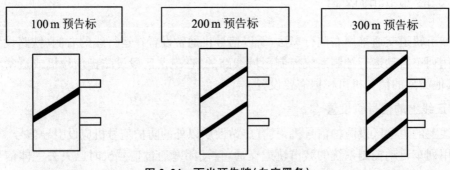

图 2.24　百米预告牌(白底黑条)

(5) 车挡表示器:设在线路尽头线车挡上的表示器,便于司机以及车辆调度员确认车挡位置。隧道内显示红光,地面线路昼间使用红色方牌、夜间使用红色灯光,如图 2.25 所示。

(6) 警冲标:在两条线路汇合处,为了防止停留在一线的车辆与邻线上的车辆发生侧面冲撞而设在两汇合线路之间间隔 4 m 的中间标识。股道之间间距不足 4 m 时应设在两线路中心线最大间距的起点处,如图 2.26 所示。

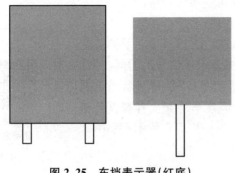

图 2.25　车挡表示器(红底)　　　　图 2.26　警冲标(白底黑字)

（7）引导接车地点标:引导员引导接车时所站位置的标识。引导员接车时原则上站在进站信号机外方或站界标处。如因地形、地物影响在上述地点显示信号不能保证列车在 200 m 以外确认时,引导地点应向区间延伸,在保证列车在 200 m 外能看清引导信号的地点设置引导员接车地点标。在信号标识中,有些标识具有警告意义和防护功能,运行列车必须在其标识的内方停车,不得越过或者相碰,一旦越过或者相碰将构成行车事故(事件),如警冲标、车挡表示器、接触网终止标等。

八、视觉信号

1. 色灯信号机

城市轨道交通色灯信号机的显示如表 2.2 所示。

表 2.2　城市轨道交通色灯信号机的显示

序号	类别	信号灯显示	行车指示内容
1	正线进路防护信号	绿灯	开通直向允许越过
2		黄灯、月白	开通侧向允许越过
3		黄灯+红灯	引导信号允许越过
4		红灯	禁止越过
5	车辆基地调车信号	白灯	允许调车
6		红灯、蓝灯	禁止越过

注:在正线上,信号机故障不能正常显示绿灯信号时,应开放引导信号,列车以不超过 25 km/h 速度越过该信号机后,按正常速度运行。

2. 手信号

（1）手信号是运行系统的重要的信号显示,在运行实践中经常要使用手信号来表示或传达相关行车指示和命令,它与运行以及运行安全有着密切的联系。

（2）手信号的基本作用是机动指挥列车运行和调车作业,对相关的行车事项进行联络。

（3）手信号包括准许列车通行信号、停车信号、注意或减速信号、引导信号,这些信号与固定信号机所显示的含义具有相同的作用。

(4) 手信号的显示原则:
① 地面车站及基地内,昼间使用信号旗,夜间使用信号灯;
② 地下车站一律使用信号灯,按夜间规定办理;
③ 显示手信号时左手持红旗,右手持绿旗或黄旗(扳道员右手持黄旗)。

(5) 手信号的显示时机是指正确及时地掌握显示手信号的时间,即什么时候开始显示手信号,在什么时候收回所显示的手信号;手信号显示地点是指显示手信号的地点。时机与地点的掌握对提高行车效率与安全有着直接密切的关系,如表2.3所示。手信号显示方式,如表2.4—表2.7所示(其中,表2.7为徒手信号)。

手信号的
显示方式

表2.3 接发列车时显示与收回手信号的时机和地点

手信号类别	何种情况下显示	显示时机	收回时机	显示地点
停车信号	电话闭塞法行车时	看见列车头部灯开始	列车停车后	站台头端墙站台门端门外方
紧急停车信号	工程列车进站或通过车站,出现危及行车安全情况;客车进站,发现危及行车安全情况,但来不及按压站台紧急停车按钮或紧急停车按钮不起作用时	立即显示	列车停车后	就近显示
发车信号	要求工程列车或电客车在车站或存车线、折返线发车	进路准备妥当后	司机动车或鸣笛回示后	站内在车站端墙外小站台对应站界标(停车位置标)位置,存车线、折返线在线路上指定的安全位置
通过	列车通过时	看见列车头部灯光开始	列车头部越过显示地点	站台头端墙站台门端门外方
减速信号	发现工程列车或客车超速时	立即显示	列车头部越过信号显示地点后	头端墙侧扶梯口,靠近紧急停车按钮附近
引导手信号	准许列车进入车站或车辆基地,例如,列车退回发车站等	看见列车头部灯开始	列车头部越过信号显示地点后	来车方向进站侧站台端墙外小站台对应站界标(停车位置标)位置
好了信号	车站相关作业完成时	车站完成相关作业后,确认无误时	司机鸣笛回示后或待司机进入驾驶室后	在站台与司机确认时,在列车运行方向前端第二节车厢第二个客室门的位置(靠近紧急停车按钮),面向列车运行方向显示
道岔开通信号	车站、基地必须现场人工排列折返进路(如道岔故障及联锁系统故障)时	进路准备好时	列车头部越过信号显示地点后或司机鸣笛回示后	在列车前方便于司机瞭望的适当安全避让位置(在操纵道岔附近,车辆限界外)

表 2.4　列车手信号显示方式

序号	列车手信号类别	显示方式	
		昼间	夜间
1	停车手信号:要求列车停车	展开的红色信号旗	红色灯光
2	紧急停车手信号:要求司机紧急停车	展开的红色信号旗上下急剧摇动;无信号旗时,两臂高举头上,向两侧急剧摇动	红色灯光上下急剧摇动;无红色灯光时,用白色灯光上下急剧摇动
3	减速手信号:要求列车降低速度运行	展开的黄色信号旗,无黄色信号旗时,用绿色信号旗下压数次	黄色信号灯光,无黄色灯光时,用绿色灯光下压数次
4	发车手信号:要求司机发车	展开的绿色信号旗上弧线向列车方面做圆形转动	绿色灯光上弧线向列车方面做圆形转动
5	人工引导手信号:准许列车进入车站或车辆基地	展开黄色信号旗高举头上左右摇动	黄色灯光高举头上左右摇动
6	好了手信号:车站完成相关作业,确认无误时	拢起的信号旗顺时针做圆形转动	白色灯光顺时针做圆形转动

表 2.5　调车手信号

序号	调车手信号类别	显示方式	
		昼间	夜间
1	停车信号	展开的红色信号旗,无红色信号旗时,两臂高举头上,向两侧急剧摇动	红色灯光,无红色灯光时,用白色灯光上、下急剧摇动
2	减速信号	展开的绿色信号旗下压数次	绿色灯光下压数次
3	指挥列车或车辆向显示人方向来的信号	展开的绿色信号旗在下方左右摇动	绿色灯光在下方左右摇动
4	指挥列车或车辆向显示人反方向去的信号	展开的绿色信号旗上、下摇动	绿色灯光上、下摇动
5	指挥列车或车辆向显示人方向稍行移动的信号(包括连挂)	左手拢起红色信号旗直立平举,右手展开的绿色信号旗在下方左右小摆动	绿色灯光下压数次后,再左右小动
6	指挥列车或车辆向显示人反方向稍行移动的信号(包括连挂)	左手拢起红色信号旗直立平举,右手展开的绿色信号旗在下方上、下小动	绿色灯光平举上、下小动

续表

序号	调车手信号类别	显示方式	
		昼间	夜间
7	三、二、一车距离信号：表示推进车辆的前端距被连挂车辆的距离	右手展开的绿色信号旗下压三、二、一次，分别表示距停留车三车（约60 m）、二车（约40 m）、一车（约20 m）	绿色灯光平举下压三、二、一次，分别表示距停留车三车（约60 m）、二车（约40 m）、一车（约20 m）
8	连挂作业	两臂高举头上，拢起的手信号旗杆呈水平末端相接	红、绿色灯光（无绿色灯用白色灯光代替）交替显示数次
9	试拉信号（连挂好后试拉）	按本表第6项的信号显示，当列车启动后立即显示停车信号	
10	取消信号：通知前发信号取消	拢起的手信号旗，两臂于前下方交叉后，左右摇动数次	红色灯光做圆形转动后，上下摇动
11	停留车位置信号：表示车辆停留地点		白色灯光左右小摇动
12	道岔开通信号：表示进路道岔准备妥当	绿色灯光高举头上，左右小动	

表2.6 列车试验自动制动机的手信号显示方式

序号	试验列车自动制动机的手信号类别	显示方式	
		昼间	夜间
1	制动	绿色信号旗拢起高举，或徒手单臂高举	白色灯高举
2	缓解	用拢起的绿色信号旗在下部左右摇动	白色灯光在下部左右摇动
3	试验完了（或其他作业完成的显示）	用拢起绿色信号旗做圆形转动	白色灯光做圆形转动

表2.7 徒手信号显示方式

序号	徒手信号类别	显示方式
1	紧急停车信号（含停车信号）	两手臂高举头上，向两侧急剧摇动
2	三、二、一车距离信号	单臂平伸后，小臂竖直向外压直，反复三次为三车、二次为二车、一次为一车
3	连挂信号	紧握两拳头高举头上，拳心向里，两拳相碰数次
4	试拉信号	如本表第5或第6项，当列车刚启动马上给停车信号（第1项）

续表

序号	徒手信号类别	显示方式
5	向显示人方向稍行移动	左手高举直伸,右手平伸小臂左右摇动
6	向显示人反方向稍行移动	左手高举直伸,右手向下斜伸,小臂上下摇动
7	好了信号	单臂向列车运行方向上弧圈做圆形转动

九、听觉信号

1. 听觉信号的标准

鸣示听觉信号时,为防止混淆,应按声音长短及间隔的规定标准进行,其规定如下:
(1) 长声显示时间为 3 s,短声显示时间为 1 s,间隔时间为 1 s。
(2) 如果需要重复鸣示时,每次(组)须间隔 5 s 以上。
(3) 在一般情况下隧道内取消列车、机车启动鸣笛和声响联络,如遇运行中危及行车安全以及人身安全的突发事件和特殊情况时除外。
(4) 地面车站、基地作业时应充分考虑居民区等情况,执行城市社会生活及城市轨道交通有关规定。

2. 听觉信号的显示

听觉信号的显示,如表 2.8 与表 2.9 所示。

表 2.8 列车的鸣示方式

序号	名称	鸣示方式	使用时机
1	启动注意信号	一长声 ———	① 列车启动或机车车辆前进时(双机牵引时,本务机车鸣笛后,尾部机车应回示,本务机车再鸣笛一长声后启动)。 ② 接近车站、鸣笛标、隧道、施工地点、黄色信号、引导信号、天气不良时。 ③ 在区间停车后,继续运行时,通知车长。 ④ 客车在检修及整备中,准备降下或升起受电弓
2	退行信号	二长声 ——— ———	客车、机车车辆、单机开始退行
3	召集信号	三长声 ——— ——— ———	要求防护人员撤回时
4	呼唤信号	二短一长声 · · ———	① 客车或机车要求出入基地时。 ② 在车站要求显示信号时
5	警报信号	一长三短声 ——— · · ·	① 发现线路有危及行车安全的不良处所时。 ② 列车发生重大、大事故及其他需要救援情况时。 ③ 列车在区间内停车后,不能立即运行,通知车长时

续表

序号	名称	鸣示方式	使用时机
6	试验自动制动机复示信号	一短声 •	①试验制动机开始减压时。 ②接到试验制动结束的手信号,回答试风人员时。 ③调车作业中,表示已接受调车长所发出的信号时
7	缓解信号	二短声 • •	试验制动机缓解时
8	紧急停车信号	连续短声 • • • • • •	司机发现邻线发生障碍,向邻线上运行的列车发出紧急停车信号时,邻线列车司机听到后,应立即紧急停车

表 2.9 口笛鸣示方式

序号	工作项目	鸣示方式	表示
1	发车、指示机车向显示人反方向移动	一长声	——
2	指示列车向显示人方向移动	一短一长声	• ——
3	指示发车	一长一短声	—— •
4	制动机减压	一短声	•
5	制动机缓解	二短声	• •
6	取消	二长一短声	—— —— •
7	再显示	二长二短声	—— —— • •
8	列车接近通报信号		
	上行	二长声	—— ——
	下行	一长声	——
9	停车信号	连续短声	• • • • • •

技能点训练

1. 识读城市轨道交通站场图,详见附录十四。
2. 请完成图2.27中站台及车站正线与折返线编号。

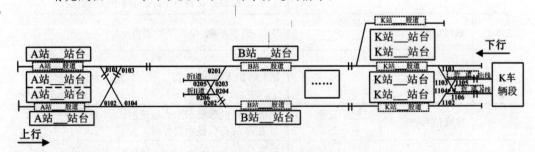

图 2.27 车站与正线布局图

3. 熟悉列车运行、调车作业的手信号显示方式。

知识点练习

一、填空题

1. 城市轨道交通线路按照其在运营中的作用和功能,可分为_____、_____

和_____。

2. 车站端墙是指_____。车站的端墙按照方向可分为_____和_____。
3. 车站站台的编号原则为面向_____方向，从_____依次从编号。
4. 信号按感官方式分为_____和_____；按安装方式分为_____、_____和_____。

二、选择题

1. 城市轨道交通列车运行采用（ ）靠右侧行驶。
   A. 双线双向   B. 单线双向   C. 双线单向   D. 单线单向
2. 地铁正线钢轨和道岔一般采用（ ）。
   A. 50 kg/m、9号   B. 50 kg/m、7号   C. 60 kg/m、9号   D. 60 kg/m、7号
3. 车辆基地线钢轨和道岔一般采用（ ）。
   A. 50 kg/m、9号   B. 50 kg/m、7号   C. 60 kg/m、9号   D. 60 kg/m、7号
4. 下列手信号显示方式正确的为（ ）。
   A. 停车信号：徒手显示方式为两臂高举头上，向两侧急剧摇动。
   B. 引导信号：昼间显示方式为展开黄色信号旗高举头上左右摇动。
   C. 减速信号：夜间显示方式为黄色信号灯光，无黄色灯光时，用白色或绿色灯光下压数次。
   D. 好了信号：昼间显示方式为用拢起信号旗做圆形转动。
5. 三、二、一车距离信号右手展开的绿色信号旗下压三、二、一次，分别表示距停留车三车（ ）、二车（ ）、一车（ ）。（ ）
   A. 约80 m   B. 约60 m   C. 约40 m   D. 约20 m
6. 长声显示时间为（ ），短声显示时间为（ ）。
   A. 4 s   B. 3 s   C. 2 s   D. 1 s

三、名词解释

1. 三、二、一车距离信号。
2. 进站信号机、出站信号机、防护信号机、阻挡信号机。

四、简答题

1. 简述常见的几种行车标志。
2. 正线上的信号机应如何设置？

任务二　道岔及转辙机运用

素质目标

通过ATS对信号的监控和操作，培养"安全无小事"的安全意识；通过手信号识读与显示作业，培养规范操作的责任意识。

知识目标

1. 能正确描述道岔的定义及类型。

2. 能分析道岔号数与过岔速度的关系。
3. 能分析道岔的状态、使用及保养方法。
4. 能正确描述转辙机的定义与组成。
5. 能正确描述列车自动控制系统 ATC 及 CBTC 的功能与组成。

能力目标

1. 能画出普通单开道岔图。
2. 能准确判断道岔位置。
3. 能正确标准完成一次手摇道岔作业过程。
4. 能正确完成人工准备进路任务。

一、道岔

道岔

1. 道岔定义

道岔是一种使机车车辆能从一股道转入或越过另一股道的线路连接设备。道岔大量铺设在车站内,以满足各种作业需要,最常见的是普通单开道岔。

2. 道岔类型

(1) 道岔按功能和用途分类:单开道岔、对称道岔、三开道岔、交叉渡线、交分道岔,其中单开道岔是最常用的类型。

(2) 道岔按钢轨轨型分:43 kg/m、50 kg/m、60 kg/m、75 kg/m 钢轨道岔,城市轨道交通主要使用 50 kg/m 与 60 kg/m 两种类型,其中,车辆基地使用 50 kg/m 型,正线及辅助线使用 60 kg/m 型。

(3) 道岔按号数分类:6 号、7 号、8 号、9 号、12 号、18 号以及大号码(如 30 号、38 号、42 号)等,城市轨道交通主要使用 7 号、9 号、12 号。7 号运用在车辆基地,9 号或 12 号运用在正线辅助线上。另外,铁路运营的干线常用单开道岔有 9 号、12 号、18 号,大号码道岔主要用于侧线客运专线以 18 号道岔为主,而 6 号、7 号和 8 号等道岔主要用于工矿企业专用线或货运站场。

3. 道岔号数及过岔速度

道岔号数及过岔速度如表 2.10、表 2.11 所示。

表 2.10 道岔侧向构造速度

道岔号	7	9	12
过岔速度(km/h)	30	35	50

表 2.11 道岔侧向允许通过速度

道岔号	7	9	12
过岔速度(km/h)	25	30	50

4. 道岔状态

道岔状态即道岔所处的位置。目前行业表述不统一,大多城轨企业用定反位(部分企业用左右位)表述道岔正常状态,而故障状态皆用四开位表述。

定反位:规定道岔经常保持向某一线路开通的位置称为"定位",向另一线路开通的位置称为"反位",如图2.28所示。

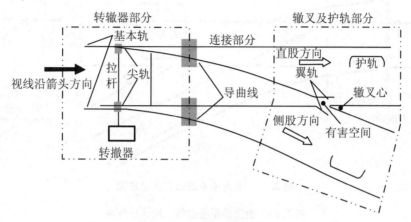

图 2.28　单开道岔示意图

左右位判断方法:面对尖轨尖端,若尖轨与基本轨分离在左侧,即道岔开通左位;反之,则开通右位。如图2.29所示。

图 2.29　道岔状态判断站位图

四开位:即道岔既不在定位又不在反位(或既不在左位又不在右位),道岔处于故障状态。

5. 道岔中心线法表示

用道岔处的两线路中心线及其交点表示道岔,绘图比较简便,而且也能满足设计、施工和运营的需要,这种方法已在设计和运营中被广泛采用。绘制道岔中心线分为两步:第一步,画出道岔中心线;第二步,判断道岔位置(面对锐角尖,道岔开通 X 位,将 X 边方向连通,其他方向断开),如图2.30所示。

手摇道岔

6. 道岔使用、保养

(1)道岔的使用。正常使用下,道岔采用遥控操作、电气锁闭。在故障情况下,道岔采用现地手摇、人工锁闭。一般来说,道岔的操作由扳道员专人负

人工准备进路

责,在没有扳道员的车站,可以由站长指定可以胜任该工作的其他人员进行操作,如表2.12所示。

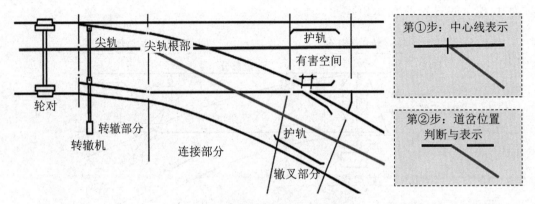

图2.30 道岔中心线法表示示意图

表2.12 扳道员手摇道岔一次作业标准

作业内容	行车值班员	扳道员	备注
布置进路 (准备工作)	布置扳道员:"准备××次×道岔×道进路"	复诵:"准备××次×道岔×道进路"	扳道员携带套筒、手摇柄、锁头、钥匙、对讲机至现场,根据值班员的指令,确认道岔位置并向行车值班员汇报。扳道员根据行值命令,打开道岔套筒锁和开闭器,将道岔手摇到规定位置后锁闭,检查进路所有道岔
听取汇报	复诵"××次×道岔至×道进路好"	向行调汇报"××次×道岔至×道进路好"	值班员再次向扳道员核对进路上所有道岔开通位置是否正确
布置接车	行值在收到邻站报来的列车开点后布置扳道员"××次开过来了,×道接车"	复诵"××次开过来了,×道接车"	扳道员在接车位置,面向来车方向,显示红色停车信号接车确认列车整列到达后,回收信号,向行调汇报
听取汇报	填写"行车日志",见附录一	——	

① S700K转辙机的手动操作,如图2.31所示。
a. 将蝶形钥匙B位端插入开关锁内断开遮断开关(由连通位逆时针旋转至断电位);
b. 将蝶形钥匙A位端插入手摇把挡板,旋开手摇把挡板;
c. 将手摇把插入手摇把孔直至不能再往里插为止,再转动手摇把转换道岔。
② 手摇道岔七步曲。在进行人工操作道岔时,应严格按照"一看、二开、三摇、四确认、五加锁、六汇报、七显示"七步曲的要求操作道岔,如表2.13所示。

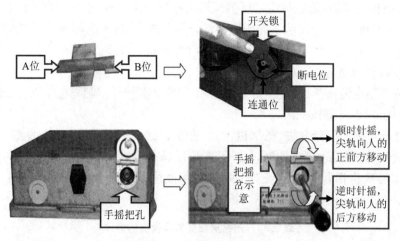

图 2.31　转辙机的手动操作

表 2.13　手摇道岔七步曲

步骤	内容
一看	看道岔开通位置是否正确,道岔尖轨与基本轨之间是否有杂物,若转辙机处于通电状态,必须切断转辙机电源(如道岔位置正确则转到步骤四)
二开	打开盖孔板,拆下钩锁器(指已加锁的道岔)
三摇	将手摇把插入手摇把孔,旋转手摇把时要保持向里施压。人面对摇把孔,顺时针转动手摇把则尖轨向人的正前方移动;逆时针转动手摇把则尖轨向人的后方移动。听到"咔嚓"声后(如未听到"咔嚓"声,则要求尖轨与基本轨密贴),停摇,拔出手摇把,锁好盖孔板
四确认	确认尖轨密贴后(尖轨与基本轨密贴要求,顶端 4 cm 以内无大于 2 mm 的间隙)手指尖轨,口述"尖轨密贴开通×位"并和另一员工共同确认
五加锁	确认正确后,用钩锁器锁定道岔尖轨。钩锁器的位置必须在尖轨与基本轨的密贴处
六汇报	向车站控制室汇报道岔开通位置情况。汇报时,要说明该道岔号码、道岔开通的位置、是否加锁等
七显示	根据车站值班员命令向司机显示信号

(2) 道岔的维护保养。

① 道岔的日常维护保养规定:

a. 车站内道岔由行车值班员在运营结束后负责清洁保养,正常情况下,每个夜班当班的值班员都要对所包干的道岔(定、反位)保养一次。如遇雨雪、冰冻天气,视情况及时擦拭上油,确保正常运转。

b. 行车值班员擦拭道岔必须在运营结束后,经当班行车调度同意,得到允许擦拭的施工信号方可进行。首先应在操纵台对将擦拭道岔进行单锁,确认所携带的对讲机与行车调度员通话正常后方可离开车控室,擦拭工作务必在行车调度员给定的时间内完成,不得影响其他施工作业。如果夜间施工、调试任务较忙,行车调度员一时难以安排时,可在巡道时间内完成,但不得影响巡道人员的正常登记与注销。

c. 道岔擦拭完毕后,值班员应对所擦拭道岔检测一次,确认正常后方可向行车调度员申请注销。将站控权上交,每次擦拭完毕应做好记录备查,因故不能擦拭或只能擦拭某一状态(定位或反位),均应在登记本上注销。在日常检查保养中,发现道岔有不同程度的损坏或其他异常情况时,值班员应立即向有关部门报修。

d. 车站要制定道岔清扫制度,对站内所有道岔落实包干,确保道岔(定位或反位)至少每周上油一次,每半月擦拭一次。

② 道岔日常维护保养方法(擦拭道岔)。在确认线路空闲,道岔状态良好的情况下,先用钢丝刷、砂皮等工具将杂物、铁锈铲除干净,再用抹布将滑床板表面清理干净,用铲子彻底清洁;用抹布再次将滑板床清理干净;将机油用油刷均匀地涂刷在滑床板上,如表 2.14 所示。

表 2.14 道岔清扫保养及检查的操作

顺序	操作要求		
1	联系行调		站控(放权)
2	确认道岔		定(反)位锁闭
3	顺序		物品(备品)
	现场作业	1. 垫木	木块
		2. 铲油污	铲刀
		3. 擦清滑板	棉纱
		4. 磨锈斑	铁砂皮
		5. 擦清滑板	棉纱
		6. 涂油	机油
		7. 整理清扫工具	清点物品
		8. 按《技规》规定检查道岔状态	——
4	确认道岔位置		定(反)位解锁
5	试排进路(单操)		道岔定(反)位
6	汇报行调		遥控(收权)
要求	道岔滑板光亮无锈斑,面板有油		

道岔擦拭作业完毕后,还须确认道岔滑床板板面无油污;尖轨、撤叉部分干净无油污、护轮轨槽内无杂物;道岔链接杆与道床之间留有约两指宽间隙;道岔区内无杂物、无脏物;上油不能上在尖轨、护轮轨、基本轨、翼轨及撤叉心上;确保表示器、标识灯、矮型信号机清洁、无积灰。

二、转辙机定义与组成

1. 定义

转辙机是道岔功能的执行设施,它既为道岔动作提供动力,同时监督道岔的状态。

2. 组成

转辙机由动力、传动、表示和锁闭等部分构成。

3. 基本要求

(1) 有足够转换力。

(2) 当岔尖达到规定密贴程度时才会对岔尖锁闭,其锁闭力应保证道岔不致因电客车通过时的震动而解锁移位。

(3) 当岔尖达到规定密贴程度,且被锁闭后,才给出正确的道岔位置表示。

(4) 道岔被挤后,应给出必要的挤岔表示,且非经人工恢复,道岔不能再度转换。

4. 转辙机分类

转辙机从动力方面分为直流电动机、交流电动机两种;从传动机构方面分为机械传动、液压传动和风压传动三种;从锁闭机构方面分为圆弧锁、插入锁和燕尾锁三种。

三、列车自动控制系统组成

1. 列车自动控制系统组成及功能

列车自动控制(Automatic Train Control,ATC)系统包括:微机联锁系统(如西门子采用 SICAS 系统、卡斯柯采用 VPI 系统)、列车自动保护系统(ATP)、列车自动驾驶系统(ATO)、列车自动监控系统(ATS)。

(1) 微机联锁子系统。可实现的主要功能包括:控制并监督轨道电路的空闲及占用,道岔转换及锁闭,信号机的开放和进路的排列、解锁等。

(2) 列车自动监控(ATS)子系统。主要功能包括:实现列车自动识别、自动追踪、自动调整,进路自动控制或人工控制;完成列车运行时刻表的编制与管理,描绘列车运行图;进行正线、车辆基地列车运行监视及系统设备状况的检测、报警等。

(3) 列车自动保护(ATP)子系统。主要功能包括:自动连续检测列车位置,确定 ATP 信息的发送方向;确保列车之间的安全距离,防止列车超速运行,及时显示列车车速、列车限速、目标速度、目标距离等信息,对列车超速、设备故障进行报警;完成列车自动折返的监督。

(4) 列车自动驾驶(ATO)子系统。ATO 子系统由车载设备和地面设备组成,结合 ATS 和 ATP 子系统完成以下主要功能:完成列车区间运行自动控制、车站站台定位停车控制、车站通过控制;实现司机监督下的自动折返控制、车门(站台门)开关控制;进行列车运行调整和节能控制。

2. CBTC 系统

CBTC(Communication Based Train Control System)系统是基于无线通信的列车自动控制系统。

(1) CBTC 系统组成。CBTC 系统的组成可以分为列车控制和信息传输两大部分,其中列车控制部分包括正线联锁(CBI)子系统、列车自动保护(ATP)子系统、列车自动驾驶(ATO)子系统、列车自动监控(ATS)子系统四个子系统,完成列车状态信息以及数据信息的处理并控制列车运行。信息传输部分采用无线通信系统,进行连续双向的车-地通信,完成列车向地面控制设备传递列车的位置、速度以及其他状态,主要包括:通信传输(DTS)子系统、无线传输(TWC)子系统两个子系统。

(2) CBTC系统工作原理。CBTC系统的工作过程,如图2.32所示。

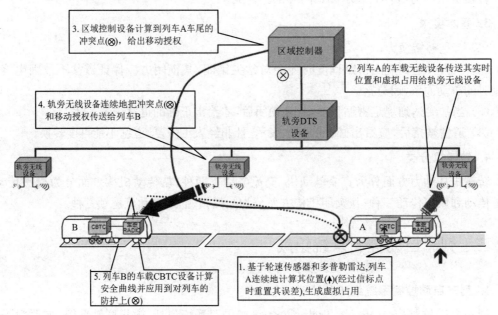

图2.32　CBTC系统工作原理

(3) CBTC系统传输技术:

① 基于交叉感应环线技术。以敷设在钢轨间的交叉感应环线作为传输媒介的CBTC系统,在城市轨道交通中已经应用了较长时间。交叉感应环线的缺点在于安装在钢轨中间,安装困难且给工务部门对钢轨的日常维修带来不便,车-地通信的速率低。但由于环线具有成熟的使用经验,使用寿命长以及投资少等优点,仍继续得到应用。

② 基于无线电台通信技术。随着无线通信技术的发展,基于自由空间传输的无线传输技术在CBTC系统中得到了应用。无线的频点一般采用共用的2.4 GHz或5.8 GHz频段,采用接入点(AP)天线作为和列车进行通信的手段。AP的设置保证区间的无线重叠覆盖。自由空间传输的无线具有自由空间转播,对于车载通信设备的安装位置限制少,传输速率高,实现空间的重叠覆盖,单个接入设备故障不影响系统的正常工作,轨旁设备少,安装与钢轨无关,方便安装及维护的特点。

基于无线电台通信传输方式的CBTC系统,在北京地铁10号线、上海地铁8号线、广州地铁4、5号线等城市轨道交通线路上得到了广泛应用。

③ 基于漏泄电缆无线传输技术。Alstom的CBTC系统在需要的时候也可采用漏泄电缆传输方式,而新研发的系统采用的不多。漏泄电缆方式特点是场强覆盖较好、可控,抗干扰能力强。单点AP的控制距离通常达800 m(每侧漏泄电缆长度400 m)。缺点是漏泄同轴电缆价格较高,裂缝波导管首次在地铁信号系统中应用是2002年开通的新加坡东北线,国内最早采用波导管作为传输媒介的是北京地铁2号线,另外在北京地铁机场线、深圳地铁2、5号线,武汉地铁2号线,昆明地铁首期工程中均得到了应用。

④ 基于裂缝波导管无线传输技术。采用波导系统作为车地双向传输的媒介,即采用沿线敷设的裂缝波导及与波导连接的无线接入点作为轨旁与列车的双向传输通道。该系统的波导系统具有通信容量大、可在隧道及弯曲通道中传输、干扰及衰耗小、无其他车辆引起的

传输反射、可在密集城区传输等特点。波导的另一个优点是传输速率大,可以满足列车控制系统的需要。波导的缺点在于安装困难,需全线沿线路安装波导管,安装维护复杂,并且造价高。

技能点训练

1. 如图 2.33 所示,人工准备南宁路站上行→经云谷路站存车线→至云谷路下行的进路,请分别判断这段进路上各道岔所处位置(注意:可用左右位表示;也可用定反位表示,这里定位为直股方向,反位取侧股方向)。

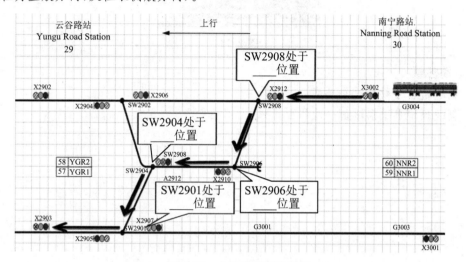

图 2.33 人工准备进路场景

2. 按照手摇道岔作业标准完成一次手摇道岔作业。
3. 按照道岔擦拭作业流程完成道岔擦拭作业。

知识点练习

一、填空题

1. 道岔按功能和用途可分为_____、_____、_____、_____。
2. 一副普通单开道岔由_____、_____、_____三部分组成。
3. 手摇道岔七步曲(简答步骤)_____、_____、_____、_____、_____、_____、_____。
4. 列车自动控制(ATC)信号系统主要由_____、_____、_____、_____四部分组成。

二、选择题

1. 车辆基地线一般采用(　　)单开道岔,道岔侧向允许最大速度为(　　)。(　　)
   A. 9号、25 km/h　　B. 9号、35 km/h　　C. 7号、25 km/h　　D. 7号、35 km/h
2. 正线线一般采用(　　)单开道岔,道岔侧向允许最大速度为(　　)。(　　)
   A. 9号、25 km/h　　B. 9号、35 km/h　　C. 7号、25 km/h　　D. 7号、35 km/h
3. 列车自动控制系统(ATC)可分为(　　)。
   A. ATS　　　　　B. ATO　　　　　C. CBTC　　　　D. ATP
4. 手摇道岔所携带物品不含(　　)。
   A. 钩锁器　　　　B. 手台　　　　　C. 手摇把　　　　D. 行车报表

5. 根据图 2.34 判断当前道岔是为（　　）号机车准备的方向。
A. ①　　　　　B. ②　　　　　C. ①和②　　　　　D. ①或②

图 2.34

三、简答题
1. 简述道岔号数及过岔速度。
2. 简述扳道员手摇道岔一次作业过程（七部曲）。

项目三　车辆认知与驾驶

任务一　车辆和列车认知

素质目标

弘扬爱国、强国的精神,充分认识城市轨道交通工业化对于助力我国从交通大国迈向交通强国的巨大作用。

知识目标

1. 能分析电客车车辆的类型与特点。
2. 能阐述车体的构造。
3. 能分析载客车辆、车门编号的编号规则。
4. 能描述列车车次的含义与编号规则。

能力目标

1. 能完成电客车车辆编号。
2. 能完成客车车门和列车车次编号。

车辆是城市轨道交通中最为重要的设备之一,工程建设、运营维护以及乘客运输都离不开它。在铁路的发展历程中一直是以机车车辆来定义和划分"车辆"这个广义的概念的,这主要是基于带动力和不带动力的不同,机车是带动力的,如蒸汽机车、内燃机车、电力机车等,其他不带动力的均属车辆,如客车、平板车、棚车等。随着科技的发展,又出现了自带动力的车辆,这时传统意义上的机车和车辆概念已不再适用于城市轨道交通。因此,在本书中提及的车辆泛指城市轨道交通中所有以轨道为运行基础的车辆,为了便于描述,本书对车辆划分为:载客车辆和非载客车辆。

一、载客车辆

在现代城市轨道交通中,载客车辆又称客车车辆或电客车,它一般以电力牵引、动车组形式编组,其主要任务是载客。

客车车辆是城市轨道交通中技术含量较高的重要设备之一,它融合了先进的机械制造、电子技术、信息技术、计算机网络技术、材料工艺等,其发展方向是轻量化、节能化、少维修,并能满足容量大、安全、快速、舒适、美观和高可靠性的要求。

客车车辆可在高架线路、地面线路及隧道内等不同环境下安全运行。车体和所有外部安装的设备均能承受一般风、沙、雪、雨等气候的侵袭,并能在湿热气候且空气中含有盐分和腐蚀物质条件下正常运行。如图 3.1 所示。

图 3.1　某地铁车辆

1. 客车车辆分类

城市轨道交通客车车辆有多种形式,一般分为带司机室的拖车(简称 Tc)、无司机室带受电弓的动车(简称 Mp)和无司机室不带受电弓的动车(简称 M)三种车型。

动车即为自身具有动力装置、具有牵引与载客双重功能的车辆;拖车为不装备动力装置,需具有动力牵引功能的车辆牵引拖带的车辆,其仅有载客功能。

Tc 车为一侧贯通式车厢,Mp 车、M 车为两侧贯通式车厢,这样便于乘客在编组成列时任意走动。Tc 车在司机室一端装设有开启的乘客紧急疏散装置,乘客在列车发生故障或发生其他意外情况不能经由列车侧门下车时,可通过该疏散装置疏散,图 3.2 所示为 Tc 车车厢,图 3.3 所示为 Mp、M 车厢。

图 3.2　Tc 车车厢

图 3.3　Mp、M 车厢

2. 客车车辆构造

城市轨道交通客车车辆大致由机械和电气两大部分构成,其基本组成为:车体、走行部、车钩缓冲装置、制动装置、动力牵引装置和其他装置等。

(1) 车体。车体为车辆装载乘客的部分,车体结构由整体轻型铝合金模块化构成,采用焊接结构承载,由底架、侧墙、端墙、车顶、车门和司机室等组成,承受垂直、纵向、扭转等载荷。

车体内诸结构材料都选用不燃、阻燃、少烟和低毒的材料。车窗采用钢化安全玻璃,与侧墙形成密闭结构。车顶装设有顶板、灯具和空调、通风系统的送风口等。

车体内有供乘客使用的座椅、扶手栏杆,以及残疾人轮椅位置等,每节车厢内提供若干个按压式的紧急报警按钮、紧急与司机通话装置以及车门紧急解锁装置,以便乘客在紧急情况下向司机报警或自助打开车门。在司机室和客车室内的适当位置均配置有足够数量的灭火器具。

车体门的数量和开度大小由运行条件和需求决定,应能保障停站时间内乘客上、下车,以 A 型车为例,一节车辆一侧有 5 个车门,开度为 1 400 mm。整列车车门由司机或列车运行自动控制系统控制。

车体的容量决定着客车的定员和数量,一般分四个类别来定义和计算:

AW 0:无乘客(空载);

AW 1:座客满载;

AW 2:定员载荷(6 人/m^2,乘客按 60 kg/人计算);

AW 3:超员载客(9 人/m^2,乘客按 60 kg/人计算)。

司机室的布置应符合人机工程的要求,司机在座位上能方便、清楚地瞭望到前方线路信号、接触网和站台,并能清楚地观察到操作台上的仪表、指示灯和故障显示等设备的显示内容。

(2) 走行部。走行部,也称为转向架,由轮对、轴箱油润装置、弹簧减震装置、构架、基础制动装置等组成。它是车辆中关键设备之一,要求具有可靠的强度,以确保行车安全与车辆运行品质。根据转向架是否具有动力,主要分为动力转向架与非动力转向架两种,如图 3.4 所示。

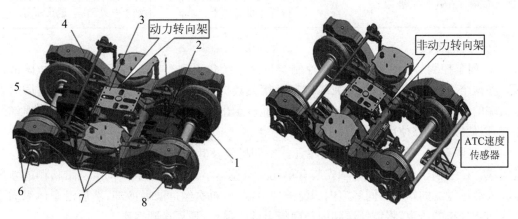

图 3.4 转向架

1. 齿轮变速传动装置;2. 牵引电机;3. 中央牵引连接装置;4. 构架;5. 空气弹簧;6. 一系弹簧悬挂装置;
7. 二系弹悬挂装置;8. 轮对轴箱装置

目前国内外使用的常规转向架有两种结构,即有摇枕转向架和无摇枕转向架。有摇枕转向架的车体通过摇枕来支撑,车体和转向架纵向力由心盘传递。无摇枕转向架没有摇枕,车体直接"坐"在转向架上,由中心销实现车体和转向架间的纵向力和横向力的传递,重量可大大减轻。

(3) 车钩。车钩是用来实现机车和车辆或车辆和车辆之间的连挂,传递牵引力及冲击力,并使车辆之间保持一定距离的车辆部件。按照牵引连挂装置的连接方法,车钩可分为全自动车钩、半自动车钩和半永久性牵引杆3种。

① 全自动车钩。连挂与解钩时可实现机械、气路和电路的完全自动连接与分离,也可人工解钩,安装在列车头端和尾端,用于列车与列车间连接。

② 半自动车钩。连挂与解钩时其机械和气路可以实现完全自动连接与分离,也可以人工解钩,但其电路必须靠人工连接与分离,用于车组(单元)与车组(单元)的连接。

③ 半永久性牵引杆。连挂和解钩时其机械、气路和电路的连接或分离都需要人工操作,一般只在架车作业时才进行分解,用于车组(单元)内车辆之间的连接。

(4) 制动装置。客车制动系统由电制动系统和空气制动系统组成,两系统协调配合、自动调节,并以电制动优先。

(5) 动力牵引装置。牵引系统采用架空接触网或第三轨供电方式,其具有再生和电阻制动功能。牵引系统的主要功能有:产生列车运动所需的力矩,实现常用制动(电制动),最大限度地把能量返回给电网(再生制动),实现空转保护功能。电客车牵引系统故障情况下的保证与处理如表3.1所示。

表3.1　电客车牵引系统故障情况下的保证与处理

故障情况	载荷	动力牵引保证	处理
一节动车无动力	AW 2	列车能够全程往返一次	列车到达终点站退出服务
两节动车无动力	AW 3	列车能够在35‰的坡道上启动	最近站清客退出服务
列车故障停在35‰的坡道上	AW 3	另一列空车能够从坡底将故障车推进到下一站	另一列空车将故障车推进到下一站清客,退出服务

(6) 其他装置:

① 列车控制与诊断系统。列车控制与诊断系统负责列车状态的管理和系统故障的诊断。在这个系统中,各子系统的故障信息及相关数据和故障发生后的时间等信息可同时在激活端的司机室列车信息显示屏/人机接口上显示出来,当电源关闭后,故障记录也能继续保存,以便以后维修使用。

② 空调系统。列车空调系统由单元式空调机组及其控制器、紧急通风逆变器以及送风道组成。在每辆车车顶两端分别安装有单元式空调机组。单元式空调机组从带格栅的新风口吸入经过过滤的新风并同客室内回流的回风混合,再次经过滤后冷却,然后沿车体纵向中心线两侧分布的风道,将空气送到内顶面板上的出风口,最后送到客室。

当辅助交流电源发生故障时,客室、司机室的应急通风系统和紧急照明系统由蓄电池供电45 min。

列车空调通风系统有五种运行模式:通风、预制冷、正常制冷、减少新风制冷、紧急通风。

③ 乘客信息系统。乘客信息系统主要由以下部分组成:装在驾驶台上带有通断按钮的司机通话麦克风和通话控制单元,装在司机室内的司机室内音频控制单元,装在每辆车上的安全音频对讲装置、乘客紧急对讲装置、动态线路图控制器和显示屏、动态图文显示器、喇

叭等。

乘客信息显示系统的主要功能有:控制中心可以通过车载无线通信设备对列车进行广播或以图文显示相关信息,如列车到、发站信息,相关注意事项,新闻,广告,天气预报等;也可以显示列车运行线路、运行方向、起始站、目的站、下一站等信息;还可以实现客室内乘客和司机的紧急对讲;同时,驾驶台上的每个司机室通过列车有线广播系统对乘客进行广播,司机室与司机室能够进行内部通话。

3. 电客车车辆编号

为了给每节车辆一个身份证,便于故障统计和维修资料库的建立,同时,也便于运营人员对车辆的定位,需要对每节车厢进行编号,这就是客车车辆的编号。对车辆进行编号前首先对车体进行编号。

(1) 电客车车体号:由"线路号+列车编号(又称车组号,如深圳、南京、杭州)"组成,共4位或5位数字组成。其中,线路号为2位数,如2号线为"02";列车编号为2位数或3位数(合肥等地铁采用2位数表示,深圳、南京、杭州等地铁采用3位数表示),表示电客车生产出厂顺序编号。如1号线入厂的第一列,编号为0101或01001。

(2) 电客车车辆编号:由"电客车车体号+车辆编号"组成,共计6位或7位。其中,辆序号为2位数。如2号线出厂的第1列中第3节车厢,编号为:020103或0200103。入场的第一节车辆为01车。

二、非载客车辆

城市轨道交通中非载客车辆主要有:内燃机车、轨道车、平板车等,图3.5—图3.11为某企业非载客车辆。

内燃机车使用柴油机动力,一般用于城市轨道交通工程领域,但在特殊情况下(如接触网、供电系统发生大型故障时),可承担电客车救援、调动等任务。如图3.5所示为内燃机车。

主要技术参数:
长:14 m;宽:2.8 m;高:3.8 m
动力:柴油机;最大速度:50 km/h
图 3.5 内燃机车

轨道车包括轨道作业车、轨道监测车、轨道打磨车、接触网检测车、隧道清洗车等,由柴油机提供动力,主要用于城市轨道交通工程领域。图3.6为轨道作业车、图3.7为接触网检测车、图3.8为接触网检修辅助车、图3.9为接触网作业车、图3.10为隧道清洗车、图3.11

为平板车。

重型轨道车主要技术参数：
长：14.66 m；宽：2.7 m；高：3.75 m
动力：柴油机；最大速度：80 km/h

磨轨车主要技术参数：
长：11.9 m；宽：2.591 m；高：3.743 m
动力：柴油机；最大速度：80 km/h

图 3.6　轨道作业车

接触网检测车主要技术参数：
长：14.7 m；宽：2.83 m；高：3.8 m
动力：柴油机；最大速度：80 km/h

接触网检修辅助车主要技术参数：
长：16 m；宽：2.9 m；高：3.8 m
动力：无动力；最大速度：120 km/h

图 3.7　接触网检测车　　　　　　　图 3.8　接触网检修辅助车

接触网作业车主要技术参数：长：
11.52 m；宽：2.74 m；高：3.8 m
动力：柴油机；最大速度：95 km/h

隧道清洗车主要技术参数：
长：11.52 m；宽：2.74 m；高：3.8 m
动力：柴油机；最大速度：95 km/h

图 3.9　接触网作业车　　　　　　　图 3.10　隧道清洗车

带悬臂吊平板车主要技术参数：
长：13.94 m；宽：2.95 m

平板车主要技术参数：
长：13.94 m；宽：2.95 m；高：1.12 m
动力：无动力；最大速度：80 km/h

图 3.11　平板车

三、城市轨道交通列车

城市轨道交通列车　列车相关号码编制

1. 车辆、车组及列车定义

（1）车辆是供运营所使用的载客工具，一般为不可拆分的最小单元，如 A 车、B 车、C 车。

（2）车组是运营中所使用的若干数目车辆的固定组合，有时也称为单元，如－A＊B＊C－为一组。

（3）车列由若干车组连挂而成，未配备列车标志。

（4）列车是指按时刻表、施工行车通告及有关规定编组成的车列，配备司乘人员、挂有动力车辆（如机车等）及规定的列车标识。列车分为客车、工程车、救援列车等。

2. 客车车门编号

组织行车时，为了便于工作人员快速、准确地找到客车的指定部位，为故障或意外事件处理节省时间，所以应对客车车门和车辆端位进行编号。

（1）车辆的端位确定。车辆的端位一般按单元进行划分，一般每单元内各车辆朝向司机室的一端为该车辆的 1 位端，反之为该车辆的 2 位端，具体如图 3.12 所示。

图 3.12　车辆的端位

① Tc 车：全自动车钩处的车端为 1 位端；

② Mp 车：远离受电弓的一端为 1 位端；

③ M 车：半永久杆处的车端位 1 位端。

（2）车辆客室侧位。站在车辆客室内，面向"1 位端"，背向"2 位端"，人的右侧为车辆的右侧（或称为"一位侧"），另一侧为车辆的左侧（或称为"二位侧"），如图 3.13 所示。

（3）车门编号。各运营企业编法不尽相同，下面分别以深圳地铁 1 号线 A 型车及合肥

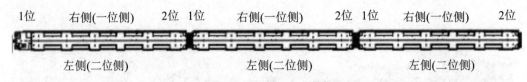

图 3.13 车辆客室侧位标定

地铁 1 号线 B2 型车为例进行分析：

① 深圳地铁 1 号线：车辆的左侧门扇用 1—19 奇数连续编号，右侧门扇用 2—20 连续偶数编号，1/3 和 2/4 为最靠近车辆 1 位端的车门，如图 3.14(a)图所示。

② 合肥地铁 1 号线：每节车辆的"一位侧"车门从"1 位端"向"2 位端"方向编号分别为 1R、2R、3R、4R，每节车辆的"二位侧"车门从"1 位端"向"2 位端"方向编号分别为 1L、2L、3L、4L，如图 3.14(b)所示。

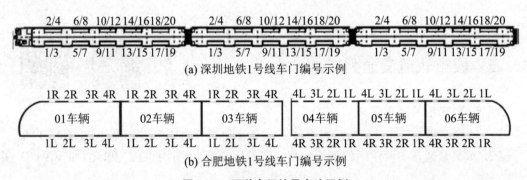

图 3.14 两种车门编号方法示例

从车辆的 2 位端面向 1 位端，人的右侧为车辆的右侧，另一端为车辆的左侧。与列车的左侧、右侧为两个概念，列车的左侧为列车运行方向的左侧，运行方向的右侧为列车的右侧。

知识链接

站台滑动门编号原则：

每侧站台门的滑动门与列车一侧的车门是一一对应的，因此也需要对站台门的滑动门进行编号。编号方法是：面对一侧站台门，从左手起第一个滑动门开始从 1 开始编号，按照从小到大顺序依次向右手边计数编号，或者从一侧站台的头端墙第一个滑动门为第 1 档（道）向尾端墙按照由小到大的顺序依次编号。

3. 列车车次定义与规定

（1）车次定义。城市轨道交通列车车次是指对每日（24 h）正线运行每一列车编定的识别码，以便于区分列车的运输性质、种类和运行方向，正确地组织列车运行和进行各项作业，一日内具有唯一性。

（2）车次编制规则。列车车次分为计划列车车次和非计划列车车次，各城市轨道交通公司不同厂商的信号系统所编制的列车车次规则不尽相同，下面以某城市轨道交通公司编制规则为例进行分析：

① 计划列车车次号：由字母和数字组成，共 7 位。左边两位为目的地码（字母）如表 3.2 所示，中间一位为服务类型码（数字）如表 3.3 所示，右边四位前两位表示班次号（数字，范围为 01—99），后两位表示行程号（数字，范围为 01—99，其中上行为偶数，下行为奇数）。如车

次号为 HF50302 表示该列车为上行终到合肥火车站班次为 03,当前行程号为 02 的载客列车,且在合肥站采用站前折返。

表 3.2 目的地码表

序号	目的地码	目的地车站
1	HF	合肥火车站
2	CH	长淮站
3	MG	明光路站
4	DD	大东门站
5	BG	包公园站
⋮	⋮	⋮
23	JL	九联圩站

表 3.3 服务类型码

列车服务类型		服务类型码
载客列车	站后折返	1
	目的地为存车线	3
	站前折返	5
非载客列车	站后折返	6
	目的地为存车线	8
	站前折返	0

② 非计划列车:规定上线运行的非计划列车由行调根据实际情况决定是否需要分配 ATS 运行线,但都须赋予相应的列车车次号,列车车次以每天 6 时为界,循环使用,在当日 06:00—次日 06:00 期间,不得使用同一车次。

a. 分配了 ATS 运行线的非计划列车车次号由字母和数字组成,共 7 位。左边两位为目的地码(字母);中间一位为服务类型码(数字);右边四位前两位表示班次号(数字,且固定为 00),后两位表示列车类别号(数字),如表 3.4 所示。如车次号为 HF50002 表示 ATS 分配的终到合肥火车站且采用站前折返的 02 号非计划专运列车。

b. 未分配 ATS 运行线的非计划列车车次号由四位数字组成,前两位表示班次号(数字,且固定为 00),后两位表示列车类别号(数字)。如车次号为 0002 表示 ATS 未分配的 02 号非计划专运列车。

表 3.4 列车类别号

列车类别号	列车类别	列车类别号	列车类别
01—09	专用列车	40—49	救援列车(含电客车、工程列车)
10—29	排空列车	50—69	调试列车
30—39	工程列车(含网轨检测车、打磨车)	70—99	临时加开列车

4. 列车标志规定

（1）电客车标志：××轨道徽记、车辆编号及标志灯等。

（2）电客车标志灯在正常行驶过程中车头应亮两盏白色灯光，车尾应亮两盏红色灯光。遇标志灯单个故障时应保证车头及车尾各有一盏灯光正常显示；遇车头灯或车尾灯全部故障时，必须使用手提信号灯或反光牌予以代替。

（3）工程车尾部必须设有标志灯。当工程车按首尾机车编组时，应使用首端机车驾驶，当首端机车故障而使用尾端机车驾驶时，按推进运行办理。

5. 列车编组的规定

在列车中的机车和车辆的制动机，应全部加入列车的制动系统。具体规定如下：

（1）电客车：电客车始发不准编挂空气制动系统故障的车辆，在运行途中发生制动系统临时故障时，按电客车故障应急处理程序文件的要求处理。

（2）工程车：编入工程列车的车辆不准有关门车，如在运行途中因自动制动机发生故障时，应报告行调并按其指示办理。

电客车、工程车应按规定的编挂条件进行编组，下列车辆禁止编入列车：

（1）车体倾斜超过规定限度。

（2）曾经发生脱轨或冲撞事故，未经检查确认。

（3）装载货物超出限界，无挂运命令。

（4）装载长轨货物的平板车，无跨装特殊装置。

（5）平板车装载货物违反装载和加固技术条件。

（6）平板车未关闭侧板。

（7）制动系统故障的车辆。

（8）未按规定维护保养或清洁的电客车。

技能点训练

1. 考虑到全国城市轨道交通企业对电客车编号规则不尽相同，根据当地企业采用的编号规则对一列编组列车的各车辆进行编号。

2. 考虑到全国城市轨道交通企业对电客车车门编号规则不尽相同，根据当地企业采用的编号规则对车辆的车门进行编号。

3. 考虑到全国城市轨道交通企业不同信号系统制造商对车次号编号规则不尽相同，解读当地企业采用的编号规则并独立完成编号。

知识点练习

一、填空题

1. 城市轨道交通客车车辆大致由_____和_____两大部分构成，其基本组成为_____、_____、_____、_____和其他装置等。

2. 根据车辆载荷，一般分四个类别即为_____、_____、_____、_____。

3. 轨道车包括_____、_____、_____、_____等。

4. 行走部由_____、_____、_____、_____及_____等组成。

5. 按照牵引连挂装置的连接方法，车钩可分_____、_____及_____三种。

二、选择题

1. 客车车辆中带司机室的拖车简称（　　）。

A. Mp 车　　　　　B. M 车　　　　　C. Tc 车　　　　　D. 平板车
2. 城市轨道交通客车车辆大致由(　　)组成。
A. 机械部分和电气部分　　　　　B. 机械部分和连接部分
C. 电气部分和连接部分　　　　　D. 全自动和半自动部分
3. 车体的容量决定着客车的定员和数量,其中,AW 1 表示(　　)。
A. 无乘客　　　　B. 满载　　　　C. 定员　　　　D. 超员
4. 下列不是车钩缓冲装置的是(　　)。
A. 全自动车钩　　B. 半自动车钩　　C. 半自动牵引杆　　D. 半永久牵引杆

三、简答题

1. 简述客车车门编号规则。
2. 简述非载客车辆的种类。
3. 简述车辆行走部的构成。

四、问答题

1. 电客车车辆包含哪几种形式及如何区分?
2. 简述全自动、半自动车钩及半永久牵引杆功能。
3. 电客车、工程车应按规定的编挂条件进行编组,哪些车辆禁止编入列车?

任务二　列车驾驶工作认知

素质目标

培养学生树立司机职业认同感与职业自豪感。

知识目标

1. 能描述驾驶台的功能与组成。
2. 能分析不同驾驶模式的使用条件。
3. 能够正确阐述司机的基本工作要求及工作纪律。
4. 能描述出勤、退勤及交接班程序。

能力目标

1. 能正确识读驾驶台的功能部件。
2. 能完成不同驾驶模式切换。

一、车辆头部与驾驶台

(1)车辆头部。城市轨道交通电客车头部位于车体的前端墙,配备有车头、尾灯、自动车钩等设备设施,如图 3.15 所示。

城市轨道交通列车司机室

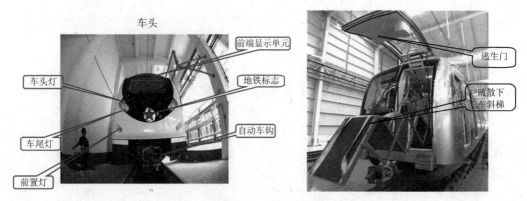

图 3.15　车辆头部

（2）驾驶台（司机台）。驾驶台是实现司机对列车的全盘控制的设备，包括列车广播系统、车载电台、照明及模式开关、车门开关机紧急停车、司机控制器及钥匙插孔、列车司机显示器、HMI 等，如图 3.16 所示。

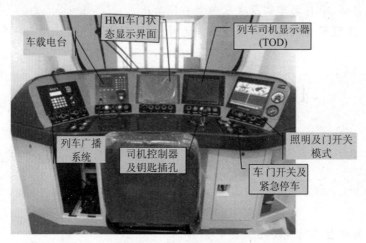

图 3.16　驾驶台（司机台）

（3）列车广播系统。列车广播系统用于地铁工作人员与乘客之间发布信息，如图 3.17 所示。

（4）车载电台。车载电台是常见的无线电通信设备，供司机和车站之间联系，如图 3.18 所示。

图 3.17　列车广播系统　　　　　　图 3.18　车载电台

（5）照明及模式开关。照明及模式开关是用于列车车厢照明和监控车厢内乘客的控制开关,如图 3.19 所示。

（6）车门开关及紧急停车开关。车门开关及紧急停车开关是用于司机开关客室车门和控制列车紧急状况下停车的开关,如图 3.20 所示。

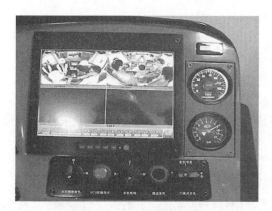

图 3.19　照明及模式开关　　　　　　图 3.20　车门开关机紧急停车

（7）司机控制器及钥匙插孔。司机控制器及钥匙插孔用于控制列车运行状态,为手柄制式,如图 3.21 所示。

图 3.21　司机控制器及钥匙插孔

（8）列车司机显示器（TOD）。列车司机显示器用于反映列车运行的速度、位置及目的地距离等，如图 3.22 所示。

（9）人机界面（HMI）。人机界面是系统和用户之间进行交互和信息交换的媒介，它是实现信息的内部形式与人机可以接受形式之间的转换，如图 3.23 所示。

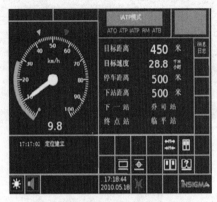

图 3.22　列车司机显示器（TOD）

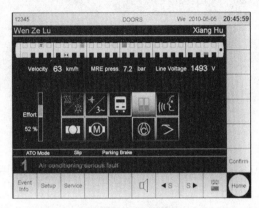

图 3.23　HMI 界面

二、驾驶模式与转换规定

1. 驾驶模式

列车驾驶模式与信号系统有关，目前城市轨道交通信号系统由正线信号系统与基地信号系统组成，正线信号系统采用 ATC 系统（准移动闭塞或移动闭塞系统），基地信号系统采用微机联锁系统。

ATC 系统下的驾驶模式主要有：

（1）AM-CTC（ATP 控制下的自动驾驶模式）：CBTC 连续通信下的 ATO 驾驶。

（2）SM-CTC（ATP 控制下的人工驾驶模式）：CBTC 连续通信下的人工驾驶模式，列车受 ATP 防护。

（3）AM-ITC（点式 ATP 控制下的自动驾驶模式）：CBTC 连续通信失效降级采用点式通信下的 ATO 模式。

（4）SM-ITC（点式 ATP 控制下的人工驾驶模式）：CBTC 连续通信失效降级采用点式通信下的人工驾驶模式，同上述 IATP 模式。

（5）RM（限制人工驾驶模式）：车载信号设备不能与轨旁信号设备进行通信时或列车没有定位时提供的人工驾驶。列车的监控、运行、制动及开关门由司机操作，没有轨旁 ATP 防护，仅车载 ATP 限速 25 km/h 进行速度防护，有的地铁称为"ClOSE-IN"模式。

（6）NRM（非限制人工驾驶模式）：列车信号设备故障或失效，将 VOBC 切除开关打到隔离位即切除 ATP，列车的监控、运行、制动及开关门由司机操作，没有轨旁和车载 ATP 防护，有的信号系统称为"NRM""CUT-OUT"模式。

（7）OFF（关闭模式）及 WM（洗车模式）：该模式通过操作 CREC（紧急牵引模式开关）打到洗车位后，方向手柄推至"向前"，速度不超过 3 km/h。

（8）AR 模式/DTRO（无人自动折返模式）：AR 模式是在 ATP 系统防护下的无人自动

折返驾驶模式。列车在折返前,折返进路已设置完毕、车门已关闭,司机在驾驶室内设置列车为 AR 驾驶模式后可走出驾驶室并用特制钥匙接通安装在墙上的 DTRO 电路,列车将进行无人自动折返驾驶。

2. 模式转换规定

(1) 电客车在正线运行驾驶模式按信号安全级别从高到低依次为:AM-CTC/SM-CTC 模式、AM-ITC/SM-ITC 模式、RM 模式、NRM 模式。运营过程中若需转换驾驶模式,从高到低降级转换需经行调授权并停车后方可进行操作;从低到高升级转换时,司机可视情况进行操作后再及时报告行调。

(2) 在运营时间内,电客车正常驾驶模式为 AM-CTC/SM-CTC 模式,运营过程中司机进行 AM-CTC 与 SM-CTC 模式的相互转换后需及时告知行调。原则上,需在站台作业完毕动车前进行驾驶模式转换,在单次区间运行中避免 AM 模式与 SM 模式的转换(特殊情况除外,区间需在 300 m 标前完成模式转换)。

(3) 电客车在转换轨时,CTC/ITC 与 RM 间的模式转换为手动降级、自动升级。列车进基地降级为 RM 模式时无需经行调授权;区间产生紧急制动需降级 RM 模式缓解时,无需报行调,缓解后 RM 动车需得到行调允许。

(4) 在救援时转 NRM 模式无需经行调授权。

(5) 电话闭塞法转 NRM 模式无需经行调授权。

(6) 电客车在区间运行发生紧急制动,需降级 RM 模式缓解紧急制动时无需经行调授权,RM 模式动车时需经行调同意。

三、司机职业与岗位职责

1. 司机职业

(1) 职业名称。司机的职业名称为轨道列车司机或城市轨道交通列车司机。

(2) 职业定义。轨道列车司机是指从事地铁、轻轨等城市轨道交通列车驾驶的人员。

(3) 职业技能等级。本职业共设五个等级分别为:五级/初级工、四级/中级工、三级/高级工、二级/技师、一级/高级技师。

2. 岗位职责

(1) 严格执行《行车组织规则》《车辆基地运作管理规则》《列车故障现场处置方案》等规定,正确操作电客车。

(2) 服从上级安排,听从指挥。在正线,服从行调的统一指挥;在车辆基地,服从基地调度的统一指挥。按规定确认行车凭证,严格执行"两纪一化"(劳动纪律、作业纪律、作业标准化)。

(3) 按标准立岗,按规定开、关车门,掌握好时机。忠于职守,不得擅自离岗,对非乘务人员添乘司机室时,认真执行相应添乘规定。

(4) 按规定认真完成车辆段/停车场及正线上的各种作业。列车运行中确认行车凭证,加强瞭望,做好岗位中的自控、互控、他控工作。

(5) 遇影响行车安全的情况,需立即采取措施,并做好相关记录。

(6) 认真带教,对司机学员进行业务指导和监督,并监控好学员按章操作,确保运行安全。

(7) 定期参加业务学习、培训，提高业务技能，对班组建设提出合理化建议。

(8) 发生交路混乱时要有高尚的职业道德，确保有车必有司机值乘，服从队长及派班司机的安排，确保工作的顺利完成。

四、司机工作要求

1. 仪容仪表要求

(1) 上岗按规定着装佩戴领带(结)、肩章、臂章、工号牌，衣着整洁。

(2) 肩章和臂章清洁平整，工号牌佩戴于衣服左口袋上方，工号牌的下边沿与衣服左口袋的上沿齐平。

(3) 上下班途中着工装时，佩戴领带(结)、肩章、臂章、工号牌需整齐整洁，以维护公司良好形象。

2. 行为举止要求

(1) 在岗位上不得聊天、说笑、追逐打闹或做与岗位工作无关的事，如看书、看报、吃东西、会客等影响服务的行为。

(2) 如因列车故障，司机需进入客室操作设备，必须保证举止得当，不得冲撞乘客，如需乘客配合，应礼貌进行协商，不得有强制行为。

(3) 遵守公司相关规章制度，在岗时要精神饱满，举止大方，行为端正。

3. 文明服务要求

(1) 司机在换乘室接听电话时，应使用普通话说："您好，××换乘室。"

(2) 与乘客交流应根据乘客的不同身份使用恰当的称呼用语。

(3) 当列车需要人工广播时，应使用普通话，保持语调沉稳、圆润，语速适中，音量适宜，避免声音刺耳或使乘客惊慌。

(4) 在终点站，遇乘客询问如何坐车时，应说："请您在这边候车。"并指引正确的候车地点。

(5) 在站台扣车或区间临时停车，需播放临时停车广播安抚乘客。

(6) 列车对标不准，需要二次启动时，应避免列车冲动过大。

(7) 在站台立岗有乘客求助时，应主动解答，若由于时间等原因不能为乘客解答，应礼貌地说："先生/女士，对不起，请找车站工作人员处理。"

(8) 接待乘客投诉，态度要和蔼、礼貌谦让，不得讲斗气、噎人、训斥、顶撞、说过头及不在理的话。

(9) 应急情况下的广播，应严格按照中心下发的列车最新广播词及要求执行。

(10) 工作联系时应采用行车标准用语，统一采用普通话，涉及阿拉伯数字联系时应采用行车标准发音。

4. 手指口呼要求

(1) 左手握拳，大拇指按住无名指，食指与中指伸出，左臂弯曲，迅速抬起指向太阳穴。

(2) 左臂用力挥动，左手从太阳穴由上而下指向需要确认的物体或方向。

(3) 确认后左手变为五指并拢，同时左臂立即恢复。

(4) 呼唤时应使用普通话，做到声音清晰、洪亮。
(5) 所有手指口呼必须严格按照"眼到、手到、口到、心到"的原则，均采用左手；距离所有行车标识 50 m 处开始。

5. 严格遵守"三严格"
(1) 严格遵守各项规章制度，正确执行各项操作程序，确保电客车安全运行。
(2) 严格按照"运营时刻表"行车，维护运行秩序，工作中严守岗位，不得擅自离岗。
(3) 严格按照要求规范使用司机室设备，爱护列车，精心操作。

6. 严格遵守"八必须"
(1) 司机必须持证上岗。
(2) 司机必须严格执行行车安全规章制度，服从指挥、按表行车。
(3) 列车升弓前，司机必须确认所有人员在安全区域，方可鸣笛升弓。
(4) 司机在动车前、鸣笛标、平交道口、天气不良时，必须鸣笛。
(5) 正线运行时，司机离开司机室必须关闭司机室。
(6) 司机动车前必须确认行车凭证。
(7) 行调发布口头命令时，受令司机必须复诵，做好交接记录。
(8) 发生行车事件时，司机必须及时准确汇报并做好记录。

7. 严格遵守"十严禁"
(1) 横越线路时，严禁跨越地沟，钻车底。
(2) 穿越岔区时，严禁脚踏尖轨与道岔转动部分。
(3) 严禁触摸带电部件。
(4) 上下列车站稳抓牢，严禁飞乘飞降。
(5) 严禁司机学员在没有司机监督下擅自操作列车。
(6) 当班时司机严禁做与行车无关的事。
(7) 严禁电客车在无人引导的情况下退行或推进运行。
(8) 严禁未确认行车凭证或者动车五要素盲目动车。
(9) 退行时严禁没有指令和未确认道岔动车。
(10) 严禁无关人员添乘司机室，因工作需要添乘司机室时，必须严格执行添乘规定。

五、出勤、退勤及交接班

1. 出勤
出勤是列车司机一天工作的开始，是运营前的重要准备阶段。列车司机必须提前出勤、准时出乘，严禁迟到、漏乘，请假必须按有关规定提前办理。根据出勤地点不同可分为车辆基地出勤(车库的派班室)和正线出勤(车站的派班室)两种。出勤时司机要完成酒测、领取及确认行车备品、记录行车注意事项等任务。
(1) 出乘前的准备：
① 为保证生理和心理状态能满足工作要求，出勤前规定时间(有的企业规定为 8 h，有的企业规定为 12 h)严禁饮酒或服用影响精神状态的药物，充分休息，值乘早班交路时，司机应于退勤后规定时间(有的企业规定为 30 min，有的企业规定为 60 min)内在司机公寓关闭手

机,按时作息,保持精力充沛,严禁在公寓内进行娱乐活动或大声喧哗、嬉笑打闹。

② 出乘前按公司规定穿着制服,佩戴工号牌及其他规定佩戴的标志。

(2) 叫班:

① 叫班点在列车出库点前规定时间(如 90 min),司机应按列车出库点提前规定时间(如 60 min,其中,司机准备 15 min、派班室出乘 10 min、列车整备 30 min、出库前待命 5 min)出勤。

② 出勤表由派班室于前一天制定,制定的原则按作业结束的先后顺序排列,即"先结束作业的司机先休息,早晨先出库"。

③ 叫班遵循"一叫,二答,三催,四复查"的原则,确保列车司机准点出勤。

(3) 车辆基地出勤:

① 司机的出勤必须在规定时间内由本人到派班室办理。

② 司机出勤时必须精神状态良好,按规定着装,并带齐个人备品。

③ 在"司机日志"上抄录当日注意事项,做好安全预想。

④ 司机酒测合格后,将手机关机并主动接受检查,确认派班司机在"司机日志"上签章,领取"司机报单"及行车备品,认真检查行车备品是否携带齐全、功能良好(若为库出司机,应使用办公电话或 800M 手持台联系正线派班司机询问正线注意事项及运营情况),并在"司机出勤登记簿"上登记。

⑤ 到基地调度处领取"电客车状态记录卡",并与基地调度确认车次、车号及停放股道。

⑥ 便乘司机在派班室领取行车备品,并按出勤表指定的车次便乘列车出库。

(4) 正线出勤:

① 司机应当在规定时间内到出勤点出勤,特殊情况下经当值队长同意可以采用电话出勤。

② 司机出勤时必须精神状态良好,按规定着装,并带齐个人备品。

③ 在"司机日志"上抄录当日注意事项,做好安全预想。

④ 在"出/退勤一体机"出勤完毕后,将手机关机并主动接受检查,确认派班司机在"司机日志"及"司机报单"上签章,认真检查行车备品是否携带齐全、功能良好,并在"司机出勤登记簿"上登记。

⑤ 司机确认所接车次、时间、上/下行等,提前 1 个机班到指定位置,按立岗要求接车。

(5) 电话出勤:

① 出勤人员应保持精神状态良好,着装符合上岗要求,带齐行车备品,按出勤时间提前规定时间(如 10 min)到换乘室向派班司机打电话出勤。

② 派班司机确认来电显示为电话出勤地点,传达行车指示内容给出勤司机。

③ 出勤司机记录下派班司机所传达的行车指示并复诵,同时传达到共同出勤人员。

④ 由派班司机确认记录正确后,司机方可出勤。

⑤ 出勤完毕,司机按要求到达接班地点接班值乘。

2. 退勤

司机在正线退勤时,必须完成与接班司机的交接,并在列车启动后方可离开站台;在车辆基地退勤时,应按操作流程完成收车作业,并在汇报信号楼值班员后方可离开列车。

(1) 正线退勤：

① 司机必须完成交接班后方可退勤，如因交路混乱或其他原因造成交接班时间到点而无人交接班时，司机应坚守岗位，按顺序继续值乘，等待队长安排替班人员完成交接班后方可退勤。

② 司机必须对当日列车运营情况和车辆故障情况进行记录，做好交接；对有故障的车辆，司机必须认真填写"电客车状态记录卡"。

③ 对运营中发生的事件或事故，司机应记录于"司机报单"，详细填写"行车事件单"。

④ 司机退勤时应确认交接的行车备品齐全，无损坏，由派班司机确认"司机日志"下一个班的出勤时间和地点正确后签章，司机方可在"司机退勤登记簿"登记退勤。

(2) 车辆基地退勤：

① 电客车进车辆基地后，应停在指定位置。

② 按规定填写"司机报单""电客车状态记录卡"。

③ 到基地调度处交还"电客车状态记录卡"。

④ 向派班司机汇报当班的运营情况，发生事件时填写"行车事件单"，司机与派班司机共同确认交还的行车备品齐全，无损坏，由派班司机确认"司机日志"下个班的出勤时间和地点正确后签章，司机方可在"司机退勤登记簿"登记退勤。

(3) 电话退勤：

① 完成本班工作与接班司机进行交接后，到换乘室向派班司机打电话退勤，汇报本班工作情况及行车备品交接情况。

② 向派班司机报告下一个班的出勤时间和地点，得到其允许后方可退勤。

③ 当班期间发生行车事件需要填写"行车事件单"的人员，原则上不得采用电话退勤。

3. 交接班

(1) 司机在停车库内交接班时，接班司机应与交班司机进行口头交接，交接内容包括：电动车钥匙、驾驶专用物品、司机报单以及当日正线运行注意事项；并对电动列车进行检查和试验，了解备用列车的技术状况，一旦发现列车故障或车辆状况不符合出库要求的，应及时向运转值班员报告。

(2) 司机在正线交接班时，接班司机需等交班司机办理完开关门作业后，再执行对口交接工作，交接内容包括：电动列车钥匙、列车行驶交路、所交接列车技术状况、驾驶专用物品、司机报单、继续有效的行车命令以及其他有必要的交接内容；若遇设备故障或发生事故情况，以及在规定时间内无法交接完毕，应随车继续交接，直至处置和交接完毕。

(3) 在存车线备用列车的交接班时，交接班司机应跟车进出存车线路。必须步行进入的，交接班司机应向行车调度员申请，按照面向来车方向通行路径，说明进出线，得到其同意后，方能下线路与备车司机交接班，进入线路走形时，并加强对线路的瞭望，尽量靠线路限界外侧行走，确保自身安全。

(4) 接班司机与交班司机交接完毕后，必须在司机报单上签字确认。

技能点训练

1. 识读图3.24司机操作台各模块。
2. 在模拟驾驶器上完成驾驶室的功能操作实验。
3. 模拟完成司机(乘务员)的出勤、退勤及交接班工作过程。

图 3.24　司机操作台

4. 完成常见人工广播用语播报。

知识点练习

一、填空题

1. 在非全自动运行驾驶系统下，城市轨道交通信号系统按照不同场地一般划分为_____和_____。正常情况下，在正线上驾驶列车司机通常以_____信号为主，车辆基地驾驶列车通常以_____信号为主。
2. 列车司机显示器（TOD），用于反映列车_____、_____、_____等。
3. 列车广播系统适用_____与_____之间发布信息的系统。
4. 车载电台是常见的无线电通信设备，供_____和_____之间的联系。
5. 根据出勤地点不同可分为_____和_____两种。

二、选择题

1. 列车在车库门口，应一度停车，确认平交道上无人员走动并且具备行车条件并鸣笛后，方可启动列车出库，列车出库时，司机采用"慢速前行"驾驶模式，库内限速（　　），待列车尾部全部出清出库平交道后，司机以（　　）限速在基地内运行。（　　）
   A. 5 km/h、35 km/h　　　　　　　B. 15 km/h、20 km/h
   C. 10 km/h、25 km/h　　　　　　D. 5 km/h、25 km/h
2. 列车在车辆段（停车场）内行驶时，司机应做到瞭望不间断，过平交道或有人员在前方线路上行走时，应鸣笛警示并适当减速，限速（　　）。
   A. 15 km/h　　　B. 20 km/h　　　C. 25 km/h　　　D. 10 km/h
3. 城市轨道交通电客车头/尾部，位于车体的前/尾端墙，并配备有（　　）等设备设施。
   A. 头灯　　　　B. 尾灯　　　　C. 雨刷　　　　D. 半永久牵引杆
4. 司机在执行手指呼唤时，必须做到"四到"，下列不属于"四到"的是（　　）。
   A. 眼到　　　　B. 手到　　　　C. 做到　　　　D. 口到

三、名词解释

1. 城市轨道交通列车司机。
2. 出勤。

四、简答题

1. 简述车辆驾驶台的构成。
2. 简述车辆驾驶模式与转换规定。

3. 简述出勤、退勤及交接班的过程。
4. 简述司机岗位职责。
5. 简述司机工作要求。
6. 简述司机站台作业内容。
7. 简述司机区间运行作业内容。

任务三　车辆基地内驾驶

素质目标

培养学生牢固树立安全、规范与标准作业的责任意识,以及精益求精的敬业精神。

知识目标

1. 能阐述车辆基地内调车作业过程及其注意事项。
2. 能阐述车辆基地内试车作业过程及其注意事项。
3. 能阐述洗车作业过程及其注意事项。

能力目标

1. 能够完成调车作业办理及驾驶。
2. 能够完成车辆基地试车作业办理与驾驶。
3. 能够完成洗车作业的办理与驾驶。

一、车辆基地内调车作业

(1) 调车作业前,司机应了解车辆技术状态、运行路径和作业要求;在基地内调车时,遇三钩以上的调车作业,司机应凭运转值班员发布的调车单,执行调车任务;遇三钩及以下的调车作业,司机应凭运转值班员发布的口头命令,执行调车任务;并掌握调动列车的车号、停放股道及调送地点。

(2) 司机再次确认调车信号开放,并与信号楼值班员呼唤应答(司机:信号楼值班员,停车库××道调车信号已开放,信号正确;信号楼值班员:停车库××道司机,××道至××道调车信号已开放,信号正确可以动车),司机复诵:××道至××道信号已开放,信号正确可以动车,并进行相应的手指呼唤(动作——手指调车信号机;呼唤——信号正确),鸣笛后启动列车,并在库门平交道一度停车,确认平交道无人及异物侵入限界后,方可动车。

(3) 在基地内调车时,列车限速为 20 km/h,司机应认真确认进路中每个调车信号机的显示及每个道岔的开通位置,并进行相应的手指呼唤(在调车信号机前:动作——手指调车信号机,呼唤——信号正确;在道岔前:动作——手指道岔开通方向,呼唤——道岔位置正确)。

(4) 利用牵出线、尽头线调车,当列车接近终点时,司机要控制好车速,在停车位置10 m前处一度停车,然后以 3 km/h 限速接近停车位置并停车。

(5) 当列车需要再次进行调车时,司机应确认调车信号开放,并与信号楼值班员进行呼唤应答后方可动车。

（6）在调车过程中，如遇信号机显示或进路错误时，司机应立即采取紧急制动措施，将列车停下，并立即通知运转值班员，等待信号重新开放或由信号楼值班员通知后，根据要求动车，但要减速运行，加强对线路及信号的瞭望，在信号系统严重故障、行进线路信号全部不能开放时，应根据信号楼值班人员调车手信号或口头命令动车。

（7）在基地内调车时，严禁司机采用后退模式调车，如遇特殊情况必须退行时，司机应与信号楼值班员联系，经同意后方可执行，一般退行距离不得大于 20 m。

二、车辆基地内试车作业

（1）在基地内到试车线试车时，司机应凭运转值班员发布的工作单或口头命令执行试车任务，并掌握调试列车的车号、停放股道、技术状态及调试要求，试车由两名司机承担调试工作，一般情况下，严禁利用场线及停车库线进行试车作业。

（2）当列车调至试车线后，司机必须按基地试车线有关作业规定，在指定地点停车，并凭允许试车信号开放及与信号楼值班员呼唤应答（司机：试车线进路正确；信号楼值班员：试车线进路正确），手指调车信号机，呼唤试车线信号正确，如此方能进行试车。

（3）列车到试车线后，司机必须先对试车线进行一次往返压道作业，限速为 20 km/h，确认线路与车辆制动情况正常；当试车车速大于 60 km/h 时，司机应将列车调至线路端头规定位置，确保满足试车的制动安全距离与线路最高限速；夜间试车、接近线路尽头或轮轨黏着条件差时，应加强瞭望，适当降低速度和提前采取制动措施，确保试车安全。

（4）试车完毕后，司机应将列车行驶至规定位置，并向信号楼值班员申请回库（司机：试车线列车申请回库；信号楼值班员：试车线列车回停车库××道；司机复诵：试车线列车司机明白，回停车库××道。待回库调车信号开放后，司机：信号楼试车线回库信号开放；信号楼值班员：试车线至××线信号开放可以动车；司机复诵：试车线至××线信号机开放可以动车，动作——手指调车信号机，呼唤——信号正确），再动车。

（5）遇雷暴雨、强风、大雪及浓雾天气，一般试车线上不进行试车作业。

三、洗车作业

（1）司机在接到运转值班员洗车作业的通知后，应了解所洗列车的停放股道及列车车体号。

（2）司机确认列车车况良好、调车信号开放后，按调车作业相关规定将列车运行至洗车库门口待命。

（3）司机凭开放的洗车库信号后，限速 3 km/h 进入洗车库，根据各线路洗车设备要求进行洗车作业。

（4）司机确认列车洗车作业完毕后联系信号楼值班员准备调车回库作业，根据信号楼值班员命令，手指呼唤确认信号、道岔开放状态正确后，启动列车。

（5）在洗车过程中，司机不得打开车门，擅自进入洗车区间；在清洗列车头部时，不得启动列车雨刮器。

（6）在洗车过程中，如发现列车前方进路或设备状态异常，应立即采取紧急制动措施，并与信号楼值班员联系。

技能点训练

运用城市轨道交通模拟驾驶实训设备进行模拟基地内的模拟驾驶实验。

知识点练习

一、填空题

1. 调车前作业,司机应了解_____、_____和_____。
2. 在停车场内调车时,列车限速为_____。

二、选择题

1. 利用牵出线、尽头线调车,当列车接近终点时,司机要控制好车速,在停车位置(　　)前处一度停车,然后以(　　)限速接近停车位置并停车。(　　)
　　A. 10 m　3 km/h　　B. 10 m　5 km/h　　C. 15 m　3 km/h　　D. 15 m　5 km/h
2. 在基地内调车时,严禁司机采用后退模式调车,如遇特殊情况必须退行时,司机应与信号楼值班员联系,经同意后方可执行,一般退行距离不得大于(　　)。
　　A. 5 m　　　　　　B. 10 m　　　　　　C. 15 m　　　　　　D. 20 m
3. 调车前作业,司机应了解(　　)要求。
　　A. 车辆技术状态、运行路径　　　　　　B. 车辆技术状态、运行路径、作业要求
　　C. 运行路径、作业要求　　　　　　　　D. 车辆技术状态、运行路径、信号指示
4. 洗车作业时,司机凭开放的洗车库信号后,限速(　　)进入洗车库,根据洗车设备要求进行洗车。
　　A. 3 km/h　　　　B. 5 km/h　　　　C. 10 km/h　　　　D. 15 km/h

三、简答题

1. 简述基地试车作业过程。
2. 简述洗车作业的过程。

任务四　正线驾驶

素质目标

培养学生牢固树立安全、规范与标准作业的责任意识,培养学生形成良好的心理素质与岗位沟通协调能力。

知识目标

1. 能正确阐述正线试车、巡道与区间运行要求。
2. 能正确阐述进站、出站与折返作业过程与注意事项。
3. 了解车站停车、开关门作业与广播报站要求。

能力目标

1. 能规范完成列车区间运行、列车进站停车等驾驶作业过程。
2. 能完成不同情境下列车播报任务。

一、正线试车作业

(1) 正线运营期间的电动列车试车作业,车辆技术状态应良好,列车必须按照自动闭塞信号方式运行,司机在试车作业前,必须向施工负责人了解具体施工内容,接到调度命令后,要仔细阅读、严格执行调度命令要求,确保列车正点运行,严禁擅自切除车载 ATP 进行试车。

(2) 正线运营结束后的电动列车试车作业,作业前司机必须向调试负责人了解具体施工内容,并按照调度命令内容以电话闭塞法运行至调试区段,列车占用区间的行车凭证为路票,发车凭证为车站值班员显示的发车手信号,司机根据调度命令及施工登记进入封锁/封闭区段进行调试;调试结束后,由调试负责人至车站车控室办理施工注销手续,司机根据调度命令指定的运行方式及信号显示驶回车辆基地。

(3) 遇雷暴雨、强风、大雪及浓雾天气,不满足正线试车安全条件时,应立即停止正线试车。

二、巡道作业

(1) 正线巡道列车可由上、下行首班出库列车担当;巡道列车运行限速按照列车运行图规定限速 45 km/h 运行(遇特殊情况,按调度命令执行)。

(2) 担当巡道任务的司机,应严格按照限速要求运行,加强瞭望,认真确认限界内线路与设备情况;重点为接触网、线路和侧部管线有无损坏、侵限;若发现有运行异常情况及不具备列车安全通行情况时,应立即紧急停车,仔细确认、查明情况,并向行调报告,根据行调指示办理相关作业;司机如能排除障碍应积极排除,尽快恢复列车运行。

(3) 司机若发现线路设备有异常情况,但不影响列车正常通过时,可以不停车继续运行越过该区段,但必须立即向行调报告相关情况。

(4) 司机发现线路情况异常时,汇报行车调度员的内容应包括:列车车号、车次、发生时间、司机姓名、事发地点百米标、影响程度及具体情况、措施及建议。

三、区间作业

(1) 运行过程应加强瞭望,平稳驾驶,密切关注列车及线路状况,发现异常时果断采取措施,做到"宁可错停,不可盲行"。

(2) 若采用人工驾驶模式时,可采取"早拉、少拉",保持列车平稳运行,集中精神,防止列车紧急制动。掌握好速度,做到准确对标,尽量避免二次动车。

(3) 司机按规定驾驶模式驾驶列车,将 DDU 界面置于主界面,途中加强瞭望确认信号、道岔、进路,认真执行手指口呼作业标准,运营中遇车辆故障,按《列车故障现场处置方案》处理。

(4) 驾驶过程中平稳操作,主控手柄由制动区到牵引区(牵引区到制动区)时,先在 0 位停顿。非特殊情况,不得由全牵引直接到全制动或从全制动至全牵引。

(5) 信号显示异常时,司机应立即停车并报告行调,按照行调指令执行。

（6）运营期间抢修人员需搭乘列车作业时：

① 司机凭行调命令到达指定车站，确认抢修人员上车（进入司机室的抢修人员以 2 人为限，其余人员到客室乘车）后报行调，以 SM-CTC 模式限速 25 km/h 驾驶列车，按照抢修人员要求在故障点前停车，抢修作业完毕后，听从行调命令动车。

② 抢修人员需滞留区间作业时，司机应确认抢修人员手信号或无线电通知，确认抢修人员进入安全避让区域后，报行调动车。

③ 抢修人员在区间需搭乘列车返回时，司机凭行调命令，在区间以 SM-CTC 模式驾驶，控制好速度，加强瞭望，注意确认抢修人员停车信号（使用信号灯或手信号），在信号前方 10 m 处停车，确认所有人员上车，进路安全后报行调动车。

（7）遇非正常行车时，注意确认行车凭证。遇 RM、NRM 模式动车时必须得到行调允许，途中控制好速度，注意信号、道岔、进路的确认。

（8）采用降级模式驾驶列车进入折返线时，参照地面停车位置标对标停车。

（9）在区间停车，应将方向手柄置于向前位、主控手柄置于制动区。

（10）运行途中产生紧急制动，及时做好客室广播。列车停车后按规定程序缓解紧急制动。

（11）迷雾天气影响线路瞭望时，司机加强瞭望，控制车速，进出车辆基地及库内作业严格执行"问路式"调车，注意钢轨湿滑，尽头线严格控制速度，防止空转/滑行。

（12）遇车载 ATP 故障需采取 NRM 模式驾驶时，确认行调发布的行车凭证，运行中加强地面信号的确认，严格按照电客车运行限速要求运行。

（13）运行过程中遇突发事件时，按照公司相关应急预案规定处置。

（14）列车头灯故障后，司机在运行中严格执行调度命令，控制车速，保证安全。

（15）需要离开司机室时，应锁闭司机室侧门、通道门，随身携带钥匙、手持台。

（16）列车运行中加强自动广播的监听，防止漏报或错报，确认第一遍客室广播无误后，手指 DDU 站名显示，口呼："下一站××站。"

（17）如需人工广播时，司机必须及时准确播报。

（18）区间停车处理故障时注意车门紧急解锁的状态，发现异常及时报行调处理。

四、站台作业

1. 进站作业

进站时，司机应加强对站台区域的瞭望，发现危及行车安全时，立即采取有效措施。需手指站名标，口呼："进站注意，××站。"待车头到达站台中部，需手指停车位置标，口呼："对标停车。"

2. 开门作业

（1）AM-CTC、SM-CTC 模式：

① 自动开门。列车停妥后，待开门灯亮，开司机室侧门，上站台，左手斜下 45°手指确认第一个车门和站台门开启，口呼："双门开启。"

② 手动开门。列车停妥后，待开门灯亮，开司机室侧门，双脚上站台，回跨半步在司机室与站台处，伸头确认开门按钮，按压左/右开门按钮，并持续观察空隙情况。上站台，左手

斜下45°手指确认第一个车门和站台门开启,口呼:"双门开启。"

(2) AM-ITC、SM-ITC、RM、NRM 模式。列车停妥后,手指确认左/右开门灯亮(RM 模式时先使用左/右侧车门允许按钮给出开门使能信号,NRM 模式时左/右开门灯不亮),口呼:"开左/右门。"

双脚上站台,回跨半步在司机室与站台处,伸头确认开门按钮,按压左/右开门按钮,确认车门打开后,操作 PSL 盘至开门位(钥匙经过关门位时须停顿),左手斜下45°手指确认第一个车门和站台门开启,口呼:"双门开启。"

3. 立岗作业

站在司机立岗处,面向站台立岗,监护乘客乘降,保持立正姿势站立,不得袖手、背手、手插口袋等。

4. 关门作业

(1) AM-CTC、SM-CTC 模式。确认乘客基本上下完毕,待 DTI 倒计时至规定时间(如17 s),跨半步在司机室与站台处,伸头确认关门按钮后,按压左/右关门按钮(保持2 s),并持续观察空隙及站台情况。

(2) AM-ITC、SM-ITC、RM、NRM 模式。确认乘客基本上下完毕,待 DTI 倒计时至规定时间(如 20 s),跨半步在司机室与站台处,口呼:"关左/右门。"伸头确认关门按钮后,按压左/右关门按钮(保持2 s),并持续观察空隙情况。车门关闭后,手指确认所有车门关闭灯亮,口呼:"车门关好。"操作 PSL 盘至关门位,手指确认 PSL 盘所有门关闭且锁紧灯亮,口呼:"站台门关好。"打至禁止位并拔出钥匙。

左手水平方向指向空隙,向下挥动再向上挥动到水平位,口呼:"空隙安全。"

5. 发车作业

(1) AM-CTC、SM-CTC 模式。关司机室侧门,站立手指确认信号机,呼:"CTC 灭灯。"若有岔站手指确认道岔位置,口呼:"道岔好。"手指确认 HMI 速度表上推荐速度,口呼:"推荐速度××。"(手指确认 TOD 显示发车"YES",口呼:"发车 YES 有。")启动列车。

(2) AM-ITC、SM-ITC、RM、NRM 模式。关司机室侧门,站立手指确认信号机,口呼:"绿/黄灯好。"若有岔站手指确认道岔位置,口呼:"道岔好。"确认低速释放,手指 HMI,口呼:"低速释放,推荐速度××。"按压确认按钮,启动列车(RM/NRM 模式无需确认 HMI 屏,动车前必须得到行调允许)。

五、折返作业

折返作业根据折返方式不同可分为站前折返与站后折返作业。根据信号系统联动方式不同可分为正常折返、非正常折返、无人自动折返。

1. 站前折返作业

站前正常与非正常折返作业程序,分别如表3.5与表3.6所示。

表 3.5 站前正常折返作业程序

序号	到达司机	接车司机
1	终点站前一站出站,确认行调命令,出站用 800 M 手持台联控接车司机:"××站接车司机请注意,××次采用站前折返。"	接到到达司机指令后复诵,规定时间提前(如提前 1 min)在上/下行列车到达时尾部最后一客室门对应的站台门处立岗
2	停妥后确认双门开启	停妥后,从客室进入司机室
3	返回司机室,确认自动折返黄灯闪、HMI 绿色折返图标闪,口呼:"确认折返。"按下自动折返按钮,确认自动折返黄灯长亮和 HMI 折返图标固定显黄,口呼:"折返成功。"关主控用 PIS 联控:"××次,车况良好,钥匙已关闭。"(如有其他事项另行交接)	接到后端司机钥匙已关通知后,复诵:"××次,车况良好,钥匙已关闭。"点亮 HMI,确认折返图标固定显黄,手指口呼:"折返成功。"开主控
4	交接完毕,通过客室下车,下车后与接车司机联控:"××站到达司机已下车。"	接到到达司机下车通知后与到达司机联控:"××站到达司机已下车,接车司机收到。"记录下车次、目的地码、车号后,站台立岗,按"运营时刻表"或调度命令发车

表 3.6 站前非正常折返作业程序

序号	到达司机	接车司机
1	终点站前一站出站,确认行调命令,出站用 800 M 手持台联控接车司机:"××站接车司机请注意,××次采用站前折返,列车为 ITC/RM/NRM 模式。"	接到到达司机指令后复诵,规定时间提前(如提前 1 min)在上/下行列车到达时尾部最后一客室门对应的站台门处立岗
2	停妥后,联控接车司机:"××次列车已停妥。"	接到到达司机列车停妥指令后,通过司机室侧门上车
3	接到接车司机上车指令后,关主控用 PIS 联控:"××次,车况良好,钥匙已关闭。"(ITC 时,需确认折返图标后方可关闭主控)	接到达司机钥匙已关闭指令后,立即激活主控,手动开关车门、站台门,确认双门开启(ITC 时,需点亮 HMI,确认折返图标固定显黄后,手指口呼:"折返成功。"开主控)
4	交接完毕,通过客室下车,下车后与接车司机联控:"××站到达司机已下车。"	返回司机室与到达司机进行交接,接到到达司机下车通知后与到达司机联控:"××站到达司机已下车,接车司机收到。"记录下车次、目的地码、车号后,站台立岗,按"运营时刻表"或调度命令发车

2. 站后折返作业

站后正常与非正常折返作业程序,分别如表 3.7 与表 3.8 所示。

表 3.7 站后正常人工折返程序

序号	到达司机	接车司机
1	终点站前一站出站,用 800 M 手持台联控接车司机:"××站接车司机请注意,××次采用人工折返。"	接到到达司机指令后复诵,规定时间提前(如提前 1 min)在上/下行列车到达时尾部最后一客室门对应的站台门处立岗
2	停妥后确认双门开启,返回司机室确认接车司机到位后复诵:"接车司机已到位,收到。"	列车停妥后,从客室进入司机室,联控到达司机:"接车司机已到位。"
3	手指口呼确认清客"好了"信号关门,确认空隙安全后,打开通道门双脚踏入客室确认目视范围内清客完毕,口呼:"清客完毕。"返回司机室,手指口呼确认:"道岔好、推荐速度××。"方可动车	对司机室进行静态检测
4	折返线对标停妥后,确认自动折返黄灯闪烁、HMI绿色折返图标闪烁,口呼:"确认折返。"按下自动折返按钮,确认自动折返黄灯长亮和HMI折返图标黄色闪烁,口呼:"折返成功。"关主控用 PIS 联控:"××次,车况良好,钥匙已关闭。"(如有其他事项另行交接)	接到后端司机钥匙已关通知后,复诵:"××次,车况良好,钥匙已关闭。"确认自动折返按钮黄灯长亮,开主控,按压自动折返按钮,黄灯熄灭,手指口呼:"折返成功。"缓解紧急制动。手指口呼确认:"道岔好、推荐速度××。"方可动车出折返线
5	列车启动后方可离开司机室,经通道门进入客室,并反推确认通道门关好	站台对标停车,开门作业,站台立岗,按"运营时刻表"或调度命令发车
6	列车站台停妥后,从客室上站台,与接车司机联控:"××站到达司机已下车。"	回复到达司机:"××站到达司机已下车接车司机收到。"站台立岗,按"运营时刻表"或调度命令发车

表 3.8 站后非正常人工折返程序

序号	到达司机	接车司机
1	折返线停妥后,发现无折返图标,立即报行调	得知无法正常折返,做好安全预想
2	如行调可重新设置折返,待折返图标出现后按正常程序执行	查看车次、车号及发点,按正常折返操作
3	如行调无法重新设置折返,联系接车司机,确认非正常折返,正常交接	确认非正常折返,正常交接,如为 RM 模式,报行调申请 RM 动车
4	到达另一侧站台下车回换乘室	到达另一侧站台后,若 RM 模式未正常升级,报行调申请 RM 动车,加强客室广播监听

3. DTRO 折返作业

DTRO 正常与非正常折返作业程序,如表 3.9 与表 3.10 所示。

表 3.9　DTRO 正常折返程序

序号	到达司机	接车司机
1	终点站前一站出站,确认车次、目的地码。停妥后确认双门开启,返回司机室播放终点站清客广播	按接车点提前 1 min 在上/下行端门外 24A/24B 站台门处立岗
2	确认接车司机到位后复诵:"接车司机已到位,收到。"	列车停妥后,从客室进入后端司机室,打开司机室照明,使用司机对讲联控到达司机:"接车司机已到位。"(不影响客室广播)
3	上站台,手指口呼确认清客"好了"信号关门,确认空隙安全后,打开通道门双脚踏入客室确认目视范围内清客完毕,口呼:"清客完毕。"返回司机室	
4	手指口呼确认:"CTC 灭灯,道岔好,推荐速度××,确认折返。"按下自动折返按钮,确认自动折返黄灯长亮和 HMI 折返图标固定显黄,口呼:"折返成功。"关闭主控	
5	与接车司机进行列车状态交接:"××次,车况良好,钥匙已关闭。"其他事项需另行交接	接到到达司机通知后,复诵:"××次,车况良好,钥匙已关闭,接车司机收到。"其他事项需另行交接。交接完毕后进行司机室静检
6	关好司机室侧门,上站台操作 DRB,确认绿灯常亮后用 400 M 手持台联控接车司机:"折返成功,××站到达司机已下车。"	接到到达司机通知后,复诵:"折返成功,××站到达司机已下车,接车司机收到。"

表 3.10　DTRO 非正常折返程序

序号	到达司机	接车司机
1	发现无法动车,即折返失败,用 400 M 手持台联控接车司机:"××站上/下行××车 DTRO 折返失败,现改人工折返。"	复诵:"××站上/下行××车 DTRO 折返失败,现改人工折返,司机收到。"立即报行调
2	发现折返失败,通知队长及后续司机做好安全预想	接车司机立即换端至到达端,开主控,报行调,独立完成人工折返
3	待列车出清小站台后,方可回换乘室	手指口呼确认:"CTC 灭灯,道岔好,推荐速度××。"进折返线对标停车
4		若有折返图标确认折返后关主控,换端;无折返图标关主控,直接换端
5		换端后,凭信号或调令进站对标停车,站台作业,报行调和队长

4. 折返作业注意事项

(1) 列车到终点站后,到达司机立即打开客室门,接班司机及时到另一司机室。禁止司机在列车的折返过程中离开工作岗位。

(2) 折返后若为首/末班车应在发点前规定时间(如 1 min)用 400 M 手持台与所在站车控室完成对点(标准用语:"××站车控室,首/末班车××次发点为××:××:××。")。

(3) 站后折返需清客时如遇 PIS 故障,应及时做好人工广播。

(4) 折返时如发现客室未清客完毕,需及时报行调申请再次清客(再次清客时,先汇报再开门)。

(5) 折返时接车司机必须与到达司机联控确认后端驾驶台已关钥匙后方可激活本端驾驶台。

(6) 混合式站台需清客作业时,先关闭侧式站台车门,再凭岛式站台清客"好了"信号关门。

六、广播报站

(1) 列车在始发站发车前,司机应该根据运行交路设置好列车报站,如是手动报站,应在列车启动后,及时按下播报按钮。

(2) 用报站器报站时,司机应加强监听,并注意显示屏上站名显示,当发现报站错误时,及时采用人工广播更正。

(3) 当列车报站器发生故障无法使用时,司机应及时通过人工广播进行报站,人工使用普通话,做到声音清晰,语气平和,用语规范。

(4) 当遇到列车故障、清客、跳停等特殊情况或其他信息发布时,司机应选取应急广播词及时向乘客进行说明,没有设置应急广播词的列车应采用人工广播,播报内容如表 3.11 所示。

(5) 高峰回库的列车,司机应进行人工广播,广播内容包括列车目的地、前方到达车站及其他注意内容。

表 3.11 广播用语

序号	标题	播报内容	播放时机	频率
1	出站	各位乘客,(欢迎乘坐××轨道交通×号线),本次列车终点站××站,下一站××站	(始发站)出站后	1 遍
2	终点站清客	各位乘客,本次列车终点站××站到了,请所有乘客带好随身物品下车,多谢合作	进站前 300 m 标	2 遍
3	临时停车	各位乘客,现在是临时停车,不便之处,敬请谅解	区间临时停车或站台扣车	每隔 2 min 播一次至列车启动
4	大客流注意	各位乘客,由于客流量较大,请需要下车的乘客提前做好准备,多谢合作	车厢乘客拥挤时	1 遍
5	稍有延误	各位乘客,本次列车将稍有延误,请勿触动车上的设备,不便之处,敬请谅解	接到行调通知,列车受影响时	连续播放至行调通知或处理完毕
6	部分(或全部)站台门/车门打不开	各位乘客,如遇车门未打开,请从相邻车门下车,不便之处,敬请谅解	发现站台门故障	1 遍

续表

序号	标题	播报内容	播放时机	频率
7	区间解锁	各位乘客,现在是临时停车,请勿靠近车门,以免发生危险,多谢合作	列车运行途中发生车门解锁情况时	发现车门紧急解锁后,连续播放直至处理完毕
8	越站	各位乘客,由于运营组织需要,本次列车将不在前方站(××站)停靠,需要下车的乘客,请在其他车站下车。不便之处,敬请谅解	接到行调命令后,距离越站站前一区间(人工广播根据实际情况报具体车站)	每个区间播一次
9	站内清客	各位乘客,本次列车因运营需要将退出服务,请所有乘客带好随身物品下车,不便之处,敬请谅解	接到清客命令后	先播放2遍,后续视清客情况多次播放
10	车厢火灾	各位乘客,车厢内发生火情,请保持镇定,可取出灭火器扑灭火源,工作人员将马上到现场处理	列车火灾火情可控时	不间断播放
11	站内紧急疏散	各位乘客,由于发生突发状况,请不要惊慌,注意脚下安全,迅速下车	开始疏散乘客时	连续播放直至清客完毕
12	区间紧急疏散(前端)	各位乘客,由于发生突发状况,现需要紧急疏散,请大家有序地从打开的车门进入疏散平台,朝着列车前进方向步行至前方车站,沿途听从工作人员的指引,请您不要惊慌,注意脚下安全	开始疏散乘客时	连续播放直至清客完毕
13	区间紧急疏散(后端)	各位乘客,由于发生突发状况,现需要紧急疏散,请大家有序地从打开的车门进入疏散平台,朝着列车运行相反方向步行至后方车站,沿途听从工作人员的指引,请您不要惊慌,注意脚下安全	开始疏散乘客时	连续播放直至清客完毕
14	区间紧急疏散(两端)	各位乘客,由于发生突发状况,需要在列车两端紧急疏散,请大家有序地从打开的车门进入疏散平台,往列车两端方向疏散,沿途听从工作人员的指引,请您不要惊慌,注意脚下安全	开始疏散乘客时	连续播放直至清客完毕
15	站内引导乘客使用紧急解锁开门	各位乘客,由于设备故障,车门暂时无法打开,请自行操作紧急解锁打开车门。车门打开后请全体乘客下车,不便之处,敬请谅解	需引导乘客操作时	先播放2遍,后续视现场情况多次播放
16	逃生门前端紧急疏散	各位乘客,由于发生突发状况,现需要紧急疏散,请大家有序地从列车前进方向进入司机室进行疏散,沿途听从工作人员的指引,请您不要惊慌,注意脚下安全	在高架站开始疏散乘客时	连续播放直至清客完毕

续表

序号	标题	播报内容	播放时机	频率
17	逃生门后端紧急疏散	各位乘客,由于发生突发状况,现需要紧急疏散,请大家有序地从列车运行相反方向进入司机室进行疏散,沿途听从工作人员的指引,请您不要惊慌,注意脚下安全	在高架站开始疏散乘客时	连续播放直至清客完毕
18	重启列车	各位乘客,列车将短暂关闭照明,请不要惊慌,不便之处,敬请谅解	列车因故需重启时	重启前播2遍

技能点训练

运用城市轨道交通模拟驾驶设备完成正线驾驶。

知识点练习

一、填空题

1. 运行过程应加强瞭望,平稳驾驶,密切关注列车及线路状况,发现异常时果断采取措施,做到"宁可_____,不可_____"。

2. 进站时,司机加强对_____区域的瞭望,发现危及行车安全时,立即采取_____。须手指_____,口呼:"_____。"待车头到达_____,须手指停车位置标,口呼:"_____。"

3. AM-CTC、SM-CTC模式驾驶列车停妥后,待开门灯亮,开司机室侧门,上站台,左手斜下_____度手指确认第_____车门和站台门开启,口呼:"_____。"

4. 终点站前一站出站,_____司机确认行调命令,出站用_____手持台联控_____司机:"××站接车司机请注意,××次采用站前折返。"

二、选择题

1. 正线巡道列车由上、下行首班出库列车担当;巡道列车运行限速按照列车运行图规定限速(　　)运行。
   A. 40 km/h　　　B. 45 km/h　　　C. 30 km/h　　　D. 50 km/h

2. 司机发现线路情况异常时,汇报行车调度员内容应包括(　　)等。
   A. 列车车号　　　B. 发生时间　　　C. 事发地点百米标　　　D. 影响程度
   E. 司机姓名　　　F. 车次

三、简答题

1. 简述列车站台作业操作过程。
2. 简述折返作业的内容。
3. 简述车站停车及开关门作业的要求。
4. 简述列车区间运行司机注意要点。
5. 简述列车折返作业对司机的要求。

任务五 出、入基地驾驶

素质目标
培养学生牢固树立安全、规范与标准作业的责任意识,具备良好的心理素质与岗位沟通协调能力。

知识目标
1. 能正确描述列车检查项目及内容。
2. 能准确描述列车出、入基地作业过程。

能力目标
1. 能规范完成列车投入正线运营前司机的检查作业。
2. 能够规范完成列车进出基地驾驶作业。

一、出基地作业

（1）列车整备完毕,确认列车状态符合正线服务要求,报告信号楼值班员。

（2）确认信号开放,进路正确,库门开启良好,按信号楼指令,以 RM 模式驾驶列车出库。

（3）静调库、检修库装有安全联锁信号机,进出库时手指信号机确认开放白灯,口呼:"白灯好。"

（4）在库门外司机室侧窗略过库门一度停车,确认平交道口无人无异物侵限,确认信号开放,道口安全后鸣笛动车。待列车头部越过尾部出清标后方可按照车辆基地规定速度运行。

（5）列车到达转换轨后,司机驾驶列车在一度停车牌前停车,将 800 M 手持台调至正线行车组,确认 HMI 实际驾驶模式已升至 SM-CTC,车次、目的码正确。

（6）得到行调进路排列好的命令后,确认 S0104/S0102（X2401/X2403）信号机开放后动车。

（7）采用 AM-CTC/SM-CTC 模式驾驶列车从出入线开往"列车运行图"规定或行调命令要求投入服务的车站投入运营服务。

二、入基地作业

列车入基地作业

（1）进基地列车在回基地最后一站凭车载信号以 AM-CTC/SM-CTC 模式运行至转换轨（若有员工随车进段/场,应确认证件后,从端门由司机室进入客室）。

（2）进入转换轨区域注意推荐速度,在转换轨一度停车标前停车,按压确认按钮确认 HMI 进入 RM 模式,将 800 M 手持台调至车辆基地行车组,确认车载台转至车辆基地,用车载台联系信号楼:"××车已在转换×轨停妥,申请回库进路。"

（3）司机收到信号楼动车指令，确认信号开放，限速25 km/h运行进车辆基地。

（4）按信号显示动车至平交道口或库门口处一度停车，确认股道正确，库门开启良好，前方线路无人无异物侵限鸣笛动车。

（5）列车需停放在停车股道B端时，须在A端至B端平交道口一度停车，确认信号开放，道口安全后鸣笛动车。

（6）列车在车辆基地内接近停车标停车时，司机严格按照"三、二、一车"的限制速度运行。

（7）列车停妥后，报信号楼，在状态卡上抄录公里数及值乘司机，休眠列车，清理司机室杂物，带齐备品，锁好车门下车。

技能点训练

运用城市轨道交通模拟驾驶设备完成出、入基地驾驶。

知识点练习

一、填空题

1. 列车整备完毕，确认列车状态符合_____要求，报告_____。

2. 确认_____开放，进路正确，_____开启良好，按信号楼指令，以_____模式驾驶列车出库。

3. 列车到达转换轨后，司机驾驶列车在一度停车标前停车，将800 M手持台调至正线行车组，确认HMI实际驾驶模式已升至SM-CTC及_____、_____正确。

二、选择题

1. 列车进车辆基地时，司机收到信号楼动车指令，确认信号开放，限速（　　）运行进车辆基地。
   A. 5 km/h　　　　　B. 10 km/h　　　　　C. 25 km/h　　　　　D. 45 km/h

2. 列车需停放在停车股道B端时，需在（　　）平交道口一度停车，确认信号开放，道口安全后鸣笛动车。
   A. A端　　　　　　B. B端　　　　　　C. A端至B端　　　　D. B端至C端

3. 列车在车辆基地内接近停车标停车时，司机严格按照（　　）的限制速度运行。
   A. 一车　　　　　　B. 二车　　　　　　C. 三车　　　　　　D. 三、二、一车

三、简答题

1. 简述列车入基地作业内容。
2. 简述列车出基地作业内容。

项目四　运行进路与行车凭证运用

任务一　进路的基本认知

素质目标

培养学生牢固树立安全意识,强化精益求精的专业精神。

知识目标

1. 能正确阐述进路的定义和安全条件。
2. 能正确阐述进路组成。
3. 能正确说出进路的种类。

能力目标

1. 能正确识别进路元素。
2. 能区分不同进路类别。

进路的基本认知

在车站或车辆基地内有不同的线路,线路之间以道岔相联结,根据道岔位置的不同,这些线路可以组成不同的进路,不同的进路就可以使列车去往不同的方向或目的地,完成不同的运输任务。

一、进路的定义和安全条件

1. 进路的定义

进路是指在城市轨道交通线路[正线(含辅助线)或车辆基地线]范围内,城市轨道交通列车、机车(自轮运转特种设备)或调车车列由一个地点运行(移动)到另一个地点,所经由(或为此准备)的一段线路。

2. 进路的安全条件

为保证列车或调车车列在其行进进路上的安全,需满足下列安全条件:

(1) 列车或调车车列在驶入进路之前必须确认该进路空闲。

(2) 进路上所有道岔的位置正确而且被锁在正确的位置,防止由于震动或搬动道岔而使运行中的列车或调车车列脱轨。

(3) 必须确认其他列车、机车或车列不会从正面、侧面和尾部驶入该进路,从而与该进路上的列车发生冲突。

（4）只有上述三个条件都满足时才可向列车或调车车列发出允许信号，让列车或调车车列驶入进路。

二、进路的组成

1. 进路的基本要素（元素）

进路的基本要素（元素）是：信号机、道岔及轨道电路（轨道区段）。

2. 进路的组成

进路一般由三部分组成，分别为主进路、保护区段和侧面防护：

（1）主进路。主进路是指进路上从始端信号机至终端信号机通过的路径。如图 4.1 所示，在 X1903 至 X1905 进路中，主进路由始端信号机 X1903、终端信号机 X1905、轨道区段 G1902、GD2001、G1903、G1904 组成。

（2）保护区段。保护区段是指终端信号机后方的一至两个区段，是为了避免列车由于某种原因不能在终端信号机前方停车而冲出信号机导致危及列车安全事故的发生，将主进路延长了一至两个区段，类似于铁路的延续进路。如图 4.1 所示，X1903 至 X1905 进路中，终端信号机 X1905 后方的一段轨道区段 G1905 为保护区段。

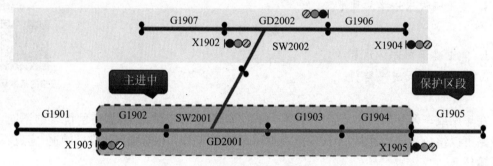

图 4.1 主进路及保护区段组成示例

（3）侧面防护。侧面防护（简称"侧防"）是指利用与主进路相邻的道岔或信号机，构成对主进路的防护条件，避免其他进路的列车侵入限界或进入主进路，与主进路中的或即将进入主进路的列车造成冲突，类似铁路上的双动道岔和带动道岔。其中，侧面防护又可以分成两种：主进路的侧面防护和保护区段的侧面防护。一条进路侧防以组为单位，进路中侧防的组数主要取决于进路中道岔的数量，而每组侧防通常有一至两个侧防条件，根据其对相关进路构成防护的先后，可以分为一级侧防（多数为道岔）和二级侧防（多数为信号机），其中离进路最近的为一级侧防要素，远离的为二级侧防要素。正常情况下一条进路由一级侧防与二级侧防共同防护，当一级侧防失效时，系统自动选用二级侧防。如图 4.2 所示，X1105 至 X1107 进路中，侧防有 3 组：第 1 组侧防条件为道岔 SW1106（一级侧防）和 X1110（二级侧防）；第 2 组侧防条件为道岔 SW1102（一级侧防）和 X1106（二级侧防）；第 3 组侧防只有 X1115（一级侧防）。

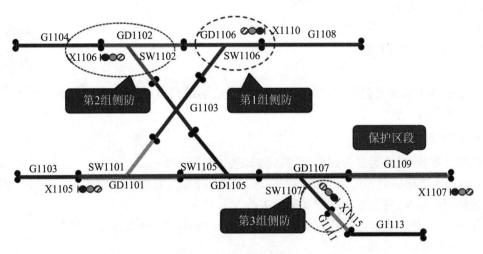

图 4.2 侧面防护组成示例

3. 监控区段与非监控区段

为了提高建立进路的效率,联锁系统把进路的区段分为监控区段和非监控区段两部分。进路建立后,当列车没有出清监控区段时,该进路不能再排列。当列车出清了监控区段时,即使非监控区段还没有全部解锁,该进路仍可再次排列,且信号能正常开放。

(1) 在无岔进路中,通常始端信号机后两个区段为监控区段,其他为非监控区段,如图 4.3 所示,在 S1—S2 进路中:① 始端信号机为 S1;② 终端信号机为 S2;③ 监控区段为 3、4;④ 非监控区段为 5、6、7、8。

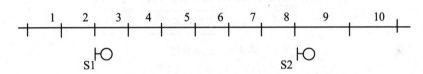

图 4.3 无岔进路监控、非监控区段划分

(2) 在有岔进路中,从进路的第一个轨道区段开始,一直到最后一个道岔区段的后一区段为止都是监控区段,其他为非监控区段,如图 4.4 所示,在 S1—S2 进路中:① 始端信号机为 S1;② 终端信号机为 S2;③ 监控区段为 3、4、5、6、7;④ 非监控区段为 8;⑤ 主进路的侧防元素为 C2 和 X1(注:侧防元素中道岔为一级侧防,信号机为二级侧防)。

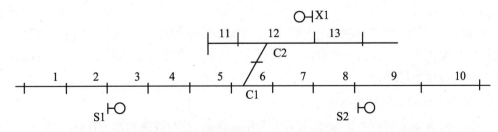

图 4.4 有岔进路监控、非监控区段划分

监控区段有故障,信号只能达到非监控层或引导层。非监控区段有故障,信号能正常开放,但列车以 SM、ATO 或 AR 模式驾驶时,由于具有 ATP 的保护功能,列车将在故障区段

的前一区段自动停稳。

三、进路的种类

进路的种类

在正线或车辆基地范围内,根据作业情况或站场结构可以将进路划分成许多不同种类。

1. 按作业性质划分

按作业性质,进路可分为列车进路和调车进路两类。

(1)列车进路。列车进路是指列车在车站接入、发出、通过所经由的一段线路。因此,列车进路包括接车进路、发车进路和通过进路。

① 接车进路。接车进路是列车进入车站所经过的线路,由进站信号机防护,始于进站信号机,终于出站信号机;

② 发车进路。发车进路是列车由车站出发进入区间所经过的线路,由出站信号机防护,始于出站信号机,终于发车口,如图4.5所示,以X1203为始端信号机至区间的进路为火车站1站台的下行发车进路;

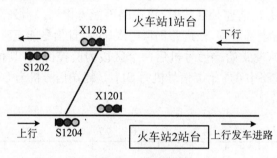

图 4.5 发车进路

③ 通过进路。通过进路是列车经正线不停车通过车站所经过的线路,由同方向的正线接车进路和正线发车进路组成。

(2)调车进路。调车进路是指调车车列或单机运行方向的前端起至本运行方向的目的地(或指定地点)或防护设备止的一段线路。

① 短调车进路。短调车进路从调车信号机开始,至同方向次一架调车信号机或股道、站界标、车挡表示器等为止的线路,如图4.6所示,D21—D5与D5至尽头线车挡分别各为一条短调车进路;

② 长调车进路。长调车进路由两个以上的短调车进路组成,又称组合调车进路,与调车进路的长度无关。如图4.6所示,D21至尽头线车挡调车进路由两段短调车进路组成,所以是一条组合调车进路。

2. 按不同进路之间的关系分

根据不同进路之间的关系,进路又可分为平行进路、敌对进路和抵触进路三种。

(1)平行进路。如果一条进路与另一条进路没有任何共用的路段,同时建立时不会导致撞车事故,则称其中一条进路是另外一条进路的平行进路。

(2)敌对进路。当一条进路与另一条进路具有共用的路段时,这样的两条进路同时建

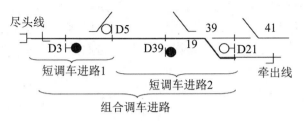

图 4.6 调车进路示意图

立将有导致撞车的危险。如果两条进路既有共用的路段又对共用道岔的位置要求相同,在这种情况下,不可能借助道岔位置防止它们同时建立,所以必须采取另外的技术方法加以防止,这时称这类进路中的一条是另一条的敌对进路。也即凡是两条进路有重叠部分,并不能以道岔位置来区分时,这样两条进路互为敌对进路。防止建立敌对进路是保证不发生正面和尾部撞车事故的基本措施。如图 4.7 所示,进路 1 与进路 2 为敌对进路,道岔 1C 为冲突点。

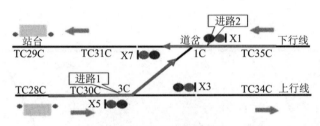

图 4.7 敌对进路示意图

(3) 抵触进路。若两条进路具有共用路段,又都经由某一道岔,但该道岔的位置要求不相同(一进路建立后,另一进路由于道岔的位置要求不符合则不能建立),这类存在相互妨碍但能用道岔位置区分的进路,称为抵触进路。

3. 按效率与功能划分

按功率与功能,进路可分为多列车进路、追踪进路、折返进路、连续通过进路、保护区段、侧面防护进路。

(1) 多列车进路。城市轨道交通运行间隔小、车流密度小,列车的运行安全由 ATP 系统保护,所以在一条进路中可能出现多列列车在运行。人工取消进路时,只能取消最后一次排列的进路至前行列车所在位置的进路,其余进路由前行列车通过以后解锁。人工取消多列车进路的前提是:进路的第一个轨道电路必须空闲,如图 4.8 所示,X1—X2 进路可允许多列车进入运行。

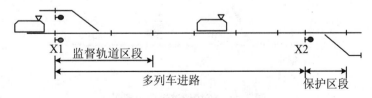

图 4.8 多列车进路示意图

(2) 追踪进路。追踪进路是联锁系统本身的一种自动排列进路功能。这种进路的防护信号机具有自动信号属性。当列车接近信号机,占用触发区段时(触发区段是指列车占用区段时引起进路排列的区段,触发进路可能是信号机前方第一个接近区段,也可能是第二个接近区段,触发区段根据信号机布置和通过能力而定),列车运行所要通过的进路自动排出。追踪进路排出的前提是除了满足进路排出的条件外,进路防护信号机还必须具备进路追踪功能,如图4.9所示。

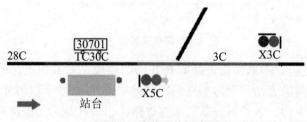

图4.9 追踪进路示意图

(3) 折返进路。折返进路可以由联锁系统根据折返模式自动排列进路,也可以由人工手动排列进路,折返进路包含两条基本进路(牵出与折返),如图4.10所示。

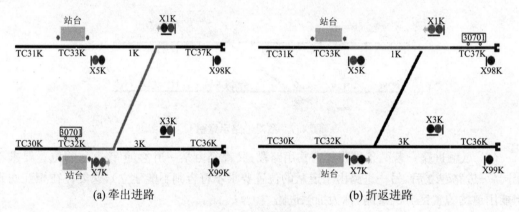

(a) 牵出进路   (b) 折返进路

图4.10 折返进路

(4) 连续通过进路。连续通过进路也是由联锁系统自动排列进路。当信号机被设置为连续通过信号时,该信号机防护的进路将被自动排列出来。当信号机被设置为连续通过信号时,在ATS显示界面上,该架信号机图标的前方会出现绿色箭头,如图4.11中X7F的显示。连续通过信号机平时点亮允许灯光(绿灯),其所防护的进路处于锁闭状态。当列车进入信号机内方时,信号自动关闭,显示禁止灯光(红灯)。一旦列车离开该进路,则该进路自动锁闭并使连续通过信号机再次开放允许灯光,指引后续列车进入进路。如图4.11所示,X7F是一架连续通过信号机,其所防护的进路范围是图中较淡的线条的区段。

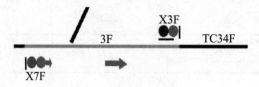

图4.11 连续通过进路示意图

四、基本进路与变更进路

(1) 基本进路。基本进路一般是两点间最近的,对其他进路作业影响最小的进路。

(2) 变更进路。变更进路是指除基本进路之外的进路,也称迂回进路。当基本进路不能正常开通时,可以开通变更进路,保证列车车列或调车车列正常作业。

技能点训练

1. 运用城市轨道交通 ATS 仿真系统与车辆基地微机联锁系统完成进路识读。
2. 运用城市轨道交通 ATS 仿真系统,根据运营需要完成连续通过信号机、自动信号机设置。

知识点练习

一、填空题

1. 在正线或车辆段运营线路范围内,城市轨道交通列车或调车车列由_____运行至_____所经过的路段称为进路。
2. 进路的基本要素(元素)有_____、_____及_____。
3. 进路主要由_____、_____及_____三部分组成。

二、选择题

1. 列车或调车车列在驶入进路之前必须确认该进路(   )。
   A. 锁闭　　　　　B. 空闲　　　　　C. 占用　　　　　D. 封锁
2. 进路按作业性质划分,主要有(   )。
   A. 列车进路　　　B. 调车进路　　　C. 发车进路　　　D. 接车进路
3. 下列属于城市轨道交通列车进路的是(   )。
   A. 接车进路　　　B. 发车进路　　　C. 调车进路　　　D. 通过进路
4. 下列属于城市轨道交通调车进路的是(   )。
   A. 接车进路　　　B. 长调车进路　　C. 发车进路　　　D. 短调车进路
5. 对于(   )可以采用总取消功能完成进路的取消。
   A. 完全锁闭的进路　　　　　　　　B. 预先锁闭的进路
   C. 接车进路　　　　　　　　　　　D. 发车进路

三、名词解释

1. 进路。
2. 接车进路。
3. 发车进路。
4. 通过进路。
5. 调车进路。

四、问答题

1. 为保证列车或调车车列在其行进进路上的安全,进路需要满足哪些条件?
2. 请简述进路的组成。

任务二 进路控制

素质目标

培养学生牢固树立安全意识,树立标准规范操作责任意识,并强化精益求精的专业精神。

知识目标

1. 能正确描述进路控制的过程。
2. 能描述进路建立与解锁方式。

进路控制过程

能力目标

1. 能完成进路的办理与解锁。
2. 能完成非正常情况下进路的建立与解锁。

进路控制过程是指一条进路从办理到列车或调车车列通过进路的全过程。这个过程是信号、道岔和进路之间敌对联锁过程。我们分析进路控制过程的目的在于:一是整个进路控制过程都体现了一个安全的要求;二是进路控制过程反映了联锁的时序逻辑关系。无论是列车进路还是调车车列进路,它们的控制过程基本上是一样的,通过分析,可以了解其原理和安全控制的关键点。

一、进路控制过程框图

进路控制状态可分为进路建立(锁闭)和未建立(解锁)两种。如图 4.12 所示。

进路建立过程是指从车站操作人员办理进路到防护该进路的信号机开放为止的过程。

进路解锁过程是指从列车或车列驶入进路(驶入信号机后方)到出清进路中全部道岔区段,或者操作人员人工解除已建立的进路为止的过程。

二、进路建立

进路建立过程按步骤又可分为四个子过程,即进路选择、道岔控制、进路锁闭和开放信号。

1. 进路选择

操作人员首先确定操作手续是否符合操作规范,如果符合操作规范,则可以从众多的进路中选取一条符合操作意图的进路。

其次,检查所选取进路是否处于空闲状态,其敌对进路是否已事先建立。若进路空闲且敌对进路事先没有建立,则所选取进路可以使用。

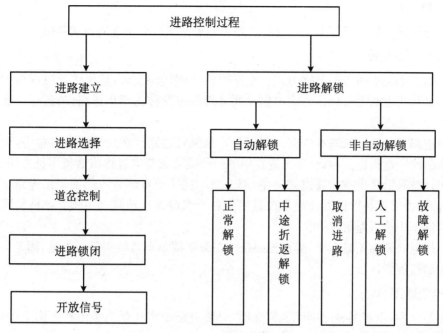

图 4.12 进路控制过程

2. 道岔控制

操作人员检查进路中各个道岔的实际位置与进路所需敌对位置是否相符。如果不符,则生成道岔控制命令,将道岔转换到所需位置,但在转换之前必须检查道岔区段是否有车,道岔是否在锁闭状态等。

3. 进路锁闭

当与进路有关的道岔位置符合进路需求、进路在空闲状态并且没有建立敌对进路时,就可以实现进路锁闭。在这种情况下,进路中各个道岔实现了进路锁闭,不能再被操控;凡经由处于进路锁闭状态的区段的其他进路也不能建立了,即实现了敌对进路锁闭。

4. 开放信号

在实现进路锁闭后,通过检查有关开放信号联锁条件,使防护进路的信号机开放,指示列车或调车车列驶入进路。在信号机开放期间须不断地检查进路是否空闲及道岔的状态,一旦发生异常现象(如有非法车辆进入进路,或者道岔位置发生变化危及行车安全等),信号会立即关闭。另外,一旦列车驶入进路,信号立即关闭,而对于调车信号机来说,考虑到调车机车推送前进,所以规定调车车列整体进入信号机内方以后,信号机才关闭。

三、进路解锁

进路解锁就是解除已经建立的进路、道岔控制和敌对进路的进路锁闭。根据进路解锁的条件和时机不同,有五种进路解锁方式:取消进路、人工解锁、正常解锁、中途折返解锁以及故障解锁等。其中,正常解锁、中途折返解锁属自动解锁;取消进路、人工解锁和故障解锁属非自动解锁。

1. 正常解锁

正常解锁是指列车或调车车列通过进路中的道岔区段后使进路自动解锁。

2. 中途折返解锁

这是调车进路中的一种解锁方式。在进行转线调车作业时，整个作业过程按运行方向可分为牵出和折返两个过程。为牵出作业而办理的进路称为牵出进路；为折返作业而办理的进路称为折返进路。

牵出进路可能是一条基本进路也可能是一条复合进路。在转线作业过程中，调车车列总是在牵出的中途折返。因此，牵出进路中的一条或几条基本进路虽然被车辆占用过，但只要调车车列没有沿牵出方向通过该进路，那么就不能按正常解锁方式使牵出进路中所有区段解锁，而需要采取特殊的方式使牵出进路的各个未解锁区段自动解锁。这种特殊的解锁方式称为调车中途折返解锁。

中途折返解锁的关键在于，提出充要条件以证明调车车列确实已经折返，而且离开了牵出进路中的待解锁区段。

3. 取消进路

进路建立后，由于某种原因而需解除时，只要进路确实在预先锁闭状态而且进路空闲，则在操作人员的规范操作下可立即解锁。

4. 人工解锁

进路在接近锁闭的状态下，若由于某种原因而需解锁时，在操作人员的人工解锁规范操作后，首先关闭信号机，从信号机关闭时算起，延迟一定时间并且进路处在空闲状态下才能解锁。延迟的目的在于使司机看到禁止信号后能够在延迟时间将车停下来，停车后再使进路解锁才是安全的。

5. 故障解锁

以上四种进路解锁方式均需借助轨道电路的有序动作情况来判断列车或调车车列所处的位置，从而避免由于区段错误解锁而危及行车安全。如果由于某种故障或其他原因而导致轨道电路出现了异常，那么就不能用上述解锁方式了。在这种情况下，需采取特殊的故障解锁方式解锁。

在采取故障解锁时，仍然需要尽可能借助轨道电路和其他设备的变化状态来判断故障解锁是否会危及行车安全。实际上，判断条件往往并不充分，而需操作人员参与判断，所以在故障解锁时，需对故障解锁的操作加以限制，以避免发生行车事故。

技能点训练

在城市轨道交通车辆基地微机联锁系统中完成先关进路办理。

知识点练习

一、填空题

1. 进路控制过程是指一条进路从办理到_____或_____车列通过进路的全过程。
2. 进路建立过程按步骤又可分为四个子过程，即_____、_____、_____和_____。
3. 正常解锁是指列车或调车车列通过进路中的_____后使进路自动解锁。

二、选择题

1. 进路建立的过程是(　　)。
   A. ① 道岔控制；② 进路选择；③ 进路锁闭；④ 开放信号
   B. ① 进路选择；② 进路锁闭；③ 道岔控制；④ 开放信号
   C. ① 进路选择；② 道岔控制；③ 进路锁闭；④ 开放信号
   D. ① 开放信号；② 进路选择；③ 进路锁闭；④ 道岔控制
2. 按照锁闭的时机可分为(　　)。
   A. 预先锁闭进路　　　　　　　　B. 完全锁闭进路
   C. 进路锁闭　　　　　　　　　　D. 接近锁闭
3. 进路解锁按照有无人介入可划分为(　　)。
   A. 进路建立　　　　　　　　　　B. 进路锁闭
   C. 无人介入的自动解锁　　　　　D. 有人介入的非自动解锁

三、简答题

1. 简述进路建立的过程。
2. 简述进路解锁方法，并区分使用条件。

任务三　进路的划分

素质目标

培养学生牢固树立安全意识，强化精益求精的专业精神。通过标准用语的使用，培养学生一丝不苟、标准化作业的职业素养，强化标准规范操作责任意识。

知识目标

1. 能正确描述进路的划分原则。
2. 能正确分析列车进路划分方法。

能力目标

能正确完成列车和调车进路的划分。

一、进路的划分原则

进路的划分就是确定各种进路的始端和终端。将进路的范围划分明确了，信号机所防护的范围也就明确了。进路的始端应设置信号机加以防护，而其终端也多是以同方向的信号机为界。当进路的终端无信号机时，以车挡、警冲标等为界。

1. 列车进路的划分原则

进路的划分有以下原则：
(1) 进路的始端一般是信号机。
(2) 进路范围包括道岔和道岔区段。
(3) 一架信号机可同时防护几条进路，即它可同时作为几条进路的始端。

(4) 发车进路的终端可以是信号机或警冲标。

(5) 调车进路和列车进路一样,也要有一定的范围(与列车进路相比较短),才能对它进行防护。调车进路的始端是防护该调车进路的调车信号机或防护信号机,终端则视具体情况而定。

2. 进路划分实例

图 4.13 所示是一个两股道的车站,其进路的划分如下:

(1) 上行Ⅱ股道的接车进路。始端是上行进站信号机 S,其终端是上行Ⅱ股道上的出站信号机 S2,接车进路的范围是从 S 至 S2,其中包括Ⅱ股道。

(2) 上行Ⅱ股道发车进路。始端是上行出站信号机 S2,而终端是下行进站信号机 X,上行Ⅱ股道发车进路的范围是由 S2 至 X(不包括股道)。

(3) 上行通过进路。始端是上行进站信号机 S,终端是下行进站信号机 X,通过进路的范围是从 S 至 X(包括Ⅱ股道)。

(4) 由信号机 D1 向Ⅰ股道的调车进路。始端是 D1,终端为下行Ⅰ股道的出站兼调车信号机 X1,调车进路的范围为 D1 至 X1,其中包括了Ⅰ股道。

(5) 由 X1 至信号机 D4 的调车进路。始端是出站兼调车信号机 X1,而终端是 D4,该调车进路的范围是从信号机至 D4,其中包括牵出线。

(6) 由 S1 向 D1 的上行调车发车方向进路。始端是出站兼调车信号机 S1,而终端为下行进站信号机 X,其中包括无岔区段。

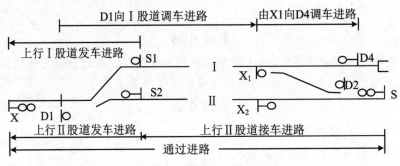

图 4.13 两股道进路划分

二、列车进路办理办法

列车进路的办理主要是通过联锁设备完成的。联锁设备是实现联锁关系的技术设备,是为保证行车安全而设置的重要信号设备。根据设置地点的不同联锁设备可分为正线车站联锁设备和车辆基地联锁设备。对于城市轨道交通而言,车站一般根据线路长短而设置若干套联锁设备,而在车辆基地则需单独设置一套联锁设备。

在城市轨道交通系统中,根据联锁设备的不同,列车进路的办理可以通过电气集中联锁和微机联锁两种方法实现。

1. 电气集中联锁

由继电器及其电路构成,集中控制和监督全站的道岔、进路和信号机,并实现它们之间联锁的设备称为电气集中联锁设备,简称电气集中联锁或继电集中联锁。如图 4.14 所示。

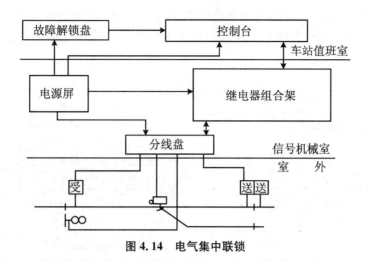

图 4.14　电气集中联锁

(1) 继电集中联锁具有以下优点：

① 逐段解锁，提高咽喉道岔使用率。

② 对进路操纵只需按压两个进路按钮就能转换道岔，开放信号，而且不论进路中有多少道岔均能依次转换。

③ 组合式电路采用站场型，单元式电气集中，定型化组合，接插件连接，可适应批量化生产，它具有简化设计、加速施工、加速工厂预制和便于使用等特点。

(2) 继电集中联锁也存在如下缺点：

① 控制台是专用产品，造价较高，兼容性差。

② 无自诊断功能。

③ 设计、施工量较大，且不利于维护。

④ 不利于增加新功能，并且信号设备室建筑面积大。

⑤ 无进路自动设置功能。

它是我国铁路 20 世纪 90 年代使用最广，具有代表性的联锁设备，在我国早期的部分城市轨道交通车辆基地中仍保留。

2. 微机联锁

微机联锁不仅保持继电集中联锁的优点，严密地继承了继电集中联锁的信号逻辑关系，而且对其不足之处做了改进，减少了继电器检修工作量和系统设计工作量，同时便于和列车自动防护（ATP）设备及列车自动驾驶（ATO）设备接口，且便于对整个进路进行监督和管理。

微机联锁系统人机会话层采用通用微机人机接口设备，如鼠标器、图形输入板、键盘等，它价格便宜，使用灵活。

微机联锁系统的连锁机构由计算机、接口和系统软件构成。

国际上保证计算机符合"故障-安全"原则的措施是采用带有结果比较的计算机二次处理方案和采用带有结果比较的多机并行处理方案，即一硬二软方案和一软多硬方案。如图 4.15 和图 4.16 所示。

(1) 一硬二软方案。输入数据经两块输入电路在一台计算机内经过两套彼此独立的程序处理，在正常无故障的情况下，两套程序处理结果相同，经两块输出电路，接点吸起，接通控制电路。在发生故障时，A、B程序处理结果不同，导致比较器电路输出为零，接点落下，切断控制电路的电源。由于联锁逻辑是"故障-安全"的，所以控制电路失电必然导致安全的结果。

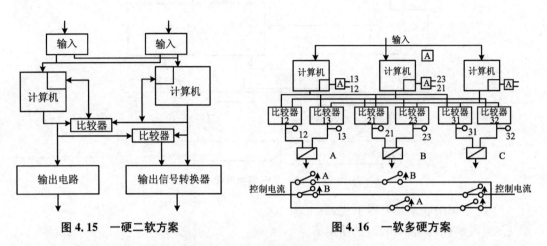

图 4.15　一硬二软方案　　　　　图 4.16　一软多硬方案

（2）一软多硬方案。通常为二取二系统或三取二系统。

在正常情况下，两台相同的计算机对输入数据的处理结果是相同的，此相同的处理结果经比较器比较确认后，就使同步器的控制脉冲得以通过此比较器，于是由输出电路给出控制命令。在发生故障时，双机处理结果不同，比较器通过同步器切断计算机处理过程，并锁住控制命令的发出；同时，通过信号转换电路切断控制电流，并给出故障报警。两套计算机在空间上是分开的，可以用相同的程序，即所谓"一软二硬"。而三取二系统是三机并行，有两台计算机输出结果相同就给出输出命令。

图4.16中，若第一台计算机发生故障，则与其相关的比较器12、13、21、31都处于静止状态，比较器23、32导通，经过门A使计算机1的同步器不给出下一步的脉冲，计算机1停止工作。系统从三取二过渡到二取二，并不影响信号系统的使用。两台计算机同时故障的概率极低，这样设备更安全可靠，从而大大地提高了行车效率。

技能点训练

1. 分组在城市轨道ATS系统或微机联锁系统中完成进路划分。
2. 开展划分进路实验，如图4.17所示。

知识点练习

一、填空题

1. 进路的划分就是确定各进路的_____和_____。
2. 当进路的终端无信号机时，以_____或_____等为界。
3. 列车进路的办理主要是通过_____完成的。
4. 发车进路的终端可以是_____或_____。

二、选择题

1. 电气集中联锁由继电器及其电路构成，集中控制和监督全站的道岔、信号机和（　　）。

　　A. 进路　　　　　B. 车挡　　　　　C. 警冲标　　　　　D. 转辙机

2. 继电集中联锁存在哪些缺点？（　　）

A. 控制台是专用产品,造价较高,兼容性差
B. 无自诊断功能
C. 设计、施工量较大,且不利于维护
D. 不利于增加新功能,并且信号设备室建筑面积大

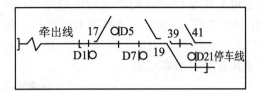 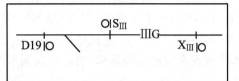

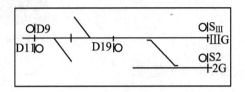 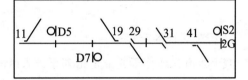

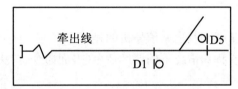

图 4.17　局部新路与信号布局图

三、简答题
1. 简述进路划分的原则。
2. 简述列车进路办理的办法。

任务四　行车凭证使用

素质目标
通过标准用语的使用,培养学生一丝不苟、标准化作业的职业素养;通过了解调度命令等行车凭证的安全使用条件,强化使命担当。

知识目标
1. 能正确诠释行车凭证的概念。
2. 能正确描述调度命令定义及分类。
3. 能分析口头与书面调度命令的特点与使用条件。

能力目标
1. 能按照常规模板完成口头与书面调度命令的发布。
2. 能正确地填写路票。

为了确保行车安全,防止列车在区间内发生正面冲突或追尾等事故,在同一区间内只能有一列列车运行,这种为保证行车安全,通过设备或人工控制,使连续出发列车保持一定空间间隔距离的行车方法,就称为闭塞。城市轨道交通采用自动闭塞方式,列车须凭行车凭证进入区间,这种方式的特征是:把站间区间划分为若干个闭塞分区,并设有分区占用检查设备,行车凭证可以凭通过信号机的显示行车,也可凭机车信号或列车运行控制的车载信号(即自动闭塞的列车速度码)行车;站间能实现列车追踪,办理发车进路时自动办理闭塞手续,自动变换信号显示。这其中,行车凭证是列车占有区间或闭塞分区的凭证,是保证接发列车作业安全的前提和基础,更是接发列车作业中最关键的环节之一。

行车凭证

一、行车凭证的概念

1. 行车凭证的定义

城市轨道交通行车凭证是指列车进入区间或闭塞分区的凭据。

2. 行车凭证的分类

行车凭证分为两大类:
(1)基本闭塞时:列车速度码及出站信号机的显示。
(2)电话闭塞时:路票或特殊情况下的调度命令(书面命令、口头命令等)。

二、调度命令概述

行车用语　　行车通话

1. 调度命令的定义

调度命令是调度员在调度指挥中对作业有关人员发出的要求,并强制其配合完成的指令。

2. 调度命令的特点

调度命令具有有严肃性、授权性和强制性的特点。

3. 调度命令的分类

调度命令按照发布形式可分为:口头命令与书面命令两种。

4. 口头命令与书面命令的区别

口头命令与书面命令的区别如表 4.1 所示。

调度命令的运用

表 4.1　调度命令概述

	要素	口头命令	书面命令
区别	发布形式	口头	书面
	受令对象	一般为单个	一般两个以上
	内容性质	短期性指令	较长时间影响行车
共同点	正式调度命令,都需下达发令时间、命令号码,需在"调度命令登记簿"上登记,见附录二		

5. 口头与书面调度命令的适应性

(1) 需发布口头命令的情况。在以下情况下需发布口头命令：

① 线路临时限速、取消限速时。

② 运营时间内因救援需要封锁线路及开通线路时。

③ 客车推进运行、退行，工程列车退行时。

④ 允许列车越过引导信号、禁止信号时。

⑤ 采用非限制人工驾驶模式驾驶时。

⑥ 临时加开或停开客车时。

⑦ 变更基本进路时。

⑧ 停站客车临时改通过时。

⑨ 客车清客时。

⑩ 故障列车维持运行时等。

(2) 需发布书面命令的情况。在以下情况需发布书面命令：

① 由正常行车改为电话闭塞法行车时。

② 基地开行救援列车时。

③ 正线开行救援列车时。

④ 非限制人工驾驶模式下反方向运行时。

⑤ 开行工程列车时。

⑥ 线路限速时（临时限速除外）。

⑦ 封锁线路（运营时间因救援列车需要封锁线路除外）时。

⑧ 行车调度员认为有必要记录的命令。

6. 发布调度命令

(1) 一般要求。指挥列车在正线、辅助线运行的命令和口头指示，只能由行车调度员发布；指挥列车在车辆基地内运行的命令和指示由基地调度员发布，发布命令前，调度员应详细了解现场情况，认真听取有关人员汇报，并遵守以下规定：

① 调度命令内容应一事一令，先拟后发；命令内容力求简明扼要，术语标准不得随意简化；发令时应用语规范，口齿清晰，语速适中。

② 当调度命令发布后，需要更改时，必须取消原发命令，重新发布新的调度命令，不得在原发命令基础上进行补充说明。

③ 受令人员必须指定一人复诵，受令人员在接受命令时如有遗漏或不清楚的情况，应及时与发令调度员核对并更正。

④ 在具备良好通信与录音设备的条件下，调度员可通过录音电话直接向相关岗位发布口头命令；遇通信或录音设备故障停用时，部分可能涉及安全的调度命令应发布书面命令，如列车救援、区间下人等情况。

⑤ 在日常运行过程中，如无法及时将书面命令传递给驾驶员，应通过电话告知驾驶员命令内容，并适时完成书面命令的补交手续。

⑥ 凡给出命令号的调度命令均需在调度命令记录本上登记，填记内容应按规范填写，确保正确无误，且不得随意涂改，调度命令登记簿应妥善保管。因填记错误需更正时，必须使用画线更正法，并由更正人在修改处签章确认。

(2) 填记标准。调度命令应填记的内容包括命令号、发令日期、发令时间、受令处所、命令内容、发令人、复诵人、接令人等，填记时应使用黑色钢笔或碳素笔填写，字迹必须清晰、完整。

① 命令号：调度命令号码按递增顺序循环使用，每一循环不得漏号、跳号、重号使用，调度命令号多数企业采用按日循环，有的企业采用按月循环（有的企业以 0:00 时为界、有的企业以 6:00 为界）。

② 发令日期：发令当天的日期，应记明发令当天的年月日，如"2022 年 7 月 25 日"。

③ 发令时间：行调实际发出命令的时间，按 24 h 制表示，如"09:22"。

④ 受令处所：接受命令的处所，通常为沿线车站或车场调度，应填记处所全称，如"××站"或"××车场调度"。

⑤ 命令内容：参照命令模板，填记内容应与实际发布命令内容完全一致。

⑥ 发令人：发令调度员的姓名或代码。

⑦ 接令人：接受命令人员的姓名或代码。

⑧ 复诵人：复诵人员的姓名或代码。

【知识链接】

合肥轨道交通1号线调度命令号码

值班主任：101—199

行车调度：201—299

信号楼调度　小行基地：301—349

电力调度　变电所倒闸命令：401—449

接触网倒闸命令：501—549

施工作业令：601—649

环控调度：701—799

7. 调度命令中数字发音

行车调度指挥中的调度命令涉及的数字读音主要有两种形式：日期、时间与其他（日期时间之外的）数字读音，如表 4.2 所示。

表 4.2　调度命令中数字发音

数字	1	2	3	4	5	6	7	8	9	0
日期时间	yi	er	san	si	wu	liu	qi	ba	jiu	ling
	一	二	三	四	五	六	七	八	九	零
其他	yao	liang	san	si	wu	liu	guai	ba	jiu	dong
	幺	两	三	四	五	六	拐	八	九	栋

8. 书面命令的要素与标准格式

(1) 要素。行车调度命令要素包括命令号、受令人处所、受令人、命令内容、发令日期、发令时间、发令人姓名及复诵人姓名等。调度命令号循环使用，每一个循环期间不得漏号、跳号及重号使用。

(2) 书面命令的标准格式，如表 4.3 所示。

书面命令根据工作需要对于经常发生的特定事件,如开行工程车、区域封锁、线路限速等设置一些固定格式,使用时只要填写指定部分即可,以减少发令人和受令人的工作量。

表4.4—表4.9为轨道交通运营单位制定的常用六种固定书面格式的调度命令,使用时,仅需填白并划去不用的字句即可。

表 4.3　调度命令标准格式

调度命令			
		年　月　时　分	
受令处所	命令号码	行调姓名	阅读时刻(签名)
命令内容			

表 4.4　开行工程列车调度命令

调度命令			
		年　月　时　分	
受令处所	命令号码	行调姓名	阅读时刻(签名)
命令内容	1. 根据____,准车厂－出入基地线____站____线____站____线加开____次;返程____站____线站____线－出(入)基地线－车厂加开____次 2. ____次到达____站____线待令 3. ____次____车厂(站)发车时间为____时____分		

表 4.5 工程列车作业区域封锁调度命令

调度命令

　　　　　　　　　　　　　　　　　　　　　　　　年　　月　　时　　分

受令处所		命令号码	行调姓名	阅读时刻(签名)
命令内容	1. 自发令时(____)起，____站(含____)至____站(含____)____行线路封锁 2. 准____次列车进入该封锁线路往返运行(凭地面信号显示运行)；作业完毕，到____站____线待令			

表 4.6 联锁系统故障情况下改变行车方法组织行车调度命令

调度命令

　　　　　　　　　　　　　　　　　　　　　　　　年　　月　　时　　分

受令处所		命令号码	行调姓名	阅读时刻(签名)
命令内容	1. 因____，自发令时(____次列车到____站)起，____站至____站间行线采用电话闭塞法组织行车 2. 自发令时(____次列车到____站)起，____站至____站间____行线恢复正常方法行车			

表 4.7 线路限速及限速取消调度命令

调度命令

　　　　　　　　　　　　　　　　　　　　　　　　年　　月　　时　　分

受令处所		命令号码	行调姓名	阅读时刻(签名)
命令内容	1. 因(接)____，自发令时(____月时____分)起到另有通知止，站(____km+____m)(百米标____)至____站(____km+____m)(百米标____)____行线限速____km/h运行 2. 自发令时(____月____时____分)起，前发____月____日____号令取消，____站(____km+____m)(百米标____)至____站(____km+____m)(百米标____)____行线恢复正常速度运行			

表 4.8　列车自动防护子系统故障情况下正线开行救援列车、线路封锁及开通调度命令

调度命令			年　月　时　分	
受令处所		命令号码	行调姓名	阅读时刻(签名)
命令内容	1. ___站(含___)至___站(含___)间___行线,因___,自___时___分(___次列车到___站)起,至___时___分(到另有通知时)止,线路封锁 2. 准___站(车厂)开___次救援列车进入该封锁线路,运行到___km+___m(百米标___)处(___站),连挂___次推送(牵引)到___站___线 3. 救援列车___次由原___次列车(车组号:___)担当 4. 自发令时起,前发(___月___日)___号令取消,线路开通			

表 4.9　非限制人工驾驶模式下列车反方向运行调度命令

调度命令			年　月　时　分	
受令处所		命令号码	行调姓名	阅读时刻(签名)
命令内容	准___次列车在___到___间经___线反向运行至___			

发布调度命令时,在正线由车站值班站长(值班员)负责传达(口头命令由行车调度员直接传达给司机),传达给司机或其他有关人员的书面命令应盖有车站行车专用章。

同时向几个受令人发布调度命令时,行车调度员应指定其中一人复诵,其他人核对,确保无误,书面命令需在"调度命令登记簿"(见附录二)中填写。

三、路票

采用电话闭塞法时,路票就是列车占用区间的行车凭证。发车站接到接车站闭塞承认信号后,填写路票交给司机,司机确认路票正确后凭车站发车指示信号开车,列车凭路票占用闭塞区间。

1. 路票的要素

路票主要包括六个要素,分别是电话记录号码、车次、列车运行方向、车站行车专用章、车站值班员签名及日期。

2. 路票的分类

(1) 路票按照使用方向不同可分为上行路票和下行路票。上行路票为上行方向列车占用闭塞分区使用,下行路票为下行方向列车占用闭塞分区使用,如图4.18所示。

(2) 路票按照使用地点不同,一般可分为车站间路票和车辆基地与车站间路票(简称车

辆基地路票),路票由行车值班员(或 DCC 值班员)签发或指定人员填写并复诵。车站间办理电话闭塞时,采用车站间路票,如图 4.18 所示。车辆基地与车站间办理出入基地作业电话闭塞时,采用车辆基地路票,如图 4.19 所示。

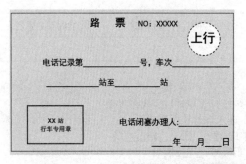 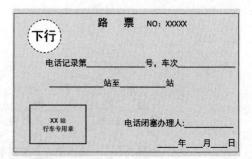

图 4.18　某城轨运营企业车站上、下行路票

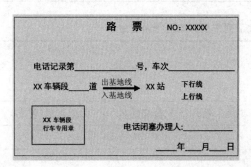 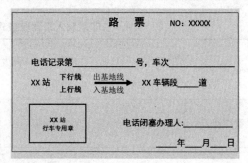

图 4.19　某城轨运营企业出、入基地路票

3. 路票的使用规定

(1) 路票必须按顺序逐张使用,路票由行车值班员亲自签发,并对路票的电话记录号码、车次、方向、车站行车专用章、日期、当班行车值班员姓名进行确认。

(2) 路票作为行车凭证有一定的严肃性,不得随意涂改、撕毁,作废路票需写明作废原因并记录,连同废票一起交接备案保管。

(3) 车站必须设专人负责路票的核对、保管与领取,对使用过的路票由行车值班员注销后,仍需按上、下行线分开存放,保管至有效期到期。

(4) 在路票上必须填写的内容为:电话记录号码、车次、当班行车值班员的签名及时间。

(5) 电话记录以每站一组 100 个号码,自每日 0 时起至 24 时止,按日循环编号;相邻车站不能使用相同号码;每个号码在一次循环中只准使用一次,号码一经发出无论生效与否均不得重复使用。号码通常由五位数编码:左边两位为车站序号;右边三位为同意闭塞序号,上行以 002 开始,双数编,下行 001 开始,单数编。

四、行车凭证和原始记录的管理

1. 行车凭证和原始记录的填写要求

(1) 一切未经城市轨道交通公司相关业务管理部门审核、备案、编号的统计原始记录、台账不得执行。

(2) 各部门、车间(室)、班组的全部经济活动、生产(工作)活动(包括人、财、物、运营)及其各种变化,都要建立原始记录。

(3) 行车凭证和原始记录的填写要确保其数据的准确性。

(4) 行车凭证和原始记录由当班岗位人填写,一岗多人要指定专人负责填写,要及时记录,不得事后补记。

(5) 行车凭证和原始记录的填写要准确、按时、连续项目齐全,填写字迹要清晰、不缺不漏,传递及时,账、物、卡记录一致。

2. 行车凭证和原始记录的保存要求

(1) 行车凭证和原始记录必须每月整理一次,分时间、分类别装订成册,并予以编号。

(2) 行车凭证和原始记录的保存期为两年。

(3) 行车凭证和原始记录保存期满由使用部门报上级职能部门同意后可以销毁。

(4) 销毁措施应按保密制度执行,不得擅自处理。

技能点训练

1. 口头通知与口头调度命令拟发。

(1) 01103 次六约站停站超时,与计划偏离 1 min 20 s,行调给予司机口头通知提醒。

行调:＿＿＿＿＿＿＿＿＿＿＿＿＿＿＿＿＿＿＿＿＿＿＿＿＿＿＿＿＿＿＿＿＿＿＿＿。

01103 次司机:＿＿＿＿＿＿＿＿＿＿＿＿＿＿＿＿＿＿＿＿＿＿＿＿＿＿＿＿＿＿＿。

(2) 因突发原因,需要命令 01103 次华强北站上行清客,完成口头命令发布。

行调:＿＿＿＿＿＿＿＿＿＿＿＿＿＿＿＿＿＿＿＿＿＿＿＿＿＿＿＿＿＿＿＿＿＿＿＿。

01103 次司机:＿＿＿＿＿＿＿＿＿＿＿＿＿＿＿＿＿＿＿＿＿＿＿＿＿＿＿＿＿＿＿。

2. 口头、书面命令编制模拟实验。

2022 年 9 月 8 日 9 点 10 分,如图 4.20 所示,C 站至 E 站下行联锁设备故障,拟改用电话闭塞组织行车。(行调姓名:007,口头命令号:101—199,书面调度命令号:301—199)变更闭塞一定要确定＿＿＿＿＿＿＿、＿＿＿＿＿＿＿。

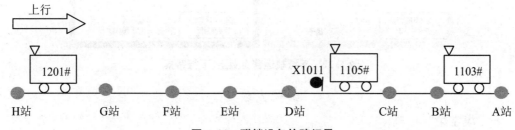

图 4.20 联锁设备故障场景

针对上述情况,在适当的时间内,向相关单位发布调度命令(口头、书面)。

(1) 完成运行 1105 车越过 X1011 红灯命令拟发;

(2) 完成 B 站、F 站变更基本闭塞方法,改为电话闭塞方法命令拟发。

调度命令

_____年__月__日__时__分

受令处所		命令号码	行调姓名	阅读时刻(签名)
命令内容	因_____,自发令时起,____站至____站间_____行线采用电话闭塞法组织行车			

3. 完成路票填写任务。

如图 4.21 所示,朱岗站车站编码为 17、行车值班员为王三,秋浦河路站编码为 18、行车值班员为李四,秋浦河路站(为 1012 车发车站)向朱岗站请求上行 1012 车闭塞,朱岗站(接车站同意秋浦河路站闭塞,同意闭塞号码为 1704,日期为 2022 年 7 月 23 日)。请正确选择如图 4.22 所示的路票,并完成填写。

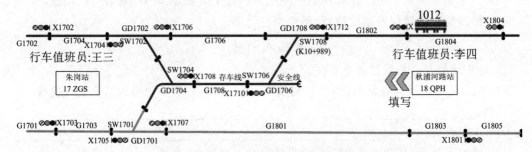

图 4.21 电话闭塞法车站局部场景

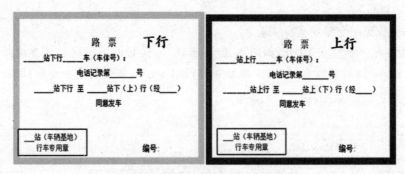

图 4.22 某城轨运营企业上、下行路票

知识点练习

一、填空题

1. 城市轨道交通行车凭证是指列车占用_____或_____的凭据。
2. 电话闭塞法行车时列车占用区间的凭证是_____或特殊情况下的_____。
3. 基本闭塞法行车时列车占用区间的凭证是_____或_____。
4. 路票按使用地点不同可分为_____和_____两种。
5. 调度命令按照发布形式可分为_____和_____两种。
6. 调度命令具有有_____、_____、_____和_____的特点。

二、选择题

1. 下面属于书面命令与口头命令区别与联系的是（　　）。
A. 都是调度命令
B. 只是形式不同
C. 口头命令一般受令对象为单
D. 书面命令一般针对影响行车时间较长事件
2. 路票按照使用方向不同，主要有（　　）。
   A. 上行　　　　　B. 左行　　　　　C. 下行　　　　　D. 右行
3. 行车凭证和原始记录的保存期为（　　）。
   A. 一年　　　　　B. 两年　　　　　C. 三年　　　　　D. 6个月

三、名词解释

1. 行车凭证。
2. 调度命令。
3. 路票。

四、问答题

1. 简述发布调度命令的要求。
2. 简述电话记录号码的编制规则。

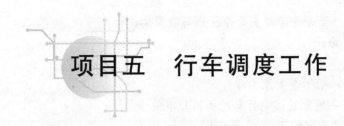

项目五　行车调度工作

任务一　控制中心及设备功能

素质目标

培养学生具备规范使用行车设备、爱岗敬业的职业素养。

知识目标

1. 能描述城市轨道交通控制中心功能。
2. 能掌握控制中心关键设备使用知识。

能力目标

能正确识别控制中心行车设备。

一、控制中心

控制中心介绍

控制中心(OCC)是轨道交通日常运营管理、设备维修、行车组织的控制中心，也是轨道交通系统的信息收发中心、通信联络中心，又称调度中心或行车指挥中心。图5.1为某城市轨道交通的控制中心大厅。

图 5.1　某城市轨道交通的控制中心大厅

在正常情况下，控制中心监控列车运行，维持正线列车运行秩序，确保列车运行安全、正点。控制中心代表运营公司负责与外界及各运营机构的协调联络工作。

当运营过程出现紧急事件时，控制中心应分析影响程度，记录处理经过，通报故障及延误情况,及时调整列车运行,尽快恢复正常运营,减少损失。

运营控制中心通常设有调度主任、行车调度员、电力调度员、环控调度员、信息调度员、维修调度员(维修调度员有设在控制中心的,也有设在维修部门的,不同城市的轨道交通公司有不同的做法)。

按中央调度实施地点不同,控制中心可分为分散式控制中心、集中式控制中心和区域式控制中心。

1. 分散式控制中心

在每条或两条线路上设置运营控制中心,负责本线的中央调度监控和指挥,同时将运营信息上报有关部门。

2. 集中式控制中心

集中式控制中心是指将轨道交通所有线路的运营监控和指挥集中到一个统一的控制中心,集中式控制中心负责全部线路的协调指挥工作。

3. 区域式控制中心

在轨道交通网络中,区域式控制中心负责其中几条线路的运营监控和指挥,一般每三条线设立一个运营控制中心,负责这几条线的运营调度监控和指挥工作,并接受线网指挥中心的统一指挥。

二、控制中心的设备及功能

为了实现对列车的自动运行控制,控制中心主要设有通信、列车自动运行控制系统,供电、环控系统的中央监控终端设备,以及其他一些监控设备终端。下面对控制中心的布置作简要的介绍。

1. 控制中心大屏

大屏幕一般分为几个区域,分别为电力监控、CCTV、行车监控、BAS监控、客流监控等,用以显示各设备系统运作情况以及各车站的现场情况等信息,包括列车运行状态、供电系统情况和车站环控设备工作情况等,如图5.2、图5.3所示。

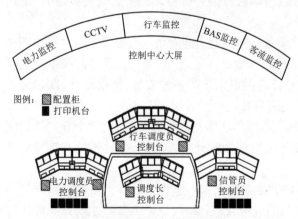

图5.2 调度中心布置示意图

图5.3 某地铁调度中心现场

2. 中央监控设备

控制中心的工作台分别设置了列车自动控制系统、全线自动售检票终端监控系统、通信系统、电力监控、防灾报警等操作设备,供有关人员操控及监察日常客运作业及处理故障和事故。

(1) 中央行车调度系统监控设备。中央行车调度系统监控设备,主要包括列车自动监控子系统的人机接口调度员工作站(ATS-MMI)和中央联锁工作站(C-LOW)。

ATS-MMI 具备时刻表输入及储存,列车运行实时跟踪,列车晚点显示,运行图打印,列车运行调整中的扣停、跳停,车次变更设置等功能,如图 5.4 所示。

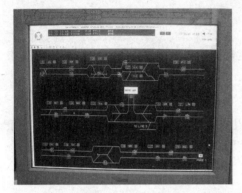

图 5.4 ATS-MMI

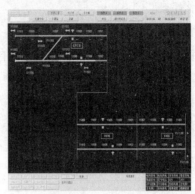

图 5.5 C-LOW

C-LOW 具备人工对进路排列、信号开放、道岔转换进行控制的功能,还具备列车扣停、提前释放运营停车点等功能,如图 5.5 所示。

当中央行车调度系统处于正常情况下时,列车的运行处于控制中心的信号设备自动监控状态。联锁系统根据自动列车监控系统的指令自动设置进路,列车在自动列车保护系统的安全保护下,按照自动列车监控系统的指令由自动列车驾驶系统自动驾驶列车,满足设计的行车、折返间隔及列车出入基地线等作业的要求,并实现列车运行的自动调整,行车调度员负责监督列车及设备的运行,当运行被打乱而不能自动处理或遇其他特殊情况时,可人工介入,运用联锁控制、调度调整和运行图数据应用等功能。当信号系统设备发生故障无法实现中央控制时,行车设备控制权下放到车站;当车站级信号设备无法控制现场设备时,采用就地控制,并按有关规定处理。

(2) 中央电力调度系统(SCADA)监控设备。中央电力调度系统监控设备的主要功能是对轨道交通各变电所、接触网设备进行实时监控和数据采集,使调度人员通过监控系统实时监控供电系统设备的运行情况,及时掌握和处理供电系统的各种故障、警报事件,准确实施调度指挥、事故抢修和故障处理,保证供电的可靠性、安全性,如图 5.6 所示。系统具有完成控制范围内的所有断路器、电动隔离开关的控制操作功能,完成控制范围内数个开关的倒闸作业功能,完成信息采集和处理功能,完成数据归档和统计报表功能,并且还具有自检和维护扩展功能。

(3) 中央环控调度系统设备。中央环控调度系统设备可监视全线各车站的通风与空调系统、给排水系统、自动扶梯、防淹门、站台门的运行状态,监视、记录各车站主要设备的运行状态,根据设备累计运行时间将操作信息、报警信息进行记录和分析,自动生成日、周、月报表,同时,具备火警监控功能,主要对轨道交通车站(站厅、站台、设备房)、控制中心大楼、车辆基地等监管场所进行消防监控,为运行安全提供有力的保障,如图 5.7 所示。

图 5.6　SCADA 系统

图 5.7　环控调度系统

3. 通信设备

控制中心的通信设备主要有调度电话、无线调度电话、中央广播设备等。

图 5.8　调度电话

(1) 调度电话。调度电话是为列车运行、电力供应、维修施工、发布命令等提供指挥手段的专用通信工具,包括调度直通电话、公务电话等,如图 5.8 所示。

(2) 无线调度电话。无线调度电话包括无线调度台和手持台。

无线调度台:值班调度主管工作台及行车调度员工作台均需设置无线调度台(互为备用)。可对列车司机、站场无线工作人员实施无线通信,该设备应具有组呼、紧急呼叫、私密呼叫及对列车进行广播等功能,如图 5.9 所示。

手持台:控制中心配备多部手持台作为无线调度台故障时的备用设备,分为车站台、维修台与电力调度台等,在日常交接班时需保持手持台处于良好状态,如图 5.10 所示。

图 5.9　调度台

图 5.10　手持台

(3) 中央广播系统。值班调度主管工作台、行调工作台、电调工作台、环调工作台等分别设置全线广播控制台,可对各车站、基地等相关单位进行广播,具有人工和自动广播两种模式,并可制定区域广播,可在事故抢险中组织指挥、疏导乘客和工作人员安全撤离时使用,如图 5.11 所示。

 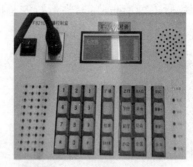

图 5.11 广播系统

（4）闭路电视监视系统。闭路电视监视系统是轨道交通运营管理现代化的配套设备，可供控制中心调度员实施监视车站客流，列车出站，乘客上、下车及设备运作等情况，以提高运营组织的管理效率，保证列车安全、正点运送乘客。控制中心闭路电视监视系统必须有录像、放像功能。

（5）气象服务系统。随着全球环境的不断恶化，气象灾害发生的频率越来越高，危害越来越大，气象灾害防范已成为轨道交通急需重视的问题，尤其是沿海城市。目前国内只有北京、广州、深圳、杭州等几个城市轨道交通企业专设气象服务台，为当地轨道交通建设施工及运营安全运行保驾护航，如图 5.12 所示。

（6）调度命令打印系统。调度命令打印系统用于行车调度员向车站或车辆基地调度员发布调度命令、传递信息等，由行车调度员或信息发布员在计算机上填好相关命令后，点击相应按钮，向车站或车辆基地

图 5.12 某城轨气象服务系统界面

调度员发布相关命令，此时，在车站或车辆基地的终端打印机会将其直接打印出来。

（7）施工作业管理系统。施工作业管理系统具备施工作业计划的申报、审批、作业计划的请点、销点等功能。通过该系统可大大减少施工作业的请点、销点的通信时间。

技能点训练

1. 正确识别所在城市或就近城市轨道交通控制中心设备。
2. 正确使用控制中心 ATS 设备、通信设备、监控设备等。

知识点练习

一、填空题

1. ＿＿＿＿＿是轨道交通日常运营管理、设备维修、行车指挥中心，也是轨道交通系统的信息收发中心、通信联络中心，又称＿＿＿＿和＿＿＿＿等。

2. 按中央调度实施地点不同，控制中心可分为＿＿＿、＿＿＿和＿＿＿。

3. 为了实现对列车的自动运行控制，控制中心主要设有通信系统、＿＿＿＿、供电系统、＿＿＿＿，以及其他一些监控设备终端。

4. 控制中心的通信设备主要有＿＿＿＿、＿＿＿＿＿＿＿＿等。

二、选择题

1. 控制中心的功能有(　　)。
   A. 运营管理　　　　　　　　　　B. 设备维修
   C. 行车组织的控制中心　　　　　D. 通信联络
2. 控制中心英文缩写是(　　)。
   A. COCC　　　B. DCC　　　C. CBTC　　　D. OCC
3. 运营控制中心通信设备主要有(　　)。
   A. 调度电话　　B. 无线调度电话　　C. 中央广播设备　　D. 闭塞设备
4. 运营控制中心通常设有(　　)。
   A. 调度主任　　B. 行车调度员　　C. 设备调度员　　D. 信息调度员

三、名词解释

城市轨道交通控制中心。

四、简答题

1. 简述城市轨道交通控制中心分类。
2. 简述城市轨道控制中心主要设备与功能。

任务二　城轨行车调度工作认知

素质目标

培养学生的全局观及大局意识,培养其高度集中、统一指挥的岗位胜任能力、交流沟通能力和团队协作能力。

知识目标

1. 能正确描述调度指挥工作基本任务、原则。
2. 能分析行车调度机构。
3. 能正确描述调度员岗位职责与调度工作制度。

能力目标

1. 能完成行车指挥架构的层级划分。
2. 能识读 OCC 运行日报。

一、城轨调度指挥工作的基本任务

在城轨运营过程中,行车工作涉及的工作环节比较复杂,为了统一指挥、有序组织运行工作,一般情况下,将调度指挥划分为若干部分,实施专业对口管理。通常在控制中心设置行车调度、电力调度、环控调度等,其中心工作是指挥相关作业流程,协调各项相关工作的开展。其工作的基本任务主要有:

(1)科学地组织客流,合理使用各类运输设备,挖掘运输潜力,及时调整列车及其他作业方案,提高运输能力。

（2）组织行车部门紧密合作、协调动作，按照列车运行图要求组织行车，确保运营秩序和安全行车，完成运输生产工作任务。

（3）贯彻、组织、监控运输计划、施工计划的实施。

（4）指挥列车运行、实施突发情况时的运行调度，确保运输安全。

（5）实现电力、环控等对运行产生直接影响的重要工作内容的控制、指挥。

（6）积极参与和组织各类突发事件、事故的救援工作。

（7）做好运营指标统计、分析工作。

二、城轨行车调度工作的基本原则

城市轨道交通运输系统是一个技术密集、社会化程度较高的公共交通系统，它有着由多部门、多工种相互配合，并且工作环节紧密联系，工作过程连续不断的特点。因此，必须实行高度集中、统一指挥的运行指挥调度体制，以构成日常运输指挥与调度的中枢。

城市轨道交通运输系统相关运行线路和环节应设置控制中心或相对独立的调度指挥部门来实施高度集中、统一指挥，并且必须遵守以下基本原则。

1. 安全生产原则

调度指挥必须坚持安全生产，正确、及时地指挥列车运行。杜绝因调度指挥不当带来事故隐患。当出现危及行车安全的情况时，要正确、及时、妥善处理，提高应变能力。行车调度员必须正确、及时、清晰地发布调度命令，以保证列车安全为重点，组织列车安全运行。

2. 按图行车原则

轨道交通运输产品质量的重要技术指标之一就是列车正点率，因此，按图行车目的是提高列车的正点率。列车正点率不但是运输质量和组织管理水平的综合反映，也是社会舆论关注的热点。在列车运行调整中，要加强调度指挥和运行调整，严格按图行车，提高列车正点率，确保列车正点运行，尤其是每日的首班车和末班车及特殊时段（如上、下班高峰，大型活动时）的运行组织工作。

3. 坚持单一指挥的原则

行车调度员要努力提高调度指挥的科学性。在列车运行调整的过程中，与行车有关的各部门的工作人员，必须服从行车调度员集中统一的指挥，各级领导和主管领导对列车运行的指示，要通过所在区段的行车调度员去实现，坚决杜绝"令出多口"或"多头指挥"，维护调度命令的严肃性和权威性。

4. 下级调度服从上级调度的原则

在列车运行调整中，必须严肃调度纪律，下级调度必须服从上级调度的指挥，对出现的问题，双方主动协商解决，当出现意见不一致的情况时，由上一级调度进行决策，一经决定，有关人员必须无条件执行。车站（值班员）、基地调度员必须听从行车调度员的指挥，对不认真执行命令和指示、影响列车运行者，要追究责任，严肃处理。

5. 按列车等级进行调整

在发生列车运行秩序混乱的情况下，列车调度员需进行列车运行调整。对不能按列车运行图运行的列车，应按下列等级顺序进行运行整理（等级由高至低）：专运列车、旅客列车、调试列车、回空列车、其他列车。

三、城轨行车指挥体系

1. 行车指挥架构

城市轨道交通行车指挥架构,如图 5.13 所示

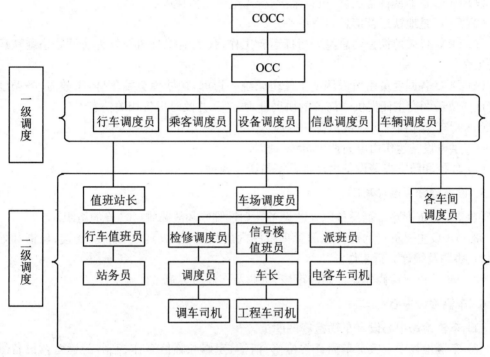

图 5.13　城市轨道交通行车指挥架构

2. 运营指挥机构

(1) 运营指挥分为一级、二级两个指挥层级,二级服从一级指挥。

(2) 一级指挥为行车调度员(简称行调)、电力调度员(简称电调)、环控调度员(简称环调)和设修调度员(简称设调)。

(3) 二级指挥为车站值班站长、车辆基地信号楼调度、车辆检修调度、派班员、二级调度。

(4) 各级指挥要根据各自职责任务独立开展工作,并服从运营控制中心值班调度主任的总体协调和指挥。

3. 路网运营指挥中心(COCC 或 TCC)

(1) 行车指挥方面:

① 负责对线网日常运营情况进行监管,进行跨运营中心的运营协调。

② 监督各线列车运行及行车设备设施质量,不直接控制各线路设备及日常运营。

③ 对线网运行质量趋势进行跟踪。

(2) 应急指挥方面:

① 跨中心管理的换乘站、车厂应急联动协调,下达线网行车组织、抢修协调指令。

② 紧急情况下的集团公司内、外部资源调配。

③ 列车晚点超过 10 min、出现影响行车的大故障,由 COCC 介入,并按相应预案发布应急指令。

4. 运营控制中心(OCC)

(1) OCC 是地铁日常运营、设备维护、行车组织的指挥中心。

(2) OCC 是地铁运营信息收发中心。

(3) OCC 代表地铁公司总经理指挥运营工作,代表地铁公司与外界协调联络地铁运营支援工作。

(4) OCC 各调度员由值班调度主任协调统一指挥,在处理突发事件、事故时,各调度员有责任向值班调度主任提供本岗位的协助处理方案,并及时报告相关信息。

(5) 行车工作由行车调度员统一指挥。

(6) 供电设备运作由电力调度员统一指挥。

(7) 环控和防灾报警设备由环控调度员统一指挥。

5. 设施维修调度(MCC)

(1) MCC 负责除车辆设备以外的设备计划性维修和故障维(抢)修的组织。

(2) MCC 主要负责物资设施部管理范围内的故障(事故)信息接收、传递、反馈和处理的组织、协调及统计分析工作。

(3) MCC 负责检修作业计划的审核、协调及作业的实施监控等工作。

6. 车辆检修中心

(1) 车辆检修中心设有车辆检修调度员。

(2) 车辆检修中心负责车辆日常检修、清洁、定修和临修工作控制,为运营及设备维修施工提供质量良好和数量足够的客车或工程车。

7. 车辆基地信号楼

(1) 车辆基地信号楼设微机联锁控制室,是车辆基地内所有线路信号设备的集中控制点,隶属乘务中心管理。

(2) 车辆基地信号楼调度员负责车辆基地范围内的行车组织、维修施工管理,并和正线连接站共同组织列车进出车辆基地。

四、行车调度员的岗位职责

行车调度员是城轨运营中行车组织的指挥者,其主要岗位职责如下:

(1) 负责日常行车组织、指挥工作,按照"运营时刻表"的要求组织行车,实现安全、准点和优质的运营服务。

(2) 负责监督控制全线客流变化情况,调集人力、物力和备用车辆,疏导突发大客流。

(3) 负责组织正线、辅助线范围内的行车设备检修以及各种施工、工程车运输作业。

(4) 传达上级有关运营工作的指令,发布调度命令,布置、检查、落实行车工作计划,确保行车工作顺利进行。

(5) 负责组织、处理在运营过程中发生的各种故障、突发事件、事故,及时调整列车运行,尽快恢复正常运营,尽量减少损失。

(6) 收集、填写运营工作有关数据指标,做好原始记录。

(7) 监控行车设备的运行,做好故障记录。

(8) 服从值班调度主任的指挥,与其他各工种调度配合,共同完成行车和施工组织工作。

(9) 及时完成领导临时交办的任务。

为实现按图行车,行车调度员必须熟悉主要行车人员情况,掌握车辆、线路、设备、供电等方面的知识,熟悉相关的行车规章,掌握与其他调度人员的工作衔接,概括起来为"人、车、天、地、电、设备、接口、规章"几大要素。

(1) 人:了解各站行车值班员及司机的基本情况,包括业务能力、工作习惯、家庭情况、个性特点等,便于更好地组织工作。

(2) 车:了解车辆结构及动车组的基本工作原理,车辆制动系统、转向架系统等车辆主要系统常见故障处理办法,便于在列车运行时出现车辆故障能胸有成竹、沉着冷静地进行合理调度,使故障的影响降到最小。

(3) 天:了解天气变化,在雨、雪天防止因站厅、站台地面潮湿造成乘客伤亡;对于露天线路,需随时了解和掌握天气变化可能给行车工作带来的影响,以便根据不同情况采取有效的调整措施,取得计划指挥的主动权。

(4) 地:指轨道交通线路的横、纵断面,信号机的布置,桥隧及建筑物限界等。行车调度员应熟悉列车运行过程中途经线路的曲线、坡度、信号机布置、桥隧及建筑物限界等情况。

(5) 电:掌握所辖线路的牵引供电区域的划分。

(6) 设备:主要指ATC系统、信号设备及环控设备、防灾报警设备、车站监控设备、售检票设备、电扶梯系统、动力照明系统、站台门等设备。

(7) 接口:主要是指与电调、环调、维调的接口,行调与电调的接口主要体现在接触网停(送)电、牵引变电所跳闸或故障处理及供电设备的维修施工组织等方面;行调与环调的接口主要在环控系统开启和关闭、隧道风机的开启及环控系统的施工协调等方面;行调与维调的接口主要表现在影响行车的设备(如信号、通信、线路、车站设备、供电)故障和ATS系统故障的维修及抢修的组织衔接。

(8) 规章:行车调度应全面了解并掌握以下规章——"技术管理规程""行车组织规则""行车调度规则""行车事故处理规则""行车设备维修施工管理规则""突发事件应急处理办法"等。

五、行车调度基本工作制度

城轨行车调度的基本工作制度包括日常工作制度、安全管理制度及业务培训制度三方面内容。

1. 日常工作制度

日常工作制度包括交接班制度、文件传阅制度、员工大会制度、调班申请制度等。

(1) 交接班制度。交接班会在调度工作中具有承上启下的作用,当班的调度人员必须提前10 min到岗,全面了解上一班需要跟进的工作和本班的生产任务。接班值班调度主任主持召开交接班会,听取各岗位人员的汇报,布置本班的工作重点,分配工作任务,并制定具体的工作措施。

(2) 文件传阅制度。当值人员必须按时传阅最新文件,进行学习、贯彻文件的相关精神。在传阅文件后,当值人员应按要求签名并注明日期。

(3) 员工大会制度。每月月初召开一次全体员工大会,总结上月的工作情况,并布置本月的工作任务,对重点工作内容提出具体要求,同时传达上级会议精神。

(4) 调班申请制度。调度岗位轮值必须按照排班表进行,遇特殊情况无法按照班表上班时,应与相同岗位的同事协商,双方一致同意调班后,由申请人填写"调度员调班申请表",经双方值班调度主任同意后调班。

2. 安全管理制度

安全管理制度包括安全例会制度、安全检查制度、安全演练制度、事故分析制度等。

(1) 安全例会制度。每月月初召开一次安全例会,总结上月的安全工作情况,对上月发生的故障、事件和事故处理进行分析和学习,同时布置本月的安全工作任务,对安全工作的重点内容提出具体要求,同时传达上级安全会议的精神。

(2) 安全检查制度。安全检查制度包括运营前检查、每周一查、非正班检查以及安全大检查制度等。

① 运营前检查制度。行调在每天运营开始前 30 min 检查车站和基地的运营准备情况,填写"运营前准备工作检查记录表",并进行一次 MMI 操作功能检查。发现设备设施故障或其他异常情况时,应做好记录,并及时通知设修调度处理。

② 每周一查制度。安全员每周检查安全培训记录、设备运行的安全、调度日志(兼交接班簿)、调度命令、线路施工作业登记表记录情况,故障及延误报告的填写等,发现问题及时整改。

③ 非正班检查制度。在非正班时间段,控制中心或上级部门领导不定期对控制中心进行突击抽查,检查各班组的"两纪一化"和安全运作情况。

④ 安全大检查制度。逢元旦、春节等大节日时,在节前安全网络进行一次安全大检查,检查内容除了日常的安全检查内容外,还包括了节假日的运营组织方案和运作命令等。

(3) 安全演练制度。为使调度员熟练掌握各种应急方案,提高调度指挥水平,各班组每月至少进行一次桌面演练。此外,各班组还需参加上级部门组织的突击演练。

(4) 事故分析制度。发生事故后,当值班组要进行全面分析,分析不足,总结经验,写出事故处理报告,由控制中心上报部门安全网络;控制中心视情况召开全体成员的分析会,对事故的责任进行内部分析,制定防范措施,教育广大员工,防止出现同类事故。

3. 业务培训制度

业务培训制度包括班组学习制度、每日一问制度等。

(1) 班组学习制度。所有调度员必须参加培训网络组织的班组学习。学习内容包括规章文件、运营方案和各种故障、事故处理案例。

(2) 每日一问制度。为了检查员工对近期重点工作内容和安全关键点的掌握,值班调度主任每班抽问一成员,了解班组成员的掌握情况,发现不熟练时要进行有针对性的培训。

4. 调度分析制度

（1）调度工作分析的作用及分类。调度工作分析是通过对日常运输工作进行综合分析，肯定成绩，总结和推广先进工作经验，及时发现日常运输工作中存在的问题，查明原因，并针对问题对症下药，提出相应的解决措施。若把运输调度机构看作是轨道交通运输指挥部的话，那么调度工作分析就是这个指挥部的参谋部。因此，调度工作分析不仅仅是对日常运输工作进行事后分析，而且要通过分析研究，预见运输工作发展的趋势和可能出现的问题，要走在运输工作的前面，充分发挥参谋部的作用。

调度工作分析可分为日常分析、定期分析和专题分析三类。

① 日常分析每日进行，于班工作或日工作终了时对日班计划的执行情况及日常运输中的先进经验和存在的问题进行简要的分析。对运输中存在的问题应查明情况及原因，以便及时采取措施。

② 定期分析有旬分析和月分析。在日常分析的基础上，收集和积累有关资料，建立必要的台账和报表，如运营日报、故障报告等，按时做出旬、月分析，总结经验，发现问题，并提出改进意见。

③ 专题分析是运输工作在某一方面或某一指标有比较突出的变化，而且对运输生产产生较大影响时，分析人员深入现场调查研究，对某一方面或某一指标做出专题分析，并提出改进意见和措施，以改进运输工作。

（2）调度工作分析的主要内容。作为运营管理指挥中心，轨道交通控制中心每天均应对行车组织、客运组织及票务管理等方面进行总结分析，以适应及改善日后的工作。一般地，控制中心的运营调度工作分析主要包括以下内容：

① 运营日报：值班主任每日均须编写运营日报，报告前一天运营计划完成情况，如表 5.1 所示。运营日报主要内容有：

a. 当日完成运送客运量、客车开行情况、兑现率、正点率和月度累计指标；

b. 车辆调度提供的运用客车数及投入使用客车数；

c. 客车加开、停运及中途退出服务情况；

d. 耗电量和温湿情况；

e. 客车服务情况，包括事故、故障和列车延误及处理等；

f. 有关工程列车、试验列车运行方面的信息。

② 故障和延误报告：故障和延误报告作为编写运营日报原始资料的一部分，行调应在行车设备发生故障及造成列车延误时，及时编写故障和延误报告。故障和延误报告主要包括如下内容：

a. 发生故障的时间、地点、列车编组、报告人员及概况（故障现象）等情况；

b. 发生故障导致行车延误、影响情况；

c. 所采用的调整列车运行的措施；

d. 恢复正常运作的时间。

表 5.1　城市轨道交通调度中心
OCC 运营日报
2022 年 05 月 18 日
（当日 8:00—次日 8:00）

值班人员	班次	主任调度	一号线行车调度	二号线行车调度	环控调度	电力调度
	白班(9:00—20:00)	李某	张某、王某	黄某	宋某	赵某
	晚上(20:00—次日9:00)	王某	钱某、石某	郑某	储某	蔡某

	事　项
车辆故障：	
1	8:38　0607 次(107)司机在太湖Ⅱ道报，1072 车高速断路器无法合上。9:02 车辆人员检查后报，1072 车牵引逆变器已隔离，建议列车继续运行 11:22　受 1072 车牵引逆变器故障影响，0610 次终到太湖延误 2 min5 s。15:23 0616 次终到太湖延误 2 min2 s。15:48 OCC 组织竹林备用线 112 车空车运行至天大改开 0618 次投入服务，将 107 车调整到竹林备用线转备用(加开空车 2 列)
2	13:32　0814 次(104)司机在高园上行线报，列车无自动、人工广播，司机在白洲上行分合 4F02 后恢复正常
3	10:55　1704 次(103)司机在竹林—车庙上行区间报，TMS-MMI 显示空转/滑行，列车在车庙上行动车后故障消失 16:08　1516 次(117)司机在公园站上行线报，列车进站时 TMS-MMI 显示空转/滑行，距停车 1 m 左右自动停车，司机 SM 模式对标后故障消失。17:30 SME 报经查 1173 车瞬间出现制动力低，不影响运营 16:30　0618 次(112)司机在华厦—岗强路上行区间报，TMS-MMI 显示空转/滑行，司机改 SM 操作再恢复 ATO 模式后故障消失。17:30 SME 报经查 1122 车瞬间出现制动力低，不影响运营
4	18 日 6:57　0804 次(117)司机在公园站上行线报，1175 车 DCU 中级故障。SME 检查后报，列车继续运营
信号故障：	
1	19:53　1321 次(128)在大深站折返线，生产错误车次号 F01323，行调删除
2	9:00　二号线司机报号码为 681209 的 800 M 便携台不能使用，通号人员更换新机，保持号码不变(自控部)
3	13:32　0913 次(108)在太湖站Ⅰ道关门作业时，车站按压紧急停车按钮，报 1082 车 6/8 号车门夹物，车站人员处理完毕后司机显示"好了"信号，司机重新开关车门后根据车站"好了"信号动车(车务部)
4	21:57　1426 次(130)司机在大深站上行线报，列车对标停妥后，站台门与车门不能同步关闭，司机手动关闭站台门(自动监控部、维修部)

填表人：白班——李某　　晚班——王某

③ 行车事故概况。行调应根据每件行车事故及时填写"行车事故概况"，并按规定的时间报运营公司安全监察室和运营主管部门。

④ 统计分析工作制度：

a. 客车统计分析。在运营结束后,控制中心值班主任负责客车统计分析,其分析内容为计划开行列数、实际开行列数、救援列次、清客列次、下线列次、晚点列数和正点率、列车运营里程。

行调对发生晚点的客车记录晚点原因。晚点原因分:车辆故障、线路故障、供电故障、通信故障、信号故障、客流过多、调度不当及其他。

b. 工程车统计分析。

c. 调试列车统计。

d. 检修施工作业及统计分析。首先对前一天的正线、辅助线的检修计划件数和完成情况进行统计。其次对检修施工完成情况进行分析,分析内容包括:日计划、临时计划兑现率;临时计划占全日比例;各单位施工计划完成情况分析;检修施工作业请点件数的统计。

⑤ 月度运营技术分析。轨道交通企业一般都有月度运营技术分析工作制度,通常每月上旬对上月的运营情况进行技术分析。调度部门根据各室、部相关网络提供的资料,重点对月度运营指标完成情况、行车组织、客运组织、票务管理、设备故障和当月典型事件、故障、事故等进行技术分析,找出存在问题,提出完善建议。

技能点训练

绘制调度组织机构图,并标定出层级关系。

知识点练习

一、填空题

1. 城轨行车调度工作的基本原则是_____、_____、_____、_____、_____。
2. 运营指挥机构的一级指挥有_____、_____、_____、_____。
3. 城轨行车调度的基本工作制度包括_____、_____、_____。

二、选择题

1. 下列属于二级指挥的有( )。
   A. 行车调度员   B. 值班站长   C. 信号楼值班员   D. 调度主任
2. 行调在每天运营开始前( )min,检查车站和基地的运营准备情况。
   A. 60   B. 50   C. 40   D. 30
3. 调度工作分析,可分为( )。
   A. 日常分析   B. 定期分析   C. 专题分析   D. 主要分析

三、简答题

1. 简述行车调度工作任务内容及原则。
2. 简述行车调度员工作职责与调度工作制度。
3. 简述路网运营指挥中心的职能。

任务三　列车运行调整

素质目标

培养学生具备统一指挥的岗位胜任能力、交流沟通能力、团队协作能力,培养学生的全局观及大局意识,强化学生的岗位安全意识和岗位责任担当。

知识目标

1. 能正确描述列车运行调整原则、方法。
2. 能正确表述调整方法与使用条件。

能力目标

能通过ATS仿真系统实现对不同调整方法的运用。

一、列车运行调整

城市轨道交通系统很复杂,行车组织工作涉及运营企业各环节,任何一个环节出现问题都可能造成列车延误或晚点,甚至中断行车,为保证城市轨道交通正点、安全运行,有时不可避免地需要进行运行调整。

1. 列车运行调整的基本原则

城市轨道交通运营的特点是根据不同时段的断面客流,合理地安排一定数量的列车,按照固定的交路间隔均匀地循环运行。在考虑行车间隔满足客运服务水平的同时,某一时段单方向的运能必须满足该时段的最大断面客流的需求,即"运能"满足"运量"。

城轨运营是一个动态的、变化的过程,运营中的各种情况都具有随机性、复杂性的特点。客流的增减、列车的晚点、运营秩序的紊乱、突发事件及设备故障的影响,都要求行车调度在日常的运营组织工作中根据情况的变化,及时合理地采取调整措施,使列车尽可能按图行车。

列车运行调整的基本原则是:安全、快速、全面、服务。

(1) 安全原则。安全是运营企业生存与发展的生命线,任何情况下的运营调整都必须把安全工作放在首位,要确保行车安全、设备安全及乘客生命财产的安全。

(2) 快速原则。在调度调整时,要做到反应快、报告快、处置快,把握事发初期的关键时间,将影响控制在最小范围。

(3) 全面原则。在运营调整时,行车调度要有全局观,不能只关注突发事件及设备故障,而忽略了其他因素和影响。

(4) 服务原则。运营是服务的基础,运营调整必须要考虑对服务及乘客的影响,并将相关信息告之乘客,最大限度地减少损失、降低影响。

2. 列车运行调整方法

列车正点始发是保证列车正点运行和实现列车运行图的基础。对始发列车,行调应在列车出库、列车折返交路和客流情况等方面进行组织,保证正点发车。列车运行晚点时,行调应根据列车运行的实际情况,按规定的列车等级顺序进行调整,对同一等级的旅客列车可根据列车的接续车次和乘客的多少等情况进行调整,尽可能在最短时间内使列车恢复按图运行。调度实践证明,调度指挥的主要困难在于发生了列车运行秩序混乱。这时需要在短时间内根据变化了的情况,选择出在区段内放行列车的最优决策,同时在区段通过能力用紧张和高速行车的条件下,选择和实施放行列车的决策常常在时间非常紧迫的情况下进行,因此,列车调度员必须掌握列车运行调整的基本方法,进行专业训练。

行车调度员对列车运行调整方法的选择,取决于列车运行的具体情况。在实际工作中,几种列车运行调整方法可以结合运用,具体方法如下:

(1) 扣车。扣车是指通过将列车扣停于车站站台,增加列车在车站的停站时间,达到确保列车安全、实现运营调整目的而采取的一项调整措施。遇突发情况时,为防止列车可能在区间长时间停留或列车进入前方非安全区段,行车调度员需采用扣车手段。因安全因素进行的扣车,必须在确认安全后方可取消扣车,因运营调整而进行的扣车作业,原则上单站扣车时间不大于 5 min。

(2) 调整终端站发点。由于某种原因,实际列车上线数少于图定列车数或线路发生拥堵时,调度员应采用调整终端站发点措施,遇早高峰时段,调度员为避免列车晚点,也可采取终端站早发措施,时间控制在 2 min 内。

(3) 改变列车运行等级(调整区间运行时分)。除线路故障造成的区间限速外,调整时为减少或增加列车在区间的运行时分,可采用改变列车运行等级的措施。

(4) 调整停站时间。通过扣车或更改车站停站时间,以缩短列车与前后列车的间隔。

(5) 抽线运行。由于设备故障等原因,造成线路拥堵严重,调度员应主动采取安排部分列车回库、进存车线(折返线)停运的措施,有效降低线路运行密度。

(6) 加开列车。遇突发性客流增加或列车晚点造成客流积聚时,调度员应采取加开备车、增加运力、缓解客流压力的措施。

(7) 列车替开。通过备车替开计划列车(换表),减少列车晚点,尽快恢复列车按图行车,列车替开统计应符合运行图统计规则。

(8) 变更交路。可通过变更列车终到目的地来满足运营的需要。主要适用于:前方区段异常,防止列车进入;均衡不同区段列车运能(大小交路列车密度的变更、上下行列车密度的变更)。

(9) 改变折返方式。当终端站具有 2 条及以上折返线时,在列车高密度到达的情况下,调度员可采取 2 条折返线交替折返,以缓解车站的到达压力,有效及时地开通区间;当终端站具备站前站后折返模式时,在站后折返设备发生故障时(如道岔故障),可采用站前折返方式,有效降低故障影响,另外,在混合式折返车站,灵活改变站前或站后折返方式。

(10) 载客越站。在车站不具备乘客安全乘降条件以及列车晚点可能或已经造成后续列车发生拥堵时,调度员可安排载客列车在部分车站通过,以达到恢复行车间隔,确保线路通畅和乘客人身安全的目的。

(11) 公交接驳。当某段线路因故停运时,可以启动公交接驳应急预案,将乘客从一个车站通过地面交通工具运送到另一个车站。这需要通过地方客运管理部门的积极协调。

(12) 列车反向运行。当一个方向列车密度较大,而另一方向列车密度较小时,为恢复列车正点运行,可利用有岔站的渡线,将列车转到密度较小的线路上反方向运行;当一方向由于列车故障救援等因素可能造成较大间隔时,也可利用渡线将列车转到另一线路上反方向运行,以缩小列车间隔,均衡运行。

(13) 列车单线双向运行。单线双向运行,也称"拉风箱",就是在一条固定进路同一时间内只有一列车往返运行。当一条线路上某个区段堵塞时,可以在另一线路上的相同区段采用此种行车方式,但是两端车站必须控制好列车进路,否则会引起列车冲突。另外,如果两端车站距离过长,可以分成"两段拉风箱"运行。

(14) 线路停运。因部分或全线发生突发事件,造成线路无法确保安全畅通运行,需采取部分线路或全线停运的方式来确保乘客生命与财产安全。

二、列车运行调整的基本技巧

列车运行调整时,调度员要根据列车的运行情况合理安排。组织列车正点始发和保证列车按图行车是行车调度调整中的两大基本技巧。

组织列车正点始发是保证列车正点运行和实现列车运行图的基础。对始发列车,行车调度员应在列车出库、列车折返交路和客流情况等方面进行组织,以保证正点发车,列车在始发站发车早点不应超过 1 min。

在列车运行晚点时,行车调度员应根据列车运行的实际情况,按规定的列车等级顺序进行调整,对同一等级的旅客列车可根据列车的接续车次和乘客多少等情况进行调整,尽可能在最短时间内使列车恢复按图运行。

在进行列车运行调整时,列车等级顺序依次排列如下:专运列车、旅客列车、调试列车、回空列车、其他列车。在抢险救灾的情况下,优先放行救援列车。列车运行调整应注意列车运行安全,做到恢复正点运行和行车安全兼顾。

三、列车运行调整方法的灵活运用

前面已经介绍了列车运行调度调整的各种基本方法,取决于列车运行的具体情况,在实际工作中往往是多种方法综合运用。下面结合实际案例,分析各种调度调整方法的灵活运用。

【案例】

1. 事件背景

某日,某地铁线路上线 16 列车,高峰行车间隔 4 min 56 s,平峰行车间隔 7 min 22 s。10:35 行车间隔为平峰期时(在线 11 列车),1404 次列车突发制动故障,停在 E 站—F 站区间,调度中心启动紧急救援预案,采用后续列车进行救援,并采用多种调度方式进行调整,11:01 故障列车被推送到 F 站,11:30 全线恢复正常运行(故障发生时,全线列车运行情况如图 5.14 所示,其中 D 站为出岔接轨车辆基地)。

2. 事件处理经过

10:34　1404 次司机报列车产生紧急制动;

　　　　行调追问原因,回答是超速停车;

10:35　行调要求确认前方进路安全以人工驾驶模式动车;

　　　　1404 次司机报紧急制动不能缓解;

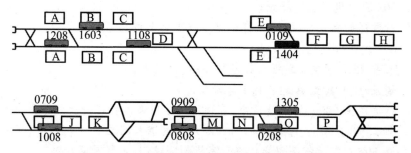

图 5.14 事故发生时各列车位置示意图(10:34)

行调要求按规定处理;

10:35　行调要求 1108 次在 D 站待令;

10:36　行调呼叫全线各次列车各站各多停 30 s;

10:37　行调追问处理情况,司机报正在重启;

行调将故障情况通知检调,根据检调要求,提示司机如重启不行则尝试洗车模式;

10:37　行调通知 1108 次 D 站动车到 E 站清客,做好救援准备,E 站配合;

环调协助值班调度主任向 F 站至 P 站各站发布晚点信息;

10:38　行调通知 1603 次到 A 站折返线待令;

行调追问司机处理情况,得不到回答;

10:39　行调通知 1008 次 I 站—L 站各站各多停 1 min;

10:40　行调通知 1208 次到 C 站待令,0110 次到 B 站待令;

行调追问 1404 次处理情况,司机报重启完毕,不能动车,洗车模式也无法动车;

环调协助值班调度主任进行故障信息发送工作;

10:41　行调通知 D 站准备回车辆基地进路;

行调向 D 站—F 站及基地信号楼发布救援命令,F 站配合清客;

行调向 1404 次、1108 次司机发布救援命令(车次 602/601);

10:43　行调通知 0909 次在 I 站清客经渡线到上行线改开 2102 次载客服务;

环调协助值班调度主任向全线各站发布晚点信息;

10:45　1108 次、E 站报已清客完毕,行调要求动车连挂故障车;

10:46　行调通知 1305 次 J 站待令;

10:47　行调要求 I 站强行站控取消道岔锁定,并排列相关进路,I 站报进路已排列;

10:48　行调通知 2102 次动车到 I 站上行站台;

10:49　1404 司机报换端后能缓解;

行调追问司机前端是否能动车,司机回答可以;

10:50　1404 司机报前端后仍然不能缓解;

行调要求 602 次抓紧连挂故障车;

10:51　行调通知 1208 次 D 站动车到 E 站待令,0110 次动车回车辆基地;

10:52　行调通知 2102 动车;

10:53　行调通知 1305 次在 I 站清客折返改开 2202 次;

10:54—10:57　行调追问 602 次司机连挂情况,得不到应答;

10:57　602次司机报已连挂好；
　　　　行调通知确认可以动车,将故障车推进到F站清客；
10:57　602次司机报已动车；
10:58　布置2202次在I站折返载客服务；
10:59　要求0109次到A站折返I道待令；
11:00　行调取消0809次N站待令；环调协助值班调度主任进行故障信息发送工作；
11:01　602次到达F站上行站台,行调要求抓紧清客,602次司机报:列车冲标,越过站台1个车门。行调通知故障车司机切除该门,抓紧时间清客；
11:03　行调追问故障车司机清客情况,F站行值报司机正在切除车门,进行清客；
11:08　602次司机报清客完毕。行调要求司机向前推进运行,出清道岔区段后,换端折返至下行线,听行调指令动车,将故障车拖回基地；
11:10　行调通知I站和0809次司机,布置0809次I站小交路折返；
11:14　行调排列进路,锁定道岔后,通知601次人工驾驶模式动车；
11:15　601次折返至下行线；
11:16　行调要求D站解除道岔单独锁定,601次经D站上行站台至转换轨回车辆基地；
　　　　环调协助值班调度主任进行故障信息发送工作；
11:25　601次到达I站上行站台；
11:30　601次抵达车辆基地；
　　　　行调发布全线恢复正常运行的命令,按图进行行车调整。

3. 事件影响

(1) 排队晚点一列次,1208次终到P站晚点35 min；

(2) 清客5列次；

(3) I站小交路折返3列次；

(4) 全线IC卡更新145张,单程票退票401张。

4. 事件分析

经专业人员检查,造成此次故障的原因是司控器航空插头h号针缩针后使制动命令继电器不得电,造成列车既不能制动,又不能缓解紧急制动。处理本次故障时,调度人员采用了扣车、列车救援、小交路运行、增加停站时分等多种调度调整方式。

5. 事件经验

(1) 扣车及时。行调及时将后续1108次扣停在D站,并命令全线列车沿途多停,放慢了行车节奏。

(2) 运营调整方案正确。值班调度主任及时后续列车救援,并组织I站—P站开行3列次小交路。

(3) 判断准确,配合默契。值班调度主任迅速启动列车救援预案,各岗位调度配合默契。

(4) 信息通报及时准确。对故障信息、调度调整信息及车站的晚点信息发布及时准确,提高了车站的服务质量。

技能点训练

运用城市轨道交通仿真ATS系统灵活运用列车调整方法。

知识点练习

一、填空题
1. 行车调度调整的基本原则是_____、_____、_____和_____。
2. 在实际工作中,几种列车运行调整方法可以结合运用,方法有_____、_____、_____、_____等。

二、选择题
1. 行调调整列车运行,可根据列车运行的实际情况进行选择,也可将各种列车运行调整方法综合使用。(　　)是调整计划里的一种方法。
   A. 停运列车　　　　　　　　　　B. 抽线停运列车
   C. 调整列车运行行车间隔　　　　D. 加开备用列车
2. 列车在始发站发车早点不应超过(　　)min。
   A. 1　　　　　　B. 2　　　　　　C. 3　　　　　　D. 4

三、简答题
1. 简述列车运行调整原则、方法。
2. 简述列车运行调整技巧。

项目六 正常情况下的行车组织

任务一 正常情况下行车组织工作认知

素质目标

培养学生具备统一指挥的岗位胜任能力、交流沟通能力、团队协作能力,培养学生的全局观及大局意识,强化学生的岗位安全意识和岗位责任担当。

知识目标

1. 能正确描述正常情况下行车组织的含义。
2. 能描述"调度集中控制""调度监督"和"行车指挥自动化"的功能。

能力目标

能铺画出行车自动化功能架构图。

正常情况下的列车运行组织是指在营业时间内,采用基本列车运营控制方式和基本行车闭塞方法的列车运行组织方式。因城市轨道交通具有行车密度高、运营间隔小、安全运营要求高等特点,所以需要信号设备来做技术保障。根据信号设备所能提供的运行条件,一般分为调度集中控制、调度监督下的自动运行控制和半自动运行控制三种方式,按照运行图规定的行车计划组织列车运行。其中,调度监督下的列车自动运行控制是城市轨道交通列车运行组织的主要控制方式。

一、调度集中控制下的列车运行控制

调度集中控制条件下的行车组织方式,是在 OCC 行车调度员的统一指挥下,利用行车设备对列车的到、发及折返等作业进行人工控制及调整。调度集中控制条件下的行车组织的指挥人为行车调度员。在大多数情况下,车站不参与行车组织工作。调度集中控制具有的基本功能有:

(1)应拥有电气集中联锁设备,实现远程控制功能,并从设备方面为列车运行提供安全保障。

(2)通过控制屏或显示器可监护全线列车运行状态、信号显示、道岔位置及线路占用情况。

(3)应能利用电气集中联锁设备转换道岔、排列进路、开放信号,指挥和调整列车运行。

(4)应能自动或人工绘制列车实际运行图。

二、调度监督下的自动运行控制

在正常情况下系统根据列车运行图自动排列列车进路,列车以ATP防护的驾驶模式运行(在全自动运行系统下,列车采用DTO/UTO或有人/无人监督驾驶模式);在非正常情况下,按调度指令调整行车计划。调度监护下的自动运行控制可实现的基本功能有:

(1)计算机系统可输入及储存多套列车运行图,并可根据设定的列车运行图实现行车指挥功能。

(2)对正线运行列车实行自动跟踪,显示进路、道岔位置、区间及线路占用情况。

(3)可自动或人工对列车运行进行调整,可使用人工对进路排列、信号开放、道岔转换进行控制。

(4)提供中央及车站两级运行模式,并可根据需要进行控制权转换。

(5)列车运行自动保护系统对列车运行设定防护区段,控制前后列车运行的安全距离。

(6)列车可使用无人驾驶功能或自动驾驶功能,也可采用人工驾驶,列车占用区间的凭证为收到的有效速度码。

(7)通过计算机系统自动绘画列车实际运行图,并进行有关运营数据统计。

三、调度监督下的半自动控制

该方式是指在控制中心统一指挥和监督下,由车站行车值班员操作车站ATS工作站控制列车运行。早期建成的城市轨道交通至今仍旧保留这种列车运行组织方式。在一些新线上,由于信号系统尚未调试安装完毕,在过渡期运营时也会采取这种方式进行行车组织。在信号设备完全安装完毕的条件下,当中央ATS设备发生故障或特殊情况下均可采用此种方式。调度监督下的半自动控制可实现的基本功能有:

(1)车站信号控制系统具有联锁功能,可对进路排列、道岔转换、信号开放施行人工控制。

(2)可实时反映进路占用、信号及道岔等工作状态,对线路上的列车运行进行监护。

(3)可储存信号开放时刻、道岔动作、列车运行等各类运行资料,并根据需要可调用。

(4)车站根据调度指令对管辖区域内列车运行进行调整。

(5)计算机自动绘制或人工绘制列车实际运行图。

正常情况下的列车运行调整是指实现按图行车,对于较小的行车延误,系统可自动进行调整干预,努力确保列车正点运行。对始发列车,行车调度员应在列车出场、列车折返方式、客流组织等方面进行组织,确保列车正点始发。在正点始发的前提下,途中运缓、作业延误或设备故障等原因造成的列车运行晚点,行车调度员可根据列车运行的实际情况,对列车的运行等级和运行秩序进行调整,尽快使晚点列车恢复正点运行。

技能点训练

通过调研及查阅资料,完成对"调度集中控制""调度监督"和"行车指挥自动化"运行控制方式的区分。

知识点练习

一、填空题

1. 根据信号设备所能提供的运行条件,列车运行控制方式一般分为_____、_____和_____三种方式。
2. 城市轨道交通具有行车密度_____、运营间隔_____、安全运营要求_____等特点。

二、选择题

1. (   )是城市轨道交通列车运行组织的主要控制方式。
   A. 调度集中控制   B. 调度监督下的列车自动运行控制
   C. 调度监督下的半自动运行控制   D. 无人调度
2. (   )是指在OCC行车调度员的统一指挥下,利用行车设备对列车的到、发及折返等作业进行人工控制及调整。
   A. 调度集中控制   B. 调度监督下的列车自动运行控制
   C. 调度监督下的半自动运行控制   D. 无人调度
3. (   )是指在控制中心统一指挥和监督下,由车站行车值班员操作车站ATS工作站控制列车运行。
   A. 调度集中控制   B. 调度监督下的列车自动运行控制
   C. 调度监督下的半自动运行控制   D. 无人调度

三、简答题

1. 简述正常情况下的行车组织定义。
2. 简述正常情况下的列车运行调整定义。

四、问答题

请比较分析"调度集中控制""调度监督下的自动运行控制"和"调度监督下的半自动控制"功能。

任务二　正常情况下控制中心行车组织

素质目标

培养学生具备高度的责任意识、爱岗敬业精神、良好的心理素质、较好的表达能力及协调沟通能力。

知识目标

能正确阐述正常情况下控制中心行车作业流程与标准。

能力目标

1. 能组织车站与车辆基地完成运营前准备工作。
2. 能完成列车运行图加载与指挥列车正线运行。
3. 能按照"列车运行图"完成收车作业。

控制中心是城市轨道交通运营企业行车组织工作的心脏,正常情况下作业流程主要包括运营前准备、运营期间与运营结束三部分。

一、运营前准备

每日运营前在规定时间内,行调应检查各车站和车辆基地运营前的准备工作。控制中心(OCC)各调度、各车站值班站长(或行车值班员)、车辆基地调度应及时检查,确保做好以下工作并向行调汇报:

(1) 运营线路空闲、施工结束、线路出清,接触网、供电系统及环控系统运作正常。
(2) 行车设备、备品齐全完好。
(3) 道岔功能正常,站台无异物侵入限界,站台门开关正常。
(4) 核实当日使用电客车、备用电客车安排及司机配备情况。

确认线路出清并符合行车条件后进行下列运营前的准备工作,行车前准备工作作业标准,如表6.1所示。

表6.1 行车前准备工作作业标准

程序及项目	岗位作业标准		
	行车调度员	行车值班员	站务员
一、线路巡道和施工线路出清	(1) 查阅"线路施工作业登记表",确认施工均已销点	(1) 查阅"车站施工登记簿",确认区间、车站(包括站台)范围内工程施工负责人已做线路出清的汇报和销点	(1) 巡视站台,检查站台接触网、站台门、轨道有无影响行车和服务的情况,如有及时通知车站值班员进行处理
二、行车备品准备与检查	(2) 确认各终端设备及通信设备能够正常使用,与OCC联系准备出车顺序表	(2) 行车备品准备与检查	(2) 行车备品准备与检查
三、通信测试	(3) 接收各车站的通信测试	(3) 与邻站进行通信测试。 (4) 与站台站务员进行通信测试。 (5) 与行车调度员进行通信测试	(3) 与车站值班员进行通信测试
四、准备工作就绪汇报	(4) 向车站、车辆基地进行运营前检查,填写"运营前准备工作检查记录表"。此作业需在行车前30 min完成	(6) 向行车调度员汇报:"××站,线路已出清,联锁设备正常、站台门正常、通信良好,具备运营条件,车站值班员×××。"	

续表

程序及项目	岗位作业标准		
	行车调度员	行车值班员	站务员
五、信号设备测试	(5) 确认中央ATS及大屏幕显示正常,将全线转为中心控制,检查全线各站的进路模式及终点站的折返模式是否正确并记录在调度日志上。 (6) 在中央ATS上,对道岔的定/反位置进行转换测试,确定定/反位显示正确,将道岔固定在正确的位置	(7) 确认信号操作界面各种显示正常。 (8) 控制权转为中央控制	
六、接触网供电(夜间接触网有停电的情况)	(7) 确认有关区段线路出清、具备通电条件后,授权电调供电,并接受其供电良好的汇报		
七、核对时刻表	(8) 根据当天运营需要核对时刻表,由值班主任确认		

1. 试验道岔

每天运营开始前规定时间(各地铁公司根据设备情况对时间标准规定有所不同),行车调度员通知各联锁站(具有站控权限的车站)的行车值班员试验道岔,调度主任、行车调度员查看列车自动监控子系统的人机接口调度员工作站及行车调度员模拟屏的显示。联锁站试验完毕,行车调度员收回控制权。调度主任、行车调度员通过调度员工作站试验进路、道岔的操作,使有关道岔处于正确位置。如果发现道岔不能正常使用,及时通知维修调度,派人检查抢修。

2. 检查和准备

运行前主要检查行车值班员到岗情况,站台是否有异物侵入限界,行车设备是否正常,备品是否齐全、完好,当日运用车、备用车的安排及司机配备等情况。

行车调度员检查完毕后,在运营开始前的规定时间通知电调牵引系统送电,同时,行车调度员需按车辆基地调度提供的当日上线列车及备用车编辑无线电调度台动态以便调度。

3. 列车运行图检查

由于城市轨道交通一般根据客流规律采用分号运行图,通常在前一天运营结束后的规定时间里由控制中心主任调度在MMI上"加载"次日使用的列车运行图。运营当日需检查使用的列车运行图是否正确与有效。通常运营部门都会编制工作日(周一至周四)运行图、周五运行图、周末运行图及节假日运行图。各图行车间隔,如表6.2所示。

表 6.2　某城市轨道交通周一至周五列车行车间隔

星期	峰期	时间段	间隔
周一至周四	平峰	06:30—7:00,21:00—23:00	5 min
	次高峰	11:00—15:00,19:00—21:00	4 min
	高峰	7:00—9:00,17:00—19:00	3 min
周五	平峰	06:30—7:00,22:00—23:00	5 min
	次高峰	11:00—15:00,19:00—22:00	4 min
	高峰	7:00—9:00,17:00—19:00	3 min
周六至周日	平峰	6:30—10:00	5 min
	次高峰	11:30—14:30	4 min
	高峰	10:00—11:30,14:30—19:00	3 min

4. 核对时钟时间

行车调度员、电调在开始行车前与各站(含车辆基地)、各变电所(站)核对日期和时钟时间(对表),行车调度员与车辆基地派班员核对时钟时间、服务号和注意事项。

5. 核对列车出库计划

根据当日列车运行图,车辆基地调度员核对列车出库计划是否正确。

6. 列车出基地组织

严格按照"列车运行图"的规定组织首班车及后续列车投入正线运营。

二、运营期间

运营期间行车调度员应充分使用各种调度指挥设备,组织指挥列车按照计划运行图安全、准点运行,尽量均衡在线列车的运行间隔。运营期间行车调度员的主要工作是列车运行监控、电力供应、环境控制、防灾救护及设备维修施工等的调度指挥,监视各站情况,与相关单位进行信息沟通、列车运行调整、末班车组织等。

1. 列车运行控制

通过行车调度模拟显示屏,掌握调度区域范围内信号系统设备(轨道电路、信号机等)状况,列车占用线路情况,各次列车运行位置的动态显示。必要时,人工介入进行列车调整,如发现列车车次变化,可通过系统予以改正。

2. 调度指挥

进行电力供应、环境控制、防灾救护及设备维修施工等的调度指挥工作。

3. 监视各站情况

通过监视器监视各站的站厅、站台情况,发现异常可进行录像分析。

4. 与相关单位进行信息沟通

运用调度电话与车站值班员、车辆基地调度员、运转值班队长保持联系,发布调度命令,实现对列车运行的调度指挥。调度员在日常的工作中,为了确保进行安全、高效的调度指挥,提高各调度的沟通技巧、工作效果,确保调度指令能够迅速准确地下达和执行,必须使用标准用语。调度工作用语使用标准普通话;受令者必须复诵,严禁使用"明白"代替;说话者吐字要清晰,语速适中,发令完毕后,发令人应说"完毕",再给出调度代码。

5. 列车运营调整

由于各种因素的影响,列车在运行过程中实际运行图与计划运行图存在偏差,需通过系统自动或调度人工介入进行调整。因此,列车运行调整一般分为系统自动调整和人工调整。

(1) 系统(ATS系统)自动调整。当列车运行偏离计划运行图时,系统可自动调整列车的区间运行时间。轨道交通信号系统的列车自动监控子系统(ATS)一般具有列车运行调整的功能。由于列车运行一般很少采取无司机的方式,因此,信号系统只对列车区间运行的时间在系统能力范围内进行调整。列车自动运行调整可根据列车偏离计划运行图的程度大小自动决定所采用的调整策略。由于车辆性能、线路条件和停站时间等因素的制约,当这种误差较大时,往往不可能一次性调整到位。因此,系统需要采取弹性的调整策略,通过改变前后多趟列车的运行状态,逐步消除当前列车的运行偏差对系统总体的影响。

(2) 人工调整。当列车运行的偏离误差较大时,可由调度人员人工介入,通过调整列车的进站时间和区间运行时间,来达到运行符合计划运行图的目的。列车运行晚点或早点,可采用在车站设置扣车命令或设置列车调停命令,使下一列车不停站通过等方式进行调整。在遇到线路中断、堵塞时,行车调度员通过采取小交路、单线双向等特殊组织措施来维持一定水平的运行组织。

6. 列车回基地组织

严格按照"列车运行图"的规定组织列车回基地及末班车回库,结束当天运营服务。

三、运营结束

每天运营结束后,行车调度员要对当天的行车工作进行分析、总结。运营结束后行车调度员的作业主要包括以下几方面:

1. 打印当日计划和实际运行图

按规定打印当日计划和实际运行图。

2. 编写运营情况日报表

运营情况日报表的主要内容包括:当天完成运送客运量、客车开行情况、兑现率及正点率和月度累计指标等;运用客车数及投入使用客车数;客车加开、停运及中途退出服务的情况;耗电量和温度、湿度情况;客车服务情况,包括事故、故障和列车运行延误及处理;有关工程列车、试验列车运行方面的信息。

3. 组织施工计划的实施

根据施工计划及施工申请,对需要停电区段的接触网通知调度停电,根据线路情况和施工负责人请点情况,批准开始施工。作业完毕后,确认人员出清,同意办理销点。

4. 运营指标统计

运营指标主要包括客车运行统计、客运量统计、工程车统计、调试列车统计、检修施工作业统计、用电量统计及设备故障情况统计等内容,一般运营指标的计算基本实现了由专门的系统自动统计。

(1) 客车运行统计。

① 在运营结束后,由行车调度员提供以下数据,调度主任负责进行当日的客车统计。统计的内容包括:计划开行列数、实际开行列数、救援列次、清客列次、下线列次、抽线列次、晚点列数、正点率和运营里程。这些数据由行车调度员向车辆基地调度员收集。

② 运营晚点统计。根据"行车组织规则"规定,比照列车运行图统计单程每列晚点时间,接待工作需要或调整列车运行导致的晚点,不列入晚点指标;行车调度员对发生晚点的客车记录晚点原因。

③ 对客车晚点原因进行分类,晚点原因分为车辆故障、线路故障、供电故障、通信故障、信号故障、客流过大、调度不当以及其他故障问题。

(2) 客运量统计。调度主任根据车站计算机的客流数据和行车调度员向车站收取的免票客流数据,对分站客运量、总客运量、换乘客运量等进行统计,并填写"运营日报"。

(3) 工程车统计。要求根据当天工程车开行情况进行统计,统计的内容包括工程车列数、实际进出车辆基地的时间。

(4) 调试列车统计。行车调度员根据当天调试列车开行情况,统计实际开行调试列车的列数。

(5) 检修施工作业统计。

① 对于本班正线、辅助线的检修计划件数和完成情况进行统计,对检修施工完成情况进行分析。

② 各检修施工单位月计划、周计划、日变更计划、临时抢修计划件数统计。

③ 检修施工作业请点总件数的统计。

(6) 用电量统计。电力调度员于每天凌晨在运营开始前统计好牵引、动力照明和总用电量数据,供调度主任填写"运营日报"。如发现用电量异常时,电力调度员应及时查找原因并报告调度主任,同时在"运营日报"上说明。

(7) 设备故障情况统计。行车调度员负责所管辖线路范围内影响列车运行、客运组织、票务运作等设备故障情况的统计。

技能点训练

1. 能根据"列车运行图"组织车站与车辆基地完成运营前准备工作。
2. 在中央 ATS 系统上完成列车运行图加载与指挥列车正线运行操作。
3. 按照"列车运行图"完成收车作业。

知识点练习

一、填空题

1. 控制中心是城市轨道交通运营企业行车组织工作的心脏,正常情况下作业流程主要包括_____、_____与_____三部分。

2. 对车站、车辆段进行运营前检查,填写"_____"。

二、选择题

1. 运营前准备有( )。

A. 运营线路空闲、施工结束、线路出清

B. 行车设备、备品齐全完好

C. 道岔功能正常，站台无异物侵入限界，站台门开关正常
D. 核实当日使用电客车、备用列车安排及司机配备情况

2. 向车站、车辆段进行运营前检查，填写"运营前准备工作检查记录表"。此作业须在行车前（　　）完成。

A. 15 min　　　　B. 20 min　　　　C. 25 min　　　　D. 30 min

三、简答题

1. 简述正常情况下控制中心运营期间作业内容。
2. 简述正常情况下控制中心运营结束作业内容。

任务三　正常情况下车站行车组织

素质目标

培养学生具备精湛的业务能力、良好的心理素质、协调沟通能力，能够及时上传下达指令，培养学生全局观及为民服务意识。

知识目标

1. 能描述车站管理方式。
2. 能阐述车控室设备的基本构成及其功能。
3. 能正确阐述正常情况下车站行车作业流程。
4. 能正确阐述车站运营期间接发列车作业标准。

能力目标

1. 能识别车站控制室设备。
2. 能按照控制中心命令完成车站运营前准备作业。
3. 能正确穿戴行车备品。
4. 能监控车站所辖范围列车运行，并完成正常情况下的接、发车作业。

车站是乘客乘降列车的主要场所，同时还是轨道交通系统行车组织指挥的二级调度所在，其主要任务是在调度的指挥下完成接发列车工作，保证列车按照列车运行图安全、正点地运行。

一、车站管理方式

随着市场经济的发展，为了进一步地提高本地区的城市轨道交通企业的服务水平与质量，将引入其他企业共同经营。因此，在一些城市，轨道交通涉及多家运营公司经营（如北京、深圳、杭州等城市引入了港铁公司），特别是换乘站和一些枢纽站的管理方式有多种，主要有集中式管理、分散式管理和混合式管理三种。

1. 集中式管理

由其中一家运营公司统一管理，所有人员归属一家运营公司，接受单一控制中心的

指挥。

2. 分散式管理

在车站范围内将双方运营公司的管理范围划分清楚，在各自范围内运作，分别接受本运营公司控制中心的统一指挥。

3. 混合式管理

以一家运营单位为主，另一家安排工作人员听从主运营单位的指挥共同参与车站的管理。在通常情况下，车站接受双方控制中心的双重指挥。

车站行车指挥系统一般设有值班站长、车站控制室行车值班员和站台工作人员等岗位。值班站长负责全站行车组织、客运组织的指挥工作，而具体行车组织工作的实施和指挥由车站控制室行车值班员完成。行车值班员主要负责列车运行控制、接收调度命令、按调度要求组织行车，以及设备状态的监控。站台工作人员主要负责列车监控，乘客上、下车组织，设备监控及处理设备故障。

二、车站控制室的设备及功能

车控室介绍

车站控制室（简称车控室）是车站的客运及行车指挥心脏，一般设有信号系统终端操作设备、通信设备、环境控制设备等，如图6.1所示。

图6.1　某地铁车站车控室

1. 信号系统终端操作设备

该设备主要设置在车站人工控制盘/综合后备盘（MCP/IBP）上，通常具有扣车、设置紧急停车、解除扣车、取消紧急停车、故障报警等功能。在联锁站一般还设有信号系统现场操作站，通常具备人工排列进路、信号开放、道岔转换列车扣停、提前释放运营停车点等功能。

2. 通信设备

（1）调度电话。车站调度电话可与行车调度、电力调度、维修调度及相邻车站间进行通话，通常调度电话只有单独呼叫功能。

（2）广播系统（PA）。车站的广播系统只能对车站区域进行广播，可实现人工广播和语音广播。

（3）闭路电视监视系统（CCTV）。车站闭路电视监视系统只能对车站区域摄像头范围内的情况进行监视、录像。

(4) 调度命令打印系统。车站调度命令打印系统只设终端打印机,将控制中心的命令直接打印出来。

(5) 施工作业管理系统。车站施工作业管理系统与中央控制中心的功能一致,只是在审批权限上有所区别。

3. 环境控制设备

其功能与中央环境调度系统相同,唯一的区别是车站只监控本站的设备系统,而中央环境控制调度系统可监控全线车站的设备系统。环境控制设备对冷水机组、风机组及空调机组、通风系统、给排水系统、照明系统、站台门系统、系统环境变化等进行监视和控制。

(1) 对冷水机组的监控。对冷水机组可实现以下功能:

① 实时监控。按时间程序,自动启动、停止。

② 启动/停止顺序控制。根据操作或设备要求对冷水机组、冷冻水泵、冷却水泵、冷却塔实施按顺序联锁启动、停止。

③ 节能及优化停止控制。根据冷冻供水、回水温度差及回水流量,计算出实际冷负荷,用来确定冷水机组开启的台数。冷水机组的启停顺序是根据机组运行时间来确定的,累计运行时间少的先启动,运行时间长的先停止,保证各机组具有均匀的运行时间。以上控制能使冷水机组始终在最优化的状态下工作,从而达到节能和延长设备机械平均使用寿命的目的。

④ 压差控制。设于供水、回水管间的旁通阀的开度会自动调节。当机组运行后,根据供回水压差自动调节相关阀门开度,保证供回水压差平衡。

⑤ 监视功能。监视冷水机组各设备工作状态、事故状态,并累计设备运行时间。

⑥ 显示及打印。包括被监控参数、设备状态、报警、动态流程图的显示及打印。

(2) 对风机组和空调机组的监控。

① 实时控制。按时间程序,自动启动、停止。

② 温度控制。测量回风或送风温度并与设定值比较,按比例积分规律输出相应的控制信号。

③ 调节电动阀的开度。使回风和送风温度被控制在设定值范围内。

④ 电动阀冬季、夏季工作模式自动转换。此功能只用在北方需冬季采暖地区。

⑤ 冬季湿度控制。测量回风湿度,调节蒸汽流量,使湿度被控制在设定范围内。

⑥ 监视功能。监视风机运行状态、故障状态,并累计运行时间,发出过滤器阻塞报警及送风温度超限报警。

⑦ 显示、打印。包括被监控参数、状态、报警、动态流程图的显示及打印。

(3) 对通风系统的监控。

① 实时控制。各送风机、排风机实时启动、停止;在发生火灾时也可实现启动排烟系统的功能。

② 监视功能。监视风机的运行状态和故障状态,并累计运行时间。

(4) 对给排水系统的监控。

① 监视各类水池、水箱的水位上下限,并根据上下限水位,启动、停止相关水泵。

② 监视各类水泵的运行状态、故障状态,并累计运行时间,根据累计时间自动调整水泵的常用、备用状态。

(5) 对照明系统的监控。

① 监视功能。监视照明系统工作状态和故障状态,根据时间表控制及客流控制等方式实现照明系统节能运行,以及在灾害模式下,切换照明系统用电及指导应急疏散导向系统。其主要监控功能如下:

a. 声控照明回路开关状态和故障状态;

b. 监控照明模式运行状态;

c. 监控应急照明电源系统的电压、电流、功率因数、用电量,以及开关状态,并发出故障报警。

② 显示、打印。包括参数、状态、报警、动态流程图的显示及打印。

(6) 对站台门系统的监控。

监视站台门系统运行状态、故障状态、紧急开关门状态,根据模式控制要求输出站台门控制指令等。

(7) 对系统环境变化的控制。

进行温度、湿度检测以及空气质量检测,控制相应的空调系统以实现对环境的控制。

二、行车备品的种类与管理

1. 车站行车备品种类

车站行车备品包括员工劳动保护(简称"劳保")用品和专用工器具两大类。

(1) 劳保用品包括安全帽、绝缘手套、纱手套、安全带、荧光衣、口笛、手电筒、强力探照灯及其充电用具等,如图 6.2 所示。

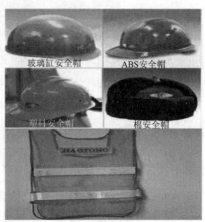

图 6.2 员工劳保用品

(2) 专用工器具包括钩锁器、手摇把、信号灯、手持电台及充电用具、信号旗、红闪灯、手提广播、行车凭证(路票、调度命令)、拾物钳、下轨梯等,如图 6.3 所示。

2. 行车备品存放

行车备品应按规定要求存放,如图 6.4 所示,具体按照各城市轨道交通企业制定的相关规定执行,但基本要求如下:

(1) 行车备品应按要求整理,有序摆放,摆放的地方做到干净、清爽。

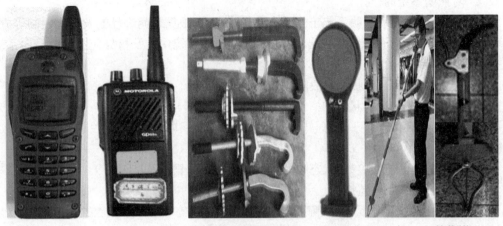

(1) 手持台　　　(2) 钩锁器　　(3) 双面防护红闪灯　　(4) 拾物钳

图 6.3　专用工器具

图 6.4　车站行车备品摆放

（2）要求统一存放，摆放合理，不准乱堆、乱放。

（3）行车备品常排放在车控室的行车备品柜中，柜子位置以不影响车控室的整体美观为准。

（4）专用工器具中的钩锁器、手摇把、下轨梯与拾物钳等通常放在站台的监控厅。

（5）行车备品要统一制作标识目录，标明名称、数量和负责人。

3. 行车备品的使用

（1）正确地穿戴劳保用品。

（2）按照规范使用与保护工器具。

（3）在使用的过程中要时常检查和保养（如损坏要及时报修更换，使用后及时充电等）。

4. 行车备品的交接

每班交接班时按照交接手续及相关规定进行行车备品的交接，检查数量与性能及摆放状态。

三、车站正常情况下行车作业流程

运营前检查作业

车站是城市轨道交通运营客流的集散点,也是行车组织的关键控制点,正常情况下作业流程主要包括运营前准备、运营期间与运营结束三部分。

1. 运营前准备

车站每天运营前应在规定时间根据"施工登记表"检查当晚的所有维修施工及调试作业是否完毕及销点,线路巡视工作是否完成,确认线路出清并符合行车条件后进行下列运营前的准备工作。

(1) 试验道岔。在每天运营开始前的规定时间(各地铁公司根据设备情况对时间标准规定有所不同),各联锁站(一般指有联锁设备的车站)的行车值班员按照行车调度员要求试验道岔。试验完毕,将控制权交回行车调度员。如果发现道岔不能正常使用,及时通知维修调度员派人来检查抢修。

(2) 检查和准备。主要检查车站值班人员到岗情况,检查站台区域轨行区是否有异物侵入限界,开关站台门以检查站台门状态。

2. 运营期间

车站行车组织工作由车站当班值班站长统一负责,行车值班员具体负责。值班站长必须服从行车调度员的统一指挥,执行行车调度员命令。正常情况下车站的行车组织作业主要包括首班车组织及末班车组织、运营期间的接发列车作业和向行车调度员报告几方面。以下主要介绍首班车组织、接发列车作业和末班车组织。

(1) 首班车组织。开行首班车前,车站各岗位工作人员要准时开门、开启电扶梯及照明、巡视车站等。首班客车发车前在规定时间内开始向乘客广播第一列车的到达时间及注意事项。

(2) 接发列车作业。由于我国城市轨道交通信号系统普遍实现列车自动控制(ATC系统),因此正常情况下,车站原则上不办理接发列车作业。车站对列车运行情况进行监视,负责向行车调度员报点。车站站台人员确认站台门及车门无夹人夹物后应及时在指定位置向司机显示"好了"手信号;终点站站台人员清客完毕后应及时向司机显示"好了"手信号。

(3) 末班车组织。车站在末班车开出前应在规定时间内开始广播,通知停止售票和进站检票工作,检查、确认付费区内乘客均已上车,并确认无异常情况后才能向司机显示发车信号。在最后一班车离开车站后,应及时清客,关闭车站出入口,关闭扶梯,并执行车站省电照明模式。

车站接发列车作业标准:

① 中间站接发列车标准,见附录三。
② 折返站站前折返作业标准,见附录四。
③ 折返站站后折返作业标准,见附录五。

3. 运营结束

运营结束后车站主要负责组织施工计划的实施,办理施工请、销点手续,确认人员进入轨行区及出清情况。

技能点训练

1. 识别车站控制室关键行车设备。
2. 按照控制中心命令完成车站运营前准备作业。
3. 正确穿戴劳动保护用品及行车备品。
4. 监控车站所辖范围列车运行,并完成正常情况下的接、发车作业。

知识点练习

一、填空题

1. 城市轨道交通管理方式有多种,主要有_____、_____和_____三种。
2. 车站行车备品包括_____和_____两大类。
3. 信号系统终端操作设备主要设置在车站_____上。

二、选择题

1. 下列属于劳保用品的是(　　)。
   A. 强力探照灯　　B. 安全帽子　　C. 信号旗　　D. 荧光衣
2. 专用工器具包括(　　)。
   A. 行车凭证　　B. 扳手　　C. 拾物钳　　D. 下轨梯
3. 车站调度电话可与(　　)进行通话。
   A. 外单位　　B. 行车调度　　C. 电力调度　　D. 维修调度

三、简答题

1. 简述车站管理方式。
2. 简述车站行车备品分类及内容。
3. 简述正常情况下车站行车作业流程。

四、问答题

阐述车控室行车相关设备的结构与功能。

任务四　正常情况下车辆基地行车组织

素质目标

培养学生一丝不苟、标准化作业的职业素养,培养学生的岗位胜任能力和高度的责任心。

知识目标

1. 能描述出正常情况下车辆基地作业种类。
2. 能描述列车整备作业内容。
3. 能正确阐述列车出入基地收发车作业流程与内容。

能力目标

1. 能完成收、发车计划单编制。
2. 能完成列车整备作业。

3. 能完成组织收、发车作业。

车辆基地是城市轨道交通车辆停放的基地,也称停车场或车辆段,主要承担城市轨道交通车辆的运用、停放、列检、清扫、洗刷、维修、保养等任务。每天运营开始时,列车由车辆基地出发到正线运行;运营结束后,列车回到车辆基地检修保养。

车辆基地介绍

车辆基地内行车指挥部门为车辆基地控制中心,是轨道交通系统行车组织指挥的二级调度,主要负责组织列车出入基地,实施客车、机车车辆转轨、取送、检修作业,车辆基地内行车设备检修维护作业,客车调试等工作。

正常情况下车辆基地的行车组织包括列车进出车辆基地作业与基地内的调车作业两大类。车辆基地列车进出基地作业过程包括车辆移交、列车出入基地计划编制、接发车作业等内容。基地内调车作业详见项目八。

一、车辆移交

客车及工程车车辆根据其所处状态不同分为运营状态和维修状态。在不同的状态下,其调度指挥权各不相同。因此,从一种状态转入另一种状态时,就需交换调度指挥权。

1. 客车及工程车车辆从运营状态转入维修状态

(1)凭证。列车处于计划中的维修状态时,以车辆维修部门的调度提交给车辆基地调度员的周检修计划为凭证;列车是临修状态时,凭证为扣车单。

客车或工程车临时发生故障影响运用时,以车辆维修部门调度提交给车辆基地调度员的扣车单为依据进行扣车,并及时组织换车。

(2)转入时间。转入时间以扣修车辆送达指定地点的时刻为准。

(3)周检修计划的确认和变更。列车进厂前2 h,由车辆维修部门的调度员与车辆基地调度员确认周检修计划并安排好股道。如周检修计划有变更,以车辆维修部门调度提交的书面通知为主。

(4)车辆的防护、防溜措施。车辆送达维修的指定地点后,由车辆基地调车作业人员负责对车辆进行防护、防溜。车辆在扣修期间的防护和防溜措施由车辆维修部门负责。

2. 客车及工程车车辆从维修状态转入运营状态

(1)凭证。客车以车辆维修部门调度员提交给车辆基地调度员的出车计划表和技术状态卡为凭证;工程车以车辆维修部门调度员签认后返回给车辆基地调度员的交车单(计划修)或报修单(临修)为凭证。

(2)转入时间。转入时间以车辆基地调度员接收以上凭证的时间为准。

(3)防护和防溜措施的撤除。由车辆维修部人员负责在调车作业实施前撤除车辆维修部门所做的防护和防溜措施,并出清线路;车辆送达维修指定地点时,原来由车辆基地调车作业人员所采取的防护、防溜措施由调车作业人员负责解除。

3. 客车整备作业

在客车转入运营状态后,司机驾驶列车前都需进行整备作业,检查其是否具备上线条件,其检查标准如下:

(1)检查与试验走行路线图,如图 6.5 所示。其检查顺序为:

① 检车前"三确认"(一确认股道车号是否正确,二确认有无红闪灯,三确认有无禁动牌),报信号楼开始整备作业。

② 检查非出库端电客车两侧、地沟、车钩及右侧走行部。

③ 出库端检查有无红闪灯以及库门状态。

④ 检查出库端电客车两侧、地沟、车钩及左侧走行部。

⑤ 确认非出库端司机室无禁动牌,做静动态检查。

⑥ 检查客室。

⑦ 确认出库端司机室无禁动牌,做静动态检查,完成后报信号楼整备完毕,准备出基地。

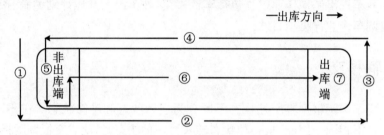

图 6.5　电客车整备作业路线

(2)整备作业内容及标准,如表 6.3 所示:

表 6.3　整备作业内容及标准

序号	确认内容		手指口呼
1	检车前确认	确认列车停放股道正确	"××道×端股道正确"
		确认车号正确	"××车车号正确"
		确认车钩无红闪灯	"车钩无红闪灯"
	报信号楼	"信号楼,××道×端××车开始整备作业",信号楼复诵	

续表

序号	确认内容		手指口呼
2	非出库端两侧、地沟及右侧走行部确认	确认非出库端左侧无人无异物侵限	"左侧无人无异物侵限"
		确认非出库端无人无异物侵限	"右侧无人无异物侵限"
		确认地沟无人无异物侵限	"地沟无人无异物侵限"
		确认运行灯、LED屏、雨刮器、头灯、标志灯正常	"列车端部外观良好"
		确认车钩外观良好、钩内无异物、阀门1处于平行位、阀门2处于垂直位	"车钩外观良好,钩内无异物,阀门位置正确"
		确认主风管阀门、解钩阀门、喇叭阀门位置正确	"阀门位置正确"
		确认客室门锁孔在正常位置、密封条良好	"门好,锁孔位置正确"
		确认外部紧急解锁在正常位置	"锁孔位置正确"
		确认转向架第一轴(Z形确认)、中部构件、第二轴(Z形确认)、轮对下无异物(从右至左),停放拉环位置正确	"转向架外观良好,轨面无异物,停放拉环位置正确"
		确认辅助控制单元盒B30锁闭良好,外观良好	"辅助控制单元盒B30外观良好"
		确认风缸模块外观无损坏,阀门在正确位置	"风缸外观良好,阀门位置正确"
		确认空压机外观无损坏、无异物	"空压机外观良好"
		确认蓄电池外观无损坏	"蓄电池箱外观良好"
		确认AB/PH/PA低压箱外观无损坏	"AB/PH/PA低压箱外观良好"
		确认车间电源盖未打开	"车间电源盖外观良好"
		确认智能/网关阀外观无损坏,接线良好	"智能/网关阀外观良好,接线良好,阀门位置正确"
		确认电抗器外观无损坏	"电抗器外观良好"
		确认制动电阻箱外观无损坏	"制动电阻外观良好"
		确认轮喷电控箱外观无损坏	"轮喷电控箱外观良好"
		确认两节车辆连接处折篷、接线及轨面上无异物	"折篷外观良好,接线良好,轨面无异物"
3	出库端确认	确认车钩无红闪灯	"车钩无红闪灯"
		检查库门状态、插销状态良好	"库门开启良好"
4	左侧走行部确认	(同2)	(同2)

续表

序号		确认内容	手指口呼
5	静态检查	将禁止开门牌挂在非登乘梯一侧侧门把手上	
		确认司机室确认无禁动牌	
		确认蓄电池电压大于 91 V,主风缸压力大于 5.5 Bar,确认紧急制动按钮未被拍下	
		将 TAS 旁路打至唤醒位保持 3 s	
		打开司机室照明	
		确认左侧设备柜空开位置正确	"空开位置正确"
		确认左侧侧墙按钮外观良好	"按钮良好"
		确认灭火器指针在绿色范围内	"灭火器良好"
		确认疏散门盖板锁闭良好	"疏散门良好"
		确认遮阳帘外观良好,功能正常	"遮阳帘良好"
		确认 N1 面板:客室照明控制开关在正常位,头灯明暗调节开关在远光位,逃生门刮雨器/刮雨器控制开关/除霜器控制开关在关位,门模式选择开关在自动开/手动关位,其他按钮外观良好	"开关位置正确,按钮良好"
		确认 N2 面板:所有按钮外观良好、车载台话筒外观良好	"按钮良好""话筒外观良好"
		确认 HMI、DDU 屏幕外观良好	"双屏外观良好"
		确认广播控制盒外观良好	"广播控制盒外观良好"
		确认 CCTV 屏幕外观良好显示正常	"CCTV 外观良好"
		确认 N3 面板:按钮外观良好,里程计显示正常,车载台设备外观良好	"按钮良好,里程计良好,车载台外观良好"
		确认 N4 面板:按钮外观良好,蘑菇按钮未拍下	"按钮良好,蘑菇良好"
		右侧侧墙按钮外观良好	"按钮良好"
		确认右侧设备柜空开位置正确	"开关位置正确"
		开关一次通道门,确认通道门状态良好	"通道门良好"

续表

序号		确认内容	手指口呼
6	动态试验	开主控,方向手柄置于向前位,主控手柄置于制动区、升双弓	
		按灯测试按钮,确认所有指示灯显示良好	"指示灯显示良好"
		开关客室照明,打开通道门确认客室照明良好	"客室照明良好"
		方向手柄向前,旋转头灯明暗调节控制开关,确认头灯能远近调节良好	"头灯良好"
		按压逃生门刮雨器/刮雨器喷水,并旋转开关,确认刮雨器工作	"刮雨器良好"
		持续按压紧急制动复位按钮,点击 HMI 屏(菜单－系统测试－紧急测试)	"紧急测试通过"
		测试客室广播及司机室对讲,确认功能正常	"广播良好"
		确认 DDU 各项内容状态显示均正常,依次包括:主界面、牵引、制动、辅助、空调、PIS,点击试验客室紧急广播(一条),打开并确认空调温度,将非出库端报站模式设置为自动报站模式	"DDU 状态良好"
		将 CCTV 模式设置为智能模式	"CCTV 智能模式"
		按压驾驶模式降级按钮,再按压确认按钮并确认 HMI 预选为 RM,当前模式为 RM	"驾驶模式升降级测试良好"
		按压驾驶模式升级按钮,再按压确认按钮并确认 HMI 预选为 AM-C,当前模式为 RM	
		确认车载台组别显示正确,将音量调至最大,按压一次 PTT 按钮,确认车载台出现"嘟"提示音	"车载台良好"
		按压停放制动施加按钮,确认停放制动施加红色指示灯亮,DDU 显示停放制动施加;按压停放制动缓解按钮,停放制动缓解绿色指示灯亮,DDU 显示停放制动缓解	"停放制动良好"
		按压左侧车门允许按钮,确认左侧开门灯亮,按压左开门按钮,通过 DDU 确认所有车门开启;车门开启;按压左关门按钮,确认所有车门关闭灯亮	"开左门""关左门""所有门关好"
		右侧车门同上	"开右门""关右门""所有门关好"
		按压紧急制动复位按钮,确认车辆紧急制动缓解	"缓解紧制""紧制已缓解"
		松开警惕按钮,按压警惕测试按钮 3 s,列车产生紧制,缓解紧制	"警惕测试良好"
		闭合高速断路器,确认高速断路器闭合绿灯亮,DDU 显示高断闭合	"合高断""高断已闭合"
		鸣笛,将主控手柄推至牵引位,确认列车启动后将主控手柄拉至制动位施加最大常用制动;将主动手柄推至牵引位,将主控手柄拉至快速制动位,双手柄回零关主控,锁好通道门	"牵引制动良好"

续表

序号	确认内容		手指口呼
7	客室检查	进入客室后,确认设备柜门未打开	"柜门未打开"
		确认客室照明正常	"客室照明良好"
		确认动态地图、LCD外观良好,显示正常	"动态地图外观良好""LCD外观良好"
		确认紧急对讲、紧急解锁手柄位置	"紧急对讲外观良好""紧急解锁位置正确"
		确认B05盖板未打开	"B05外观良好"
		确认贯通道柜门未打开	"柜门未打开"
		确认贯通道侧墙有灭火器	"灭火器有"
8	出库端静动态功能试验	至出库端进行静态及动态功能试验(同非出库端)	(同非出库端)
	整备完毕	报信号楼出库	"信号楼,××道×端××车整备作业完毕"(调车时,加"申请进路")

(3) 整备作业安全注意事项:

① 整备作业前必须了解列车停放位置及列车状态,到达相应的股道后,确认股道、车号符合"电客车状态记录卡"的记录,列车两端无警示标志,无异物侵限。

② 检查原则从左至右、从上至下,作业过程执行手指口呼作业标准,确保列车在投入服务前,状态良好。

③ 检查列车走行部时,需使用手电筒,特殊股道整备时,需佩戴安全帽;受电弓升起后,严禁触摸带电部件、严禁进地沟检查、严禁攀登车顶。

④ 列车整备作业必须执行"先静态,后动态"的原则,没有整备的列车,严禁动车。

⑤ 早出库便乘司机需从激活端司机室上车,值乘司机与便乘司机做好安全互控,防止在进入司机室过程中列车启动。

⑥ 列车整备时间为30 min,司机应在规定的库内发车点前10 min将列车整备完毕并报信号楼;不能按时整备完毕,应向信号楼报告整备作业情况。发现列车故障或不符合运行技术要求时,司机应立即向基地调度员报告并按基地调度员命令执行。

⑦ 整备作业严格执行"三禁止""五确认"。三禁止:禁止未确认禁动牌盲目操作,禁止触摸带电部件,禁止横跨地沟。五确认:确认股道、列车车号及接触网送电情况;确认两侧及地沟无人、无异物侵入限界;确认前方进路无人、无异物侵入限界;离开司机室确认司机室侧门锁闭良好;确认库门插销底部插好。

⑧ 整备作业时,进入司机室,先将非登乘梯侧司机室侧门的保险打至"锁闭"位,再把"禁止开门"牌挂在门把手上,然后进行列车静动检作业。

⑨ 信号紧急制动测试时,需要先缓解车辆紧急制动,司机再手动进行紧急制动测试。

⑩ 司机离开司机室前,确认登乘梯位置及有"停车位置标"字样,进行手指口呼"登乘梯有",再打开右司机室侧门。

⑪ 若有库门时，需检查库门状态、插销状态良好。

车体、走行部检查标准如表 6.4 所示。

表 6.4　车体、走行部检查标准

序号	主要检查项目	标准
1	车体外观（包括受电弓）	无破损、变形，有无防溜设施和禁动标识
2	运行灯、前照灯/标识灯	外观无破损，作用良好，显示正常
3	车钩及缓冲装置	无破损、变形，钩头腔无异物，电气盖板锁闭良好，电缆软管无脱落，各塞门位置正确
4	转向架	构架正常，空气弹簧无破损漏气
5	轮对	踏面无擦伤
6	停放制动拉环	位置正确，锁闭良好
7	牵引高压电气设备箱、牵引辅助设备箱	箱盖锁闭良好，外罩齐全
8	车间电源	锁闭良好
9	空气压缩机	外观无异常
10	空气制动控制板	开关位置正确
11	风缸及干燥器	各塞门位置正确，无漏风
12	电气设备箱	箱盖关闭锁紧
13	车下所有塞门	位置正确

二、列车出入基地计划编制

1. 列车出入基地计划编制的前提

编制列车出入基地计划（又称"收发车计划"）需要满足以下条件：
（1）车辆维修部门已移交足够的运用车辆。
（2）运用车辆停放及进出的线路接触网已送电。
（3）当日其他有关列车开行的文件已进行确认。

2. 列车出入基地计划编制的实施

（1）出基地计划的编制。由车辆基地调度员根据当日的列车运行图和其他有关列车开行文件的要求编制列车出基地计划。编制好的计划由车辆基地调度员提前送达控制中心行车调度员和信号楼值班员，具体编制内容如表 6.5 所示。

表 6.5　列车发车计划单

20××年10月30日　　场调:张××　　值班员:高×× 胡××　　ATS排班完成时间:04:10　　行调同意发车时间04:42

序号	交路号	车次号	车体号	存车股道	计划转换轨	实际转换轨	报开始准备	报准备完毕	计划发车时间	实际发车时间	备注
1	繁备	/	0322车	L18A	转Ⅰ	转Ⅰ	04:11	04:30	04:45	04:45	繁华备车
2	早1	0101	0314车	L19A	转Ⅰ	转Ⅰ	04:30	04:46	05:03	05:03	
3	早2	0102	0320车	L13A	转Ⅱ	转Ⅱ	04:37	05:01	05:10	05:10	晚一回场
……	……	……	……	……	……	……	……	……	……	……	……

（2）入基地计划的编制。由车辆基地调度员根据当日的列车运行图编制列车入基地计划。编制好的计划由车辆基地调度员提前送达控制中心行车调度员和信号楼值班员,具体编制内容如表6.6所示。

表 6.6　列车收车计划单

20××年10月30日　　　　　　　　　　　　　　　　场调:谷×× 值班员:宋×× 乙××

序号	车次号	实际车次号	车体号	计划转换轨	实际转换轨	计划存车股道	实际存车股道	转轨计划到点	转轨实际到点	库内停车时间	洗车计划	洗车兑现	备注
1	2704	2704	0337车	转Ⅱ	转Ⅱ	L9A	L9A	19:57	19:59	20:12	√	√	
2	1312	1312	0331车	转Ⅱ	转Ⅱ	L11B	L11B	20:32	20:34	20:50	√	√	
3	2606	2606	0302车	转Ⅱ	转Ⅱ	L23B	L23B	04:46	05:03	05:03			
……	……	……	……	……	……	……	……	……	……	……	……	……	……
19	2308	22308	0318车	转Ⅰ	转Ⅰ	L21A	L21A	00:05	23:58	0003	/	/	
20	/	/	0302车		转Ⅰ	L19A	L19A	/	00:09	00:15	/	/	方备

三、接发车作业

车辆基地列车接发车作业过程由两部分组成:一部分是由基地车库到基地接发车线(转换轨)的进路安排及列车运行组织,另一部分是基地接发车线(转换轨)与正线出、入线相连接的车站之间的接发车作业。

基地车库到基地接发车线(转换轨)的接发车作业比较简单,与列车转线大致程序一致。而基地接发车线(转换轨)与正线出入基地线相连接的车站之间的接发车作业,在正常情况下由调度集中控制,控制中心与车站值班员排列进路,并通知司机按信号动车,当无法实施集中控制时,由基地与车站直接办理接发车作业。

1. 调度集中控制时,车辆基地列车进入正线/回基地的接发车作业程序

（1）确认线路空闲。确认线路空闲主要包括以下内容:

① 设有轨道电路的线路,在轨道线路和信号、联锁设备工作正常时,除了直接在控制屏上确认接车线路是否空闲外,车辆基地信号楼值班员还应认真核对线路运用记录簿和占线板的记录,确保接车线路空闲。

② 无轨道电路的线路,由车辆基地信号楼值班员认真核对线路占用登记表和占线板记录,并由基地行车助理现场确认线路是否空闲。

③ 线路上接入轻型轨道车辆或长期停放机车车辆时,应在控制屏及线路占用登记表、占线板上特别注明,当相关车辆转出后,由车辆基地行车助理现场确认线路是否空闲并通知车辆基地信号楼值班员,由车辆基地信号楼值班员在线路占用登记表和占线板上注明。

(2) 进路准备。进路准备包括以下内容:

① 出库。列车整备完毕状态符合正线要求后,司机与车辆基地信号楼值班员联系出库。信号楼值班员按照列车开行计划、列车运行图的要求及行车调度员、车辆基地调度员的命令,及时、正确地准备发车进路。

② 列车到达车辆基地接发线(转换轨)后,由行车调度安排进路,并通知司机驾驶进入正线运行。

(3) 回基地。在确认线路空闲后,信号楼值班员按照列车开行计划、列车运行图的要求及行车调度员的命令,及时、正确地准备接车进路,并排列由列车接车线路至停车库的进路。

2. 无法实施调度集中控制时,由车辆基地与车站组织列车进入正线或回基地的接发车作业程序与标准

(1) 列车出基地时,车辆基地信号楼值班员必须通过行车电话与接车站值班员联系,预告发车车次。得到车站值班员同意接车的回复后,车辆基地信号楼值班员在控制屏上确认出基地信号机至车站的接车进路已经排好,然后排列出基地进路,开放出基地信号。发车作业程序如表 6.7 所示,作业标准见附录六。

表 6.7 多岗位联动发车作业程序

项目	作业程序			
	邻站	司机	前台值班员	后台值班员
一、整备作业		1. 开始整备:"×道 A(B)端××车开始整备作业。"		2. 回复:"×道 A(B)端××车开始整备作业,信号楼收到。"
		3. 整备完毕:"×道 A(B)端××车整备作业完毕。"		4. 回复:"×道 A(B)端××车整备作业完毕,信号楼收到。"

续表

项目	作业程序			
	邻站	司机	前台值班员	后台值班员
二、准备发车进路			6. 复诵:"××车×道A(B)端至转换轨Ⅰ(Ⅱ)道发车,开放信号。"听到"执行"后操作	5. 指示前台值班员开放信号:"××车×道A(B)端至转换轨Ⅰ(Ⅱ)道发车,开放信号。"听取复诵无误后命令"执行"
			7. 鼠标移至即将点击的始端按钮,口呼该信号机名称点击操作,再移至终端按钮进行上述操作。(遵循由远及近排列进路的原则)	8. 监视显示屏,确认前台值班员即将点击的信号机操作按钮与口呼按钮名称一致
			9. 确认光带、信号显示正确后,报告:"×道A(B)端至转换轨Ⅰ(Ⅱ)道发车进路好。"	10. 确认光带、信号显示正确后,复诵:"×道A(B)端至转换轨Ⅰ(Ⅱ)道发车进路好。"
三、列车出场		12. 复诵:"××车×道A(B)端至转换轨Ⅰ(Ⅱ)道进路好,凭地面信号动车,司机收到。"		11. "××车×道A(B)端至转换轨Ⅰ(Ⅱ)道进路好,凭地面信号动车。"
	14. 复诵:"××次××分发。"		15. 更新占线板	13. 向接车站报点:"××次××分发。"
				16. 填写"行车日志"
			17. 通过显示屏确认列车出清转换轨后,口呼:"××车出清。"	

(2) 列车入基地时,由发车车站值班员通过行车电话与车辆基地信号楼值班员联系,得到车辆基地信号楼值班员同意接车的回复后,方可排列列车进基地进路并开放信号。接车作业程序如表6.8所示,作业标准见附录七。

表 6.8　多岗位联动接车作业程序

项目	作业程序			
	邻站	司机	前台值班员	后台值班员
一、准备接车进路			2. 确认列车停放股道	1. 根据接车计划的要求确认接车进路空闲,确定该列车停放股道,填写"行车日志",并通知前台值班员
			3. 复诵:"××车转换轨Ⅰ(Ⅱ)道至×道A(B)端接车,开放信号。"听到"执行"后操作	2. 指示前台开放信号:"××车转换轨Ⅰ(Ⅱ)道至×道A(B)端接车,开放信号。"听取复诵无误后命令"执行"
			4. 鼠标移至始端按钮,口呼该信号机名称点击操作,再移至终端按钮进行上述操作(遵循由远及近排列进路的原则)	5. 监视显示屏,确认前台值班员即将点击的信号机操作按钮与口呼按钮名称一致
			6. 确认光带、信号显示正确后,报告:"转换轨Ⅰ(Ⅱ)道至×道A(B)端接车进路好。"	7. 确认光带、信号显示正确后,复诵:"转换轨Ⅰ(Ⅱ)道至×道A(B)端接车进路好。"
	7. 发车后向信号楼报点:"××次××分发。"			8. 复诵:"××次××分发。"
				9. 填写"行车日志"
二、列车到达转换轨		10. "××车已在转换轨Ⅰ(Ⅱ)道停妥,请求回库进路。"		11. 回复:"××车已在转换轨Ⅰ(Ⅱ)道停妥,请求回库进路,信号楼收到。"(如有洗车计划,传达给司机)
		13. "××车转换轨Ⅰ(Ⅱ)道至×道A(B)端进路好,凭地面信号动车,司机收到。"		12. 确认车次号无误后回复司机:"××车转换轨Ⅰ(Ⅱ)道至×道A(B)端进路好,凭地面信号动车。"
			14. 监视列车回场情况,发现异常及时汇报	

续表

项目	作业程序			
	邻站	司机	前台值班员	后台值班员
	17. 复诵:"××次××分到。"		15. 通过显示屏确认列车整列进入预定接车股道,口呼:"××车到达。"	16. 向发车站报点:"××次××分到。"
			19. 更新占线板	18. 填写"行车日志"
		20. "××车已在×道A(B)端停妥。"		21. "××车已在×道A(B)端停妥,信号楼收到。"

技能点训练

1. 如图6.6所示,请完成整备作业行走路线标定,同时按照整备作业内容及标准,分司机与信号楼值班员岗位角色,完成列车整备作业。

图6.6 车库内列车停车方位图

2. 扮演基地角度岗位角色,按照"列车运行图"完成收、发车计划单编制。

3. 基于岗位联动,分司机与信号楼值班员角色扮演,按照"列车运行图"完成组织收、发车作业。

知识点练习

一、填空题

1. 通常情况下车辆基地的行车组织包括列车_____与基地内的调车作业两大类。

2. 车辆基地列车接发车作业过程由两部分组成,一部分是由_____的进路安排及列车运行组织,另一部分是与正线出入线相连接的车站之间的接发车作业。

3. 列车出段时,车辆段信号楼值班员必须通过_____与接车站值班员联系,预告发车车次。

二、选择题

1. 车辆基地是城市轨道交通车辆停放的基地,也称停车场或车辆段,主要开展城市轨道交通车辆的(   )。
   A. 运用   B. 列检   C. 洗刷   D. 保养

2. 检查与试验走行线路图其检查顺序为(   )。
   A. ①非出库端检查;②非出库端司机室试验;③电客车两侧及走行部检查;④客室检查;⑤出库端司机室试验
   B. ①出库端检查;②电客车两侧及走行部检查;③出库端司机室试验;④客室检查;⑤非出库端司机室试验
   C. ①非出库端检查;②电客车两侧及走行部检查;③非出库端司机室试验;④客室检

查;⑤ 出库端司机室试验

D. ① 出库端检查;② 客室检查;③ 非出库端司机室试验;④ 电客车两侧及走行部检查;⑤ 出库端司机室试验

3. 列车整备时间为(　　)min,司机应在规定的库内发车点前(　　)min 将列车整备完毕并报信号楼。(　　)

A. 10,5　　　　　B. 30,10　　　　　C. 60,20　　　　　D. 90,30

4. 整备作业严格执行三禁止是指(　　)。

A. 禁止未确认禁动牌盲目操作　　　　B. 禁止触摸带电部件

C. 禁止横跨地沟　　　　　　　　　　D. 禁止单人检查

5. 整备作业严格执行五确认是指(　　)。

A. 确认股道、列车车号及接触网送电情况

B. 确认两侧及地沟无人,无异物侵入限界

C. 确认前方进路无人,无异物侵入限界

D. 离开司机室确认司机室侧门锁闭良好

E. 确认库门插销底部插好

F. 出库信号机已开放

三、简答题

1. 简述正常情况下车辆基地作业种类。

2. 简述正常情况列车出入基地作业流程与内容。

项目七 非正常情况下的行车组织

任务一 ATC设备故障时的列车运行组织

素质目标

培养学生的岗位洞察力、大局意识、全局意识以及科学调控、严格认真的职业素养；增强学生的职业认同感，形成快速响应、精准指挥能力。

知识目标

1. 能阐述 ATC 系统构成。
2. 能分析 ATS、ATP、ATO 子系统故障现象及处置方法。

能力目标

1. 能完成 ATS 故障下的行车组织。
2. 能完成 ATP 故障下的行车组织。
3. 能完成 ATO 故障下的行车组织。

城市轨道交通信号系统 ATC（Automatic Train Control），是一套列车运行自动控制系统，是城市轨道交通指挥调度实现自动化、现代化和信息化的基础，主要包括三个子系统：列车自动监控系统 ATS（Automatic Train Supervise）、列车自动防护系统（Automatic Train Protection）、列车自动驾驶系统（Automatic Train Operation），其中，从安全角度讲，ATS 和 ATO 两个子系统属于非安全性系统，ATP 属于安全性子系统。

一、ATS 故障时的行车组织

当中央 ATS 发生故障时，影响区域内的故障处理及行车组织原则如下：

(1) 当中央 ATS 系统发生故障时，如 C-LOW 可正常使用时，行调应通过 C-LOW 监视全线列车运行状态。

(2) 行调授权给影响区域内的联锁站控制（如 OCC 与车站无法正常交接控制权，经行调同意车站可操作"强行站控"取得联锁控制权）。联锁站在接到联锁控制权后必须立即检查联锁区内各次列车的运行进路，发现列车停在进路防护信号机前且未排列前方进路时，立即人工排列。

(3) 受影响区域内的联锁站行车值班员使用 LOW 监控列车进路与车站运营停车点。

进路的排列方式折返站的接发列车进路外,其余的均设置为追踪排列方式(折返站接车进路采用人工方式排列);车站运营停车点取消时机为列车在站停妥,联锁站行车值班员应通过 LOW 监视列车(移动的红光带)完全占用站台区的轨道区段 10 s 后执行。

(4) 行调必须向全线各次列车发布 ATS 故障影响范围的信息。各次列车司机在影响区域内必须及时检查和在 PTI(Position Train Identification,列车身份识别系统)显示屏终端上输入当时车次号;在影响区域内的终点站折返完毕后,必须及时输入新的目的地码和车次号,直至行调通知停止输入时止。

(5) 正常联锁区的进路排列方式,由行调决定是否改用追踪方式排列;各次列车从影响区域进入正常区域时,行调必须检查各次列车的目的地码,发现错误时及时使用 MMI 修正。

(6) 影响区域内的客车凭地面及车载信号显示,以 ATO 模式驾驶列车,进站改 SM 模式对标;按 DTI 倒计时显示的时间停站,遇 DTI 无显示时,中间站按 30 s 的时间停站,折返站站台按 90—180 s 的时间停站。

(7) 影响区域内的行车值班员在 LOW 上无法取消运营停车点时,必须及时报告行调,由行调通知司机改用 RM 模式(Restrited Mode,限速人工驾驶模式)出站,客车出站后收到速度码时,司机应及时恢复 SM/ATO 模式驾驶。

(8) 影响区域内的追踪进路不能自动排列时,负责监控 LOW 的行车值班员必须立即人工介入,在 LOW 上人工排列进路。

(9) ATS 故障初期(30 min 内)无需铺画列车运行图,影响区域内的车站无需向行调报点;故障发生 30 min 后,影响区域内的联锁站应向行调报点,行调应以联锁站为单元铺画运行图以掌握和控制列车运行间隔。

(10) 故障期间,各站应记录各次列车的到、发时刻并及时填记"行车日志"。

二、列车自动防护系统 ATP 故障时的行车组织

ATP 系统主要包括轨旁 ATP 和车载 ATP 两种:轨旁 ATP 主要负责向后方列车发送速度(距离)信号,保证后方列车安全运行,避免追尾或迎面碰撞;车载 ATP 主要防护列车超速,即超速防护。当轨旁 ATP 失效时,不影响车载 ATP 工作,但车载 ATP 失效,轨旁 ATP 自然失效。

1. 轨旁 ATP 故障

(1) 轨旁 ATP 设备发生故障时,行调必须通知全线各次司机在影响区域内改用 RM 模式维持运营,行车凭证为地面信号机显示。客车在出清影响区域后收到速度码时,司机应自行恢复 SM/ATO 模式驾驶;如到达正常区域的首个车站后仍未收到速度码,应向行调报告并按其指令处理。

(2) 行调必须重点监控影响区域内的列车运行情况,原则上一站一区间内(各轨道公司规定不尽相同)只允许一列车占用;遇两列车距离少于一站一区间时,行调必须采取措施保证安全间隔。

2. 车载 ATP 故障

(1) 在站列车车载 ATP 故障且无法修复时,原则上清客退出服务;区间列车车载 ATP 故障时,司机报告行调并按其指令以 URM 模式(限速 45 km/h)驾驶列车至前方站,列车到

达前方站(或在车站发生故障)不能修复时,原则上清客退出服务。但属末班车的运营客车车载 ATP 故障且无法修复时,由行调安排车站的列车引导员添乘列车(双司机驾驶时可不安排车站人员添乘)继续运营至终点站退出服务。

(2) 车站的列车引导员进驾驶室添乘监控的程序:

① 接受行调的命令;

② 携带 800 M 无线便携台;

③ 向司机报告 URM 监控,并报发令行调的代号;

④ 司机在听到列车引导员的报告时,确认其身份和核对行调代号后,记下其员工号,允许其进驾驶室监控后开车;

⑤ 列车到达前方终点站退出服务后,列车引导员要向行调报告沿途运行情况再返回所属车站。

(3) 行调必须严密监控 ATP 车载设备故障列车的运行情况,确保与前方列车至少有一个区间线路空闲,前方列车因故停车时,行调必须采取措施保证安全间隔。

(4) 因车载 ATP 故障改用 URM 驾驶的列车的运行路径,行调应在不影响正常行车的情况下,一次排列进路至停车待令地点后向司机布置清楚,并应将进路保护区段的前方道岔电子锁定在开通进路保护区段的位置。

三、列车自动驾驶系统 ATO 故障时的行车组织

(1) 列车自动驾驶系统 ATO 故障时,司机立即报行调,经行调同意后,切换相应的列车运行降级模式(列车自动防护系统 ATP 监控下的人工驾驶模式)运行。

(2) 若有备用车,行调则安排列车自动驾驶系统 ATO 故障列车运行至终点站退出运营服务,备用车替换运行。

技能点训练

1. 如图 7.1 所示,中央 ATS 出现灰显且短时无法修复时,行调联系会展中心站确认车站 ATS 工作状态,会展中心站按行调指令完成站控转换并监控管辖范围列车运行。

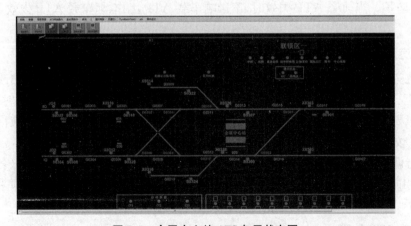

图 7.1 会展中心站 ATS 灰显状态图

2. 如图 7.2 所示,C 站至 D 站上行区间某段 ATP 故障(画×处),1508 次司机报行调列车发生紧急制动,行调与司机岗位联动完成处置过程。

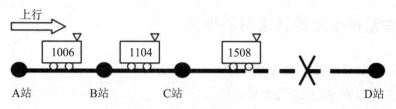

图 7.2 ATP 故障时线路运行场景

知识点练习

一、填空题

1. 城市轨道交通信号系统 ATC 系统主要包括 "3A" 子系统，它们分别为 _____、_____ 和 _____。
2. ATP 系统主要包括 _____ 和 _____ 两种。

二、选择题

1. 区间列车车载 ATP 故障时，司机报告行调并按其指令以 URM 模式，驾驶列车至前方站，此时列车限速（   ）。
   A. 55 km/h   B. 45 km/h   C. 35 km/h   D. 25 km/h

三、问答题

1. 简述 ATC 系统组成及功能。
2. 简述 ATS 系统故障常见现象与故障下的行车组织。
3. 简述 ATP 系统故障常见现象与故障下的行车组织。
4. 简述 ATO 系统故障条件下的行车组织。

任务二　车站联锁设备故障时的行车组织

素质目标

培养学生树立安全防护意识、迅速规范操作、及时修复故障和精益求精的工匠精神，并养成吃苦耐劳的劳动精神。

知识目标

1. 能描述联锁设备故障现象及其影响。
2. 能阐述电话闭塞法含义。
3. 能阐述行车组织的接发列车作业程序与标准。

能力目标

1. 能识别联锁设备故障。
2. 能按照电话闭塞法行车作业标准，组织实施电话闭塞法行车。

一、联锁设备出现异常时的处理

1. 联锁死机(显示正常,但不能操作)

(1) 报告行车调度员和信号维修人员。

(2) 行车值班员对联锁主机电源复位,同时行车调度员接收该联锁区的控制权,在人机界面 MMI 上监控。

(3) 如复位故障不能恢复,且人机界面 MMI 不能监控,报告行车调度员,行车调度员通知相关信号人员组织抢修。

2. 联锁工作站全部"灰显"

(1) 报告行车调度员和信号维修人员。

(2) 行车调度员接收该联锁区的控制权,报告行车调度员,行车调度员通知相关信号人员组织抢修。

3. 联锁区故障行车组织规定

(1) 一个联锁区发生联锁故障时,采用电话闭塞法组织行车;两个及以上联锁区发生联锁故障时,在故障影响区域停止列车服务,改用地铁公交接驳,其他区域采用小交路运行。

(2) 单个联锁区发生联锁故障时,行调必须立即扣停开往该故障区域的列车,确认故障区域内各次列车的具体位置并指令其原地待令。遇列车已占用站线时,行调指令司机改用 RM 模式进站待令或退行至车站待令;遇列车迫停区间时,在确认停车位置到前方站站线末端之间线路无列车占用且无道岔后,指令司机改用 RM 模式进站待令,否则按下述第(3)点有关规定执行。故障区域内列车位置确认工作按以下规定执行:

① 已占用车站站线的列车位置由行调与车站共同确认,区间的列车位置由行调与司机共同确认。

② 确认列车位置时以呼车体号为主。

③ 区间列车司机向行调报告列车位置时必须报上、下行,区间,百米标。

④ 行调确认列车位置时根据司机报告内容,结合故障前运行图记录,借助模拟板等辅助工具,准确判断列车位置。

(3) 中间联锁站联锁设备故障时,必须待故障区域内的正线道岔人工钩锁且所有列车到达站线后,方可采用电话闭塞法组织行车;两端折返站联锁设备故障时,必须待所有列车到达站线或折返线后,方可采用电话闭塞法组织行车。各联锁站客车运行进路的准备、检查确认和加锁的具体规定按《车站运作手册》的相关规定执行。迫停区间的列车遇前方站线有列车占用或有道岔时按以下规定执行:

① 停车位置到前方站站线末端之间线路无列车占用但有道岔时,行调必须在道岔人工钩锁后,方可指令司机改用 RM 模式进站后待令,遇列车前方有红灯时必须同时发布冲灯命令,司机应加强瞭望和广播安抚乘客。

② 停车位置到前方站站线末端之间线路有列车占用且有道岔时,行调必须依序组织(分别从线路端点站开始)前方站站线列车出清前方站站线并将道岔人工钩锁后,方可指令司机改用 RM 模式进站后待令,遇列车前方有红灯时必须同时发布冲灯命令,司机应加强瞭望和广播安抚乘客。

③ 停车位置到前方站站线末端之间线路有列车占用但无道岔时,行调必须依序组织(分别从线路端点站开始)前方站站线列车出清前方站线后,方可指令司机改用 RM 模式进站后待令,司机应加强瞭望和广播安抚乘客。

(4) 当故障区域内列车均已组织到达站线或折返线时,由主任调度员和行调双岗作业再次与车站确认列车的位置正确无误后,方可向全线司机和有关车站发布口头命令:从×时×分起,在上行线×站至×站间采用电话闭塞法组织行车,在下行线×站至×站间采用电话闭塞法组织行车。

(5) 采用电话闭塞法,每一站间区间及前方站接车站线为一个闭塞区段。一个闭塞区段只允许一个列车占用(各公司规定不尽相同),客车驾驶模式为 RM,行车凭证为行车许可证。

(6) 有关站值班站长或行值接到调度命令后,采用就地级控制、组织行车;在每个需接发列车的站台头端墙站台门端门外方分别派站务人员负责接发列车,接发列车作业按以下规定执行:

① 所有行车许可证由车控室办理。

② 车控室办理行车许可证,接发列车手续由值班站长和行车值班员双岗作业,实现安全互控。

③ 上、下行列车行车许可证分别指定两位站务人员专职领取后交司机。

④ 采用电话闭塞法行车的各车站不得办理通过列车。

⑤ 车站接车人员接车时,必须在司机立岗处显示停车手信号。

⑥ 接车站行车值班员确认站内接车线路及区间空闲,办理好接车进路后向发车站给出电话记录号码,同意接车。

⑦ 发车站行车值班员接到前方接车站同意接车的电话记录号码,确认发车进路准备妥当后,填写行车许可证安排人员交指定上行或下行接车站务员,站务员核对无误后交司机。

⑧ 司机确认行车许可证正确后,依次关闭好站台门、车门后发车。

⑨ 列车停稳后,接发车人员向司机收回行车许可证并及时画"×"作废,行车许可证保存 1 个月备查。

(7) 在执行电话闭塞法行车时,当信号系统恢复正常或客车进入正常联锁区时,客车收到速度码后,司机自行转换为 SM/ATO 模式行车,并在前方站交回行车许可证。如到达正常联锁区首个车站后仍未收到速度码时,司机报告行调并按其指令处理。

二、电话闭塞法时的接发列车

1. 电话闭塞法的作业程序

电话闭塞法是当城市轨道交通线路的基本闭塞设备或联锁设备故障不能使用时,人工办理闭塞的一种行车方法。相邻两站、停车场/车辆段之间以电话记录号码作为确认闭塞分区空闲的凭证,以路票作为占用区间的行车凭证,以车站行车值班员、信号楼值班员的无线调度电话口头指令作为发车凭证,列车以切除 ATP 方式运行。以此来维持列车运行的一种代用行车闭塞方法,其主要的作用就是当设备故障而无法保证列车运行的安全间隔时,通过人工的方法拉开同向运行的两列车之间的间隔,确保列车安全运行。

电话闭塞法组织作业流程

城轨电话闭塞法是在没有机械、电气设备控制的条件下，仅凭站间行车电话联系来保证城轨列车行车间隔的，由于安全程度较低，只能是一种临时代用的行车闭塞法。改用电话闭塞法行车，应有行车调度员发布的调度命令，并严格按照规定的作业办法与要求办理。

在国内城轨运营单位中使用的电话闭塞法有"两站两区间"和"一站两区间"等不同的模式。本任务以"两站两区间"为例对城轨电话闭塞法在行车组织工作中的运用进行阐述。

"两站两区间"对于一般车站的含义如图 7.3(a)所示，B 站行车值班员只有在接车进路准备完毕，前方 2 号车出清 C 站站台后才能同意 A 站 1 号车的闭塞，并和 A 站行车值班员办理相关手续；对于折返站的含义如图 7.3(b)所示，B 站行车值班员只有在接车进路准备完毕，前方 2 号车已完成折返后才能同意 A 站 1 号车的闭塞，并和 A 站行车值班员办理相关手续。当 1 号车到达 B 站后，由于没有邻站，所以列车进出折返线不需要办理路票，行车值班员只要安排有关人员将折返进路上的道岔人工加锁后列车即可进行折返。

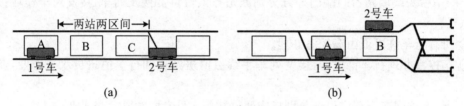

图 7.3 "两站两区间"示意图

当单个联锁区联锁设备故障，故障区车站向相邻非故障区车站发车时，办理电话闭塞采用的是"一站两区间"的模式，这是因为列车出故障区后可以恢复正常运行模式，行车安全得到足够保证。如图 7.4 所示，B 站行车值班员在 B 站站台和 A 站—B 站区间空闲，B 站接车进路准备完毕后，即可同意下行 2 号车闭塞。但需要注意的是，当 3 号车从非故障区的 B 站上行站台向故障区的 C 站发车，由于发车时就要采用切除 ATP 的人工驾驶模式，所以仍然需和前行 4 号车保持"两站两区间"的行车间隔。

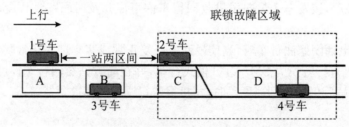

图 7.4 单个联锁区故障时"一站两区间"示意图

改用电话闭塞法(或电话联系法)或恢复基本闭塞法行车，必须要有行车调度员命令。在停止使用基本闭塞法，改用电话闭塞法(或电话联系法)行车时，控制权下放，实行车站控制，即由车站行车值班员办理接发列车作业。由于电话闭塞法(或电话联系法)行车时无设备控制，为了防止因疏忽向占用区间发车，造成同向列车追尾，要求车站行车值班员在接发列车作业过程中，严格按照规定的作业程序进行，以确保接发列车作业安全和组织调整后的列车运行计划不间断地接发列车。

应该指出，由于设备条件不同，在国内各城市城轨公司颁布的《行车组织规则》和有关规定中，有关电话闭塞法行车的作业程序与办法并不相同，此处叙述一般办理电话闭塞的作业程序与办法：

(1) 办理闭塞。由发车站向接车站请求闭塞，接车站在确认接车区间、接车线路空闲、接车进路准备妥当后，向发车站发出承认某次列车闭塞法的电话记录号码。

所谓进路是指列车到达、出发或通过所需占用的一般站内线路。进路准备妥当是指列车进路空闲、有关道岔位置正确和影响列车进路的调车作业已经停止。

(2) 发出列车。发车站接到接车站承认闭塞的电话记录号码后，向列车显示手信号发车。列车出发后，发车站向接车站通报列车车次、出发时分，并向行车调度员报点，填写"行车日志"。

(3) 闭塞解除。列车整列到达并发出或进入折返线，以及接车进路准备妥当后，接车站可向发车站发出到达列车闭塞解除电话记录号码，并向行车调度员报点，填写"行车日志"。

(4) 取消闭塞。闭塞办妥后，因故不能接车或发车时，立即发出停车手信号进行防护，由提出一方发出电话记录号码作为闭塞取消的依据。列车由区间退回发车站时，由发车站发出电话记录号码作为闭塞取消的依据。取消闭塞应及时向行车调度员报告。

(5) 行车凭证。电话闭塞法行车时，列车占用区间的行车凭证是路票，凭助理行车值班员的手信号发车。

下面以"两站两区间"的行车间隔为例，详细说明电话闭塞法接发列车的作业程序，表7.1为电话闭塞法的发车作业程序，表7.2为电话闭塞法的接车作业程序。

表7.1　电话闭塞法发车作业程序

程　序	作　业　标　准	
	值班站长	值班员
一、请求闭塞	1. 根据"行车日志"、调度命令确认区间线路空闲（第一趟列车与行调、接车站共同确认）	
	2. 向前方站请求闭塞："××次请求闭塞。"	
二、准备发车进路	3. 布置值班员："准备××次×道（上/下行线）发车进路。"	4. 复诵："准备××次×道（上/下行线）发车进路。"
	6. 听取汇报，复诵："××站××次×道（上/下行线）发车进路好了（线路出清）。"	5. 将进路上的道岔开通正确位置并加锁，确认正确后，向值班站长报告："××次×道（上/下行线）发车进路好了（线路出清）。"

续表

程　序	作　业　标　准	
	值班站长	值班员
三、办理闭塞	7. 复诵："电话记录××号,同意××次闭塞。"	
	8. 填写"行车日志"	
	9. 布置行车值班员填写路票	10. 根据值班站长命令填写路票并向值班站长复诵
	11. 指示行车值班员向司机交付路票后显示发车信号	12. 向司机交付路票后,确认乘客上、下完毕,列车车门关闭后向司机显示发车信号
四、列车出发	14. 复诵："××次出发。"填写"行车日志"	13. 列车出清站台区后,向车控室报："××次出发。"
	15. 列车出发后,向前方站(接车站)(行调)报点："××次××分开。"当列车尾部越过站台头端墙后,向后方站报点："电话记录××号××次××分开。"开通区间	
五、开通区间	16. 复诵前方接车站："电话记录××号××次××分开。"填写"行车日志",开通区间	

表 7.2　电话闭塞法接车作业程序

程　序	作　业　标　准	
	值班站长	值班员
一、听取闭塞车请求	1. 听取后方站发车请求、复诵："××站××次请求闭塞。"	
	2. 根据"行车日志"(或通过 LOW、CCTV)和调度命令确认站内线路空闲和区间线路空闲(第一趟列车与行调、发车站共同确认)	
	3. 根据"行车日志"确认前方站线路空闲和区间线路空闲(第一趟列车与行调、前方站共同确认)	

续表

程 序	作 业 标 准	
	值班站长	值班员
二、检查及准备进路	4. 布置值班员（站务员）："检查×道，准备××次×道（上行或下行线）接车进路。"	5. 复诵："检查×道，准备××次×道（上行或下行线）接车进路。"
	7. 听取汇报后，复诵："××次（×道，上行或下行线）接车进路好了（线路出清）。"	6. 将进路上的道岔开通正确位置并加锁，向值班站长报告："××次×道（上、下行线）接车进路好了（线路出清）。"
三、同意闭塞	8. 通知发车站："电话记录××号×分同意××次闭塞。"填写"行车日志"，准备接车	
四、接车	9. 听取发车站的发车通知复诵："××次××分开。"填写"行车日志"，并向前方站请求闭塞	
	10. 布置值班员："××次开过来了，准备接车。"	11. 复诵："××次开过来了，准备接车。"监视列车进站停车
	13. 复诵："××次到达。"填写"行车日志"，向行调报点	12. 列车对位停车后，向值班站长报："××次到达。"
五、开通区间	14. 列车本站开出后，向发车站报点："电话记录××号××次××分开。"开通区间	

部分城轨公司在车站联锁系统故障时采用的是电话联系法而非电话闭塞法行车，电话联系法的作业程序与电话闭塞法基本相同，主要区别是采用电话联系法办理发车作业时，值班站长在填写完路票后不用将路票交给司机，而只需将电话记录号码通知司机后即命令其动车，列车占用区间的凭证是电话记录号码，这样作业程序得到了简化。

2. 电话闭塞法接发列车作业标准

现以"一站一区间"为闭塞要求来解析电话闭塞法接发列车标准。
(1) 电话闭塞法前准备作业，见附录八。
(2) 电话闭塞法中间站接发车作业标准，见附录九。
中间站承认闭塞时机：列车发车时，列车发车间隔必须达到"一站一区间"及以上的要求。如图7.5所示，即1车出清B站上行站台后，方可承认A站上行站台的2车闭塞。
(3) 电话闭塞法站后折返接发车作业标准，见附录十。
折返站站后折返承认闭塞时机：站后折返只有在前次列车折返完毕到达发车站台，并准备好接车进路后，方可承认闭塞。如图7.6所示，在1车由折返线运行至A站上行站台且A站办理完下行接车进路后，方可承认B站下行站台的2车闭塞。
(4) 电话闭塞法站前折返作业标准，见附录十一。

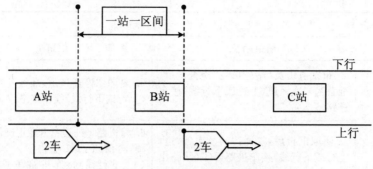

图 7.5　中间站承认闭塞时机示意图

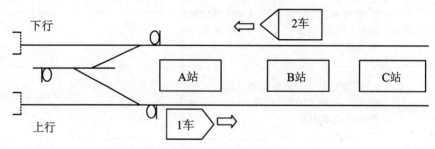

图 7.6　折返站站后折返承认闭塞时机示意图

折返站站前折返承认闭塞时机：站前折返只有在前次列车到达前方车站且折返站准备好站前折返进路后，方可承认闭塞。如图 7.7 所示，只有在 1 车经站前折返后运行至 A 站下行站台且 A 站准备好 2 车站前折返进路后，方可承认 B 站上行站台的 2 车闭塞。

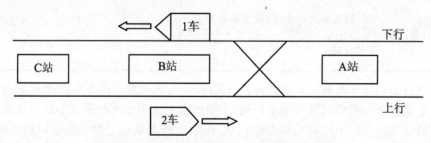

图 7.7　折返站站前折返承认闭塞时机示意图

（5）电话闭塞法出基地接发车作业标准，见附录十二。

（6）电话闭塞法入基地接发车作业标准，见附录十三。

三、轨道电路故障时的行车组织

（1）站内轨道电路故障时，列车收不到速度码，司机转换限制人工 RM 驾驶模式，车站行车值班员采用引导方式接发列车。

（2）区间轨道电路故障时，列车可在故障区段前停车，经司机与行车调度员确认后，转换成限速人工驾驶模式后继续行车，在列车越过故障区段后再转换为列车自动防护系统 ATP 监控下的人工驾驶模式或自动驾驶系统 ATO 模式运行。

（3）在多个区间轨道电路故障时，改变行车闭塞方式，启用自动站间闭塞法，启用自动站间闭塞法或电话联系法组织行车,列车采用人工驾驶模式。

【案例】

某日10:20,行调发现监控设备上P站联锁区故障,立即通知设修调度及值班调度主任。

10:20　N站、O站、P站报:本站联锁设备故障。

10:20　行调1:各站加强观察。

10:20　1206次司机报:1206次在O站—P站区间紧急制动,列车无速度码。

10:20　0609次司机报:0609次在O站下行站台收不到速度码,无法动车。

10:20　行调2:0609次O站下行待令。1206次确认前方进路,以RM模式动车,进入P站待令。0908次M站多停2 min。各车做好乘客安抚工作。0908次复诵。行调2。

10:21　行调2在调度中心ATS设备上试验从M站向N站排列进路,进路不能排列,判断为P站联锁区故障。

10:21　行调2向值班调度主任报告:P站联锁区联锁设备故障。1206次停在O站—P站区间,0609次在O站下行站台无速度码。

10:21　值班调度主任:各调,现P站联锁区联锁设备故障,现启动联锁设备故障应急处理程序。

10:22　设修调度通知信号检修人员到故障区段检修。如图7.8所示。

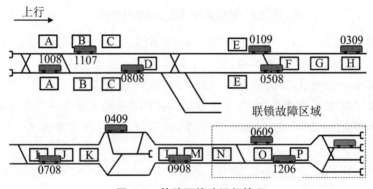

图7.8　故障下线路运行情况

10:22　行调2:全线列车注意,由于P站联锁区联锁设备故障,各次列车在各站多停30 s。自10:22起,M站—P站间采用电话闭塞法组织行车,上行列车自M站开出时自行切除ATP,采用URM模式动车,下行列车到达M站时恢复ATP运行。P站固定采用Ⅳ道折返。0908次复诵。行调2。

10:22　行调1:全线各站注意,由于P站联锁区联锁设备故障,各次列车在各站多停30 s。自10:22起,M站—P站间采用电话闭塞法组织行车,列车URM模式动车。M站准备站务员登乘列车引导。P站固定采用Ⅳ道折返。P站做好人工办理进路及使用钩锁器锁闭道岔准备。各站加强乘客服务工作。P站复诵。行调1。

10:23　行调2:1206次、0609次列车汇报目前位置。

10:23　司机报:1206次停在P站上行站台、0609次停在O站下行站台。

10:23　行调1:N站、M站共同确认上行区间是否空闲。N站、O站共同确认下行区间是否空闲。

10:23　N 站、M 站：上行区间空闲。N 站、O 站：下行区间空闲。

10:24　P 站报：人工办理进路及使用钩锁器锁闭道岔准备完毕。

10:24　行调2：0609次、0908次按电话闭塞法行车，前方区间空闲。O站准备站务员登乘列车引导。1206次折返到下行站台。0609次复诵。行调2。

10:24　M 站与 N 站办理电话闭塞，O 站与 N 站办理电话闭塞。

10:25　0609次、0908次收到路票后，凭人工信号动车，O站、M站各派1名站务员登乘列车。

10:26　P 站人工办理进路，1206次折返到下行站台。

10:27　0609次、0908次到达 N 站，N 站报点，行调2铺画列车运行图。如图7.9所示。

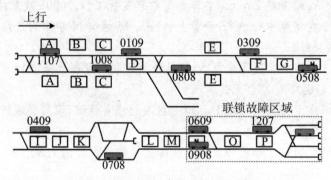

图 7.9　故障处理过程线路运行情况

10:27　N 站与 O 站办理 0908 次电话闭塞，与 M 站办理 0609 次电话闭塞。

10:28　0609、0908次收到路票后，凭人工信号动车。N 站报点。

10:29　0609次出站后，P 站与 O 站办理 1207 次电话闭塞。

10:30　1207次收到路票后，凭人工信号动车。P 站派1名站务人员登乘列车。

10:31　0609次到达 M 站，站务人员下车，列车恢复 ATO 驾驶模式。0908次到达 O 站。如图7.10所示。

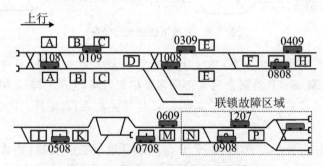

图 7.10　故障处理过程线路运行情况

10:32　经信号专业人员抢修，调度中心 P 站联锁区联锁设备恢复正常，N 站、O 站、P 站站报：联锁设备恢复正常。

10:33　信号检修人员报设修调度员：机房主板损坏，已更换完毕，现 P 站联锁区联锁设备恢复正常。

10:33　行调2：全线列车注意，P 站联锁区已恢复正常，现决定全线恢复正常行车，前发电话闭塞法行车命令取消。M站—P站区段内列车恢复ATP运行。0908次复诵。行调2。

10:33　行调1：全线各站注意，P站联锁区已恢复正常，现决定全线恢复正常行车，前发电话闭塞法行车命令取消。P站复诵。行调1。

10:34　行调开始进行运营调整。

技能点训练

如图7.3所示，A站至D站全线联锁故障，行调完成列车定位（全线上线列车两列车，0305车位于A站行站台，0302车位于D站上行站台）。

任务：

(1) 请扮演行车调度员发布变更电话闭塞法行车命令。

(2) 车站（行车值班员/值班站长、接发车人员、扳道员）、司机、行调分岗位按照电话闭塞法作业标准组织列车安全运行（注意：考虑全国各城轨运营企业电话闭塞法作业标准不尽相同，可以当地企业作业标准完成该任务）。

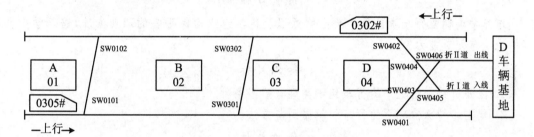

图7.11　电话闭塞法演练线路图

知识点练习

一、填空题

1. 在国内城轨运营企业中间站电话闭塞法行车时闭塞空间距离主要有＿＿＿＿、＿＿＿＿和＿＿＿＿，目前普遍采用的是＿＿＿＿。

2. 一般办理电话闭塞的作业程序为＿＿＿＿、＿＿＿＿和＿＿＿＿。

二、选择题

1. 站内股道轨旁ATP故障时，列车收不到速度码，经行调同意后转换（　　）驾驶模式运行出站。

　　A. RM/CLOSE-IN　　　　　　　　B. URM/NRM

　　C. ATO　　　　　　　　　　　　D. ATPM/SM

2. 下列属于电话记录号编法规则的是（　　）。

　　A. 1位或2位数字　　　　　　　B. 2位或3位数字

　　C. 4位或5位数字　　　　　　　D. 9位或10位数字

3. 电话闭塞法组织行车时，同意闭塞的电话记录号由（　　）发出。

　　A. 接车站　　　B. 发车站　　　C. 中间站　　　D. 折返站

4. 下列不是电话闭塞法组织行车启用条件的是（　　）。

　　A. ATO故障　　　　　　　　　　B. 全线联锁设备故障

　　C. 局部联锁设备故障　　　　　　D. 其他情况下需要采用电话闭塞法组织行车时

5. 电话闭塞法组织行车时中间站同意闭塞的空闲条件,目前应用最多的是(　　)。
A. 一站一区间　　　　　　　　B. 一站两区间
C. 一站一区间及折返线空闲　　D. 两站两区间

三、名词解释
电话闭塞法。

四、简答题
简述正线(中间站、站前折返站、站后折返站)、车站与车辆基地间电话闭塞法作业流程。

任务三　特殊情况下的行车组织

素质目标

培养学生树立行车责任重于泰山的意识及科学组织确保平安的职业素养,培养学生良好的应变与处置能力。

知识目标

1. 能分析特殊情况下的行车组织类型与启用条件。
2. 能描述特殊情况下的行车组织原则与方法。

能力目标

能在ATS系统上仿真实施特殊情况下的行车组织。

一、扣车

1. 扣车的定义

扣车是指根据运营需要,采用人为手段把列车扣停的作业。

2. 扣车的规定

(1) 行车调度员需扣车时,在ATS中央工作站上操作或通知车站操作,并通知司机和车站。

(2) 车站需扣车时,在ATS本地工作站上操作,并及时通知司机及行车调度员,紧急情况按压IBP盘面上的扣车或紧急停车按钮。

(3) 信号系统故障不具备中央扣车功能需扣车时,行车调度员通过无线通信设备通知列车司机或由车站转达司机执行。

(4) 信号系统故障不具备扣车功能而本地需扣车时,车站通过无线通信设备通知司机,遇无线通信设备故障时采用口头通知或显示紧急停车手信号的方式要求司机扣车,行车值班员需报行车调度员。

(5) 扣车应遵循"谁扣谁放"的原则,遇ATS中央工作站故障时,原ATS中央工作站上扣停的列车,可经行车调度员授权后由相关车站放行。

二、列车反向运行

1. 列车反向运行的定义

列车反向运行是指列车按照与规定行车运行方向相反的方向运行(退行及对标回退时除外)。

2. 列车反向运行的规定

(1) 除降级运营时组织单线双向运行或开行救援列车外,严禁载客列车反向运行。

(2) 组织载客电客车反向运行时,行车调度员应提前通知相关车站,确认线路空闲且进路准备妥当后,方可发布反向运行命令,并做好运行列车与对向列车的间隔控制。车站应及时组织人员配合反向运行的列车司机操作 PSL 盘开关站台门,并做好乘客乘降组织工作。

(3) 非载客列车反向运行时,需明确行车计划、确认进路准备妥当后方可组织。

【案例】

如图 7.12 所示,由于 D 站— E 站间 0607 次列车故障救援,为了维持 F 站—A 站间的运营,行调命令 0908 次 F 站清客后从 F 站—D 站间反方向运行,到 D 站后经渡线至 D 站下行站台再恢复正向运行至 A 站,这样就在对故障列车进行救援的同时维持了受影响区段的运营。

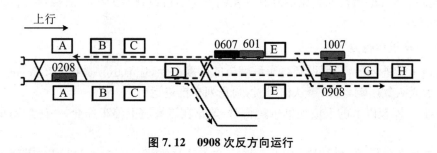

图 7.12　0908 次反方向运行

三、列车退行

1. 列车退行的定义

列车退行指,在特殊情况下,列车进入区间后退回后方最近车站。列车可以尾端驾驶牵引运行,也可以头端驾驶推进运行。

2. 列车退行的规定

(1) 列车因故需在区间退行时,司机需及时报告行车调度员。行车调度员应将后续列车扣停在后方车站,与车站共同确认列车退行进路空闲且满足安全防护距离、道岔位置正确且锁闭后,方可发布退行命令,同时通知车站做好引导工作。相关行车人员应及时准备好退行进路。若后续列车已驶离后方车站进入区间,行车调度员应通知后方区间列车司机停车待令,保证后车与前方站尾端墙至少 50 m 安全距离,若不足 50 m 时,司机必须严格控制退行速度。

(2) 列车退行时,司机需换端驾驶限速 35 km/h 运行,车站应安排站务人员在来车方向站台端墙处显示引导信号,列车在进站站台端外须一度停车、确认引导信号正确后方可进站,待列车头部越过信号显示地点后方可收回。

(3) 退行列车到达车站停妥后,司机应及时报告行车调度员,按行车调度员指令处理。

【案例】

如图 7.13 所示,当 1 号车因接触网失电停在 C 站,2 号车在 B 站停车,而此时 3 号车已经进入区间,如果停电故障短时难以修复,将导致 3 号车会较长时间在区间停车,为了避免区间清客带来的各种问题,行调会命令 3 号车退回 A 站。

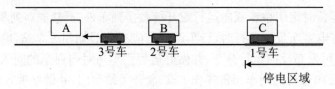

图 7.13 列车退行

四、列车推进运行

1. 列车推进运行定义

列车推进运行是指在列车尾部驾驶室操纵列车运行或救援列车在前端驾驶室推送被救援客车运行。

2. 列车推进运行规定

(1) 列车推进运行,必须得到行车调度员的调度命令,应有引导员在列车头部引导。

(2) 因受天气影响,难以辨认信号时,禁止列车推进运行。

(3) 在 30‰ 及以上的下坡道推进运行时,禁止在该坡道上停车作业,并注意列车的运行安全。

(4) 单列车的推进运行限速 10 km/h,电客车连挂推进运行时,司机需在后列车前端司机室(运行方向)驾驶,前列车前端司机室需有监控员进行引导,运行限速 25 km/h。

【案例】

如图 7.14 所示,1012 次列车在运行至 O 站—P 站区间时突发故障,司机在从右端换至左端后能够动车,为了避免救援行调可命令司机在左端推进列车至辅助线退出运营。

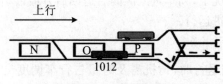

图 7.14 列车推进

五、单线双向运行

1. 单线双向运行定义

单线双向运行是指在一条固定进路上同一时间内只有一趟列车往返运行,是城轨行车组织中一种有效的调度调整方式,其特点因列车运行交路类似于拉风箱的动作,也被形象地称为"拉风箱"运行。

2. 单线双向运行适应条件

当信号系统、接触网设备等发生故障不能正常使用时,单线双向运行就成为了一种非常必要的调度调整方式。

【案例】

如图 7.15 所示,当列车因接触网失电停在 C 站—E 站区段时,行调命令在 A 站—F 站间单线双向运行,在 P—F 站间开行小交路。这样在非常困难的条件下,还是维持了故障区段的降级运营。

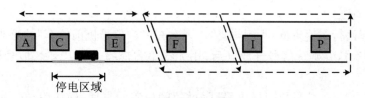

图 7.15 单线双向运行

在单线双向运行过程中,需要车站、司机、行调通力配合做好乘客服务和行车安全工作,确保降级运营的顺利进行。

六、列车越站

1. 列车越站的定义

列车越站是指列车不停站通过计划停靠车站的过程,又称"车站跳停"或"车站通过"。

2. 列车越站的规定

(1) 在行车工作中,因设备故障、事故及客流突变等造成运行晚点或特殊原因需要时,准许列车越站。

(2) 行车调度员应至少提前 2 站通知司机和相关车站,司机和相关车站应做好广播和乘客服务工作。

(3) 列车冲标超过信号系统限制的对标回退距离时,司机需立即报告行车调度员,行车调度员可组织列车越站至下一站继续载客,末班车及终到列车不得办理越站作业。

(4) 遇下列情况,不准许组织列车越站:

① 乘客无返乘条件的列车。

② 首末班车。

③ 两列及以上载客列车在同一车站连续越站。

④ 同一载客列车连续越站两个车站。

七、开放引导信号

在排列进路时,当主体信号机不能正常开放时,需要开放引导信号。列车在该信号机前停车后,司机应立即用无线车载台报告行调。行调与联锁站行车值班员共同确认进路正确无误后,行调在行车调度员工作站上或授权车站在 LCW/LOW 现地控制工作站上开放引导信号。具体规定如下:

(1) 需要开放引导信号,如该进路的监控区段出现红光带或粉红光带,车站应立刻派人到现场检查(如有杂物立即清除),确认无杂物侵限后,开放引导信号。

(2) 开放引导信号发车时,当列车占用起始信号机之前的轨道电路,在 LOW/LCW 或者 C-LOW/C-LCW 工作站操作"开放引导"命令,进路防护信号机开放引导信号后客车要在 60 s 内进入该进路。

(3) 列车在关闭状态的护信号机前方停车后,方可开放引导信号:

① 司机应立即用无线车载台报告行调(车站行车值班员),呼叫:"××次在××信号机前停车。"

② 行调(车站行车值班员)听到司机"××次在××信号机前停车"的呼叫后,立即通知车站开放引导信号,并确认信号开放好后,用无线电台应答司机:"××信号机引导信号开放好。"

③ 司机听取"××信号机引导信号开放好"的应答并复诵,确认引导信号开放好后,按规定的速度(正线一般限速 25 km/h)要求立即动车。

八、运行秩序紊乱时的行车组织

当发生设备故障或突发事件,造成运行秩序紊乱时,行调应报告值班调度主任,并尽快查找原因。当列车延误 3 min 以上时,应通知沿途各站,如在下一个往返不能恢复正点时,可利用备用列车在始发站开行正点的方式调整列车运行。同一方向多个列车发生运行秩序紊乱时,除按上述办理外,还可安排个别列车到折返线退出服务或中途折返,或在始发站调整列车服务号(改车次)恢复按图运行。如遇列车晚点折返后走不上该列车运行线时,采用抽线停运调整列车运行时,经值班调度主任同意,行调向有关车站和司机发布抽线列次停运命令。

由于信号机、轨道电路故障不能开放信号时,在不影响安全的情况下可不采用非正常行车办法组织行车,在进路准备正确后凭调度员命令行车。

九、隧道内线路积水时的处理

(1) 巡道、巡检人员、司机在作业中发现隧道线路积水时,应立即报行调。

(2) 行调接到隧道线路积水的报告时,及时通知维调组织处理,并通知司机在该区段改用人工驾驶模式并按规定速度运行。

(3) 当积水浸到道床时,该区段限速 25 km/h。

(4)当积水浸到轨腰时,该区段限速 15 km/h。

(5)当积水漫过轨面时,该区段不得通过。

十、恶劣天气时的行车组织

(1)恶劣天气条件下的行车组织,以确保行车安全为原则,采取降低运行速度、严格控制一个站间区间只准同方向一列车占用的办法组织行车。

(2)当遭遇恶劣气候影响运营时,车站(高架及地面)应做到以下几点:

① 各岗位要按照分工,加强对各自负责区域的检查和巡视,发现危及运营安全的情况时,立即向控制中心行车调度员、设修调度员汇报。

② 车站值班站长要立即赶赴现场了解情况,并组织人员、物资进行先期处理。

(3)遇恶劣气候影响司机瞭望或危及运营安全时,司机立即向行车调度员汇报。特殊地段(出入基地、进站、曲间弯道)操纵列车,应采取减速运行、加强瞭望等安全措施,确保列车运营正常。

(4)控制中心根据气象预报的预警信息,立即向运营公司领导和有关部门通报,当大雾、暴风、雨、雪、严寒等恶劣天气来临时,提供不同等级的预警、预报。

(5)控制中心根据各类天气的影响程度和相应级别向运营公司领导报告,经同意后,成立指挥机构和现场处置机构。

(6)控制中心对现场恶劣气候条件下的防范措施进行检查、指导,及时向车站发布运营信息。

(7)控制中心执行指挥机构指令,对不具备安全运营的车站下达关闭命令,启动公交接驳方案。

(8)控制中心组织具备运营条件的区段维持运营。

技能点训练

如图 7.16 所示,F 站至 J 站上行区间接触网失电(虚线表示),且短时间无法恢复供电。其中,故障区段内有 206 次列车停在 H 站上行站台。针对此次故障应运用哪些行车组织方法?

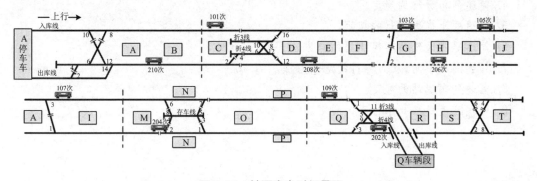

图 7.16 触网失电时场景图

知识点练习

一、填空题

1. 扣车一般遵循_____的原则,车站一般可在_____设备上进行扣车操作,行车调度员可在_____上进行扣车操作。
2. _____是指下行列车在上行线运行或上行列车在下行线运行的情形。
3. 退行列车到达车站后,司机应及时向_____报告。
4. 单线双向运行也称_____。

二、选择题

1. 列车推进运行规定有(　　)。
   A. 必须得到行车调度员的调度命令
   B. 因天气影响,难以辨认信号时,禁止列车推进运行
   C. 单列车的推进运行限速 10 km/h
   D. 运行限速 25 km/h
2. 遇下列(　　)情况,不准许组织列车越站。
   A. 乘客无返乘条件的列车
   B. 首末班车
   C. 两列及以上载客列车在同一车站连续越站
   D. 同一载客列车连续越两个车站

三、名词解释

1. 扣车。
2. 列车推进、退行、反向运行。
3. 单向双向运行。
4. 列车越站。

三、简答题

1. 简述开放引导信号的规定。
2. 简述扣车的原则与规定。
3. 简述列车反向运行的规定。
4. 简述列车退行的规定。
5. 简述列车推进运行的规定。
6. 简述恶劣天气行车组织原则与方法。
7. 简述列车单向、双向运行的适应条件。
8. 简述列车越站的规定。
9. 简述隧道线路积水行车的规定。

项目八　调车作业组织

任务一　调车工作基本理论

素质目标

培养学生牢固树立行车安全责任意识,具备良好的职业道德、强烈的事业心和责任感。

知识目标

1. 能描述调车工作的基本要求。
2. 能阐述调车含义及其分类。
3. 能阐述调车钩与调车程的含义。
4. 能分析调车作业基本方法。
5. 能描述调车作业速度规定。

能力目标

能绘制出调车作业过程图解。

一、调车工作基本要求

调车工作是城市轨道交通运输生产过程的组成部分,也是折返站和车辆基地行车工作的一项重要内容。列车能否按列车运行图正点出发、到达与运行,线路通过能力能否充分利用,很大程度上也取决于调车工作的组织和调车作业效率。为此,调车工作应达到以下要求：

（1）及时完成调车任务,保证列车按图运行和其他有关作业按时完成。

（2）充分运用各种技术设备,采用先进的作业方法,提高调车作业效率。

（3）确保调车作业安全。

为了实现上述要求,调车工作必须遵守《行车组织规则》和《车辆基地行车工作细则》中有关调车作业的规定,建立和健全各项必要的工作制度。

二、调车定义和分类

城市轨道交通的调车作业通常在折返站和车辆基地范围内进行,调车作业的动力来源于动车或内燃机车等。

(1) 调车定义:除正线列车在车站到、发、通过及在区间内运行,参与运营活动以外,所有为了编组、解体列车,摘挂、取送车辆,转线等列车或车辆在线路上有目的的移动称为调车。

(2) 调车作业分类。调车作业按目的不同,主要有折返调车、转线调车、解体调车、编组调车、摘挂调车和取送调车等。

① 折返调车是列车利用折返站站内正线、折返线和渡线等线路进行的调车作业,其他种类的调车通常是列车和车辆利用车辆基地调车线、检修线和洗车线等线路进行的调车作业。

② 转线调车是指将列车或车辆从某一条线路转移到另一条线路的作业过程。

③ 解体调车是指通过分解、移动的方法将一列车分开。一般在列车检修作业前运用。

④ 编组调车是指将单个车辆或单组车通过移动、连挂的方法组成一列车。一般在列车检修作业后运用。

⑤ 摘挂调车是指列车进行补轴、减轴、换挂车组及车辆甩挂等作业。

⑥ 取送调车是指将列车或车辆送到与其接驳的轨道上,或由接驳的轨道上将列车或车辆调回本单位停车线的作业过程。

三、调车钩与调车程

1. 调车钩

(1) 调车钩的定义。调车钩是机车完成连挂、摘解或溜放车辆等调车工作的基本单位。调车作业计划的编制就是以调车钩为单位按作业顺序排列的。例如,车辆段要由列车的尾部摘下一组车辆,就必须先用机车将该组车辆挂上,并拉至本线外方,然后将其送至指定地点摘下,需要经过一个挂车钩和一个摘车钩的操作才能完成。

(2) 调车钩的分类。调车钩按其性质不同可分为牵出钩、摘车钩、挂车钩、转线钩、溜放钩等。

① 牵出钩:机车驶往线路内连挂列车、车列或车组,并牵引至另一条线路。

② 摘车钩:机车将车组摘解到指定线路内并返回原线,按其采用的作业性质不同,又可分为推送钩和溜放钩两种。其中,推送钩是指机车将车组推送至线路的预定地点摘车后,返回至开始进行下一项作业地点的调车钩;溜放钩是指机车用溜放方法完成摘车作业的调车钩。

③ 挂车钩:机车到指定线路内连挂车组并返回原线路。

④ 转线钩:机车牵引或推送列车、车列或车组由一条线路转往另一条线路。

2. 调车程

(1) 调车程的定义。调车程是指机车车辆不改变运行方向的一次调车移动,它是分析计算调车作业时间的最小单位,是衡量调车工作效率的基本因素。一般情况下,调车行程越长,机车消耗的燃料和花费的时间越多,调车工作效率越低。因此,调车工作组织的主要任务是在保证安全的基础上,尽量减少调车钩数,缩短调车行程,压缩平均完成一个调车钩所需时间,努力提高调车工作效率。

(2) 调车程的分类。调车程按其行程长短分为短调车程和长调车程两种。由于城市轨

道交通的调车作业通常是短距离调车,调车程主要有以下三种(图中横坐标表示距离,纵坐标表示速度):

① 加速-制动型,即车辆被加速到一定速度后制动停车,如图 8.1(a)所示。

② 加速-惰行型,即车辆被加速到一定速度后独自滑行直至停车,如图 8.1(b)所示。

③ 加速-惰行-制动型,即车辆被加速到一定速度后,独自滑行一段距离后制动停车,如图 8.1(c)所示。

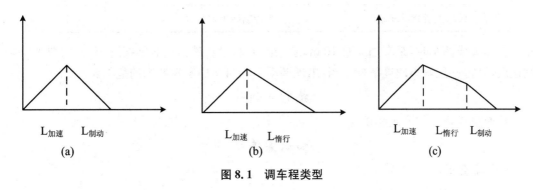

图 8.1 调车程类型

四、调车作业基本方法

调车常用的作业方法有推送法和溜放法两种。

将车辆由一股道调移到另一股道,在调动过程中不摘车的调车方法称为推送调车法。

推送车辆达到一定速度后摘钩制动,使摘解的车组借获得的动能溜放到指定地点的调车方法称为溜放调车法。

城市轨道交通列车和车辆的调移通常是使用推送调车法。与溜放调车法比较,推送调车法需要的时间较长,但也是一种比较安全的调车方法。采用推送法调车的作业过程,如图 8.2 所示。

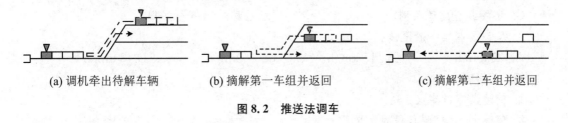

图 8.2 推送法调车

五、调车速度的有关规定

在进行调车作业时,应根据调车作业的种类与要求,准确掌握调车速度。在瞭望条件困难或气候条件不良时调车,应适当降低调车速度。调动载客车辆或接近被连挂车辆时,调车速度应符合有关规定。然而不同的轨道交通运营单位对调车速度的规定不尽相同,由于调车作业量不大,一般要求速度比较低,表 8.1 显示了国内某城市轨道交通运营单位的调车允许速度。

表 8.1　基地内调车允许速度

调车作业项目	速度(km/h)	调车作业项目	速度(km/h)
列车折返	30	车库及检修线调车	5
车辆基地空线牵引	20	接近被连挂车辆三、二、一车时	8、5、3
调动载客车辆	15	尽头线调车	3
调动装载超限货物的车辆	10	货物线上对位时	5

在尽头线调车时，距车挡应有 10 m 的安全距离，遇特殊情况必须接近 10 m 时要严格控制速度，以防一旦调车速度掌握不当，出现调动车辆与车挡发生冲突的危险。

技能点训练

绘制推送调车作业过程图解。

知识点练习

一、填空题

1. 调车作业按目的的不同可分为_____、_____、_____、_____、_____和_____。
2. 常用的调车作业方法主要有_____和_____两种。
3. 调车钩按其性质不同可分为_____、_____、_____、_____和_____等。

二、选择题

1. 接近被连挂车辆三、二、一车时的调车速度分别是(　　)。
   A. 8 km/h、5 km/h、3 km/h　　　　B. 5 km/h、3 km/h、8 km/h
   C. 3 km/h、5 km/h、8 km/h　　　　D. 8 km/h、3 km/h、5 km/h
2. 城市轨道交通调车作业必须要遵循(　　)。
   A. 行车组织规则　　　　　　　　　B. 车辆基地行车作业细则
   C. 事故调查处理条例　　　　　　　D. 公路交通安全法规
3. 尽头线调车一般限速(　　)。
   A. 25 km/h　　　B. 15 km/h　　　C. 10 km/h　　　D. 3 km/h

三、简答题

1. 简述调车的定义。
2. 简述调车钩、调车程的定义。

任务二 调车作业组织

素质目标
培养学生牢固树立行车安全责任意识,按章行车,培养学生吃苦耐劳、一丝不苟、精益求精的精神。

知识目标
1. 能阐述统一领导和单一指挥的含义。
2. 能描述出车辆基地调车作业工作步骤及作业要求。
3. 能阐述调车计划的含义。

能力目标
1. 在给定条件下,能编制调车计划。
2. 能按照调车计划组织实施调车作业。

一、调车作业的组织指挥

1. 调车工作的指挥系统

调车作业是一项多工种联合进行的复杂作业,为了安全、准确、迅速、协调地进行工作,及时完成调车任务,必须实行统一领导和单一指挥的原则,调车工作指挥系统如图 8.3 所示。

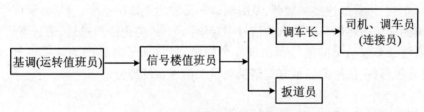

图 8.3 车辆基地行车指挥系统

调车作业(列车折返调车作业除外)通常由调车组的调车长担任调车指挥人。在无调车组情况下进行手信号调车时,可由值班站长或行车值班员指定在业务知识和指挥技能方面能够胜任的人员负责调车作业指挥。调车指挥人在调车作业前,应将调车作业计划和注意事项向调车司机及有关作业人员传达清楚,亲自督促和带领调车人员共同做好准备工作。在调车作业中,正确、及时地显示信号,指挥调车作业行动,组织调车人员按计划、安全地完成调车任务。

在调车作业中,为了明确调车指挥人和调车司机的职责,根据作业中所处的位置和所具备的瞭望条件,规定在牵引车辆运行时,前方进路的确认由调车司机负责;在推进车辆运行时,前方进路的确认由调车指挥人负责。如调车指挥人所处位置确认前方进路有困难时,可指派参加调车作业的其他人员确认。

2. 调车工作的指导原则

（1）统一领导。统一领导是指在某一基地或车站内，在同一时间只能由基地运转值班员或行车值班员统一领导全场的调车工作。

与调车区域相关联的其他作业均应按基地运转值班员的指挥进行（正线车站按行车值班员的领导进行）。

（2）单一指挥。单一指挥是指在同一时间内，一台机车或一组列车的调车作业计划的执行、作业方法的拟定和布置，以及列车的行动只能由一人负责指挥。

3. 基地内燃机车调动电客车岗位划分

在车辆基地利用内燃动力的工程车调动整列电客车时，调车组各岗位的工作职责划分如下：

调车组（包括工程车司机）有4人，调车指挥人为调车员，1人为领车联结员（由工程车司机或胜任人员担当）。另外，1名联结员（由客车司机或副司机担当）在中部中转信号。调车员站在靠近司机侧，直接向司机显示信号，司机根据调车员的显示操纵工程车。各人所在位置（无论牵引或推进运行时）如图8.4所示。

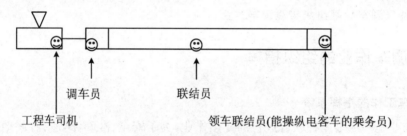

图8.4 各人所在位置图

领车联结员负责检查线路的状态（包括是否有其他设备侵入限界），车辆的防溜措施（铁鞋的取放），车钩、风管的连接和摘解，及时向调车员发出正确的指令（包括显示信号）。

联结员的作用是将领车联结员的信号中转给调车员，防止距离过远、通过弯道等原因调车员难以看清领车联结员的信号而出现安全隐患，显示信号时昼间为徒手信号，夜间作业时，使用灯光信号（手信号的显示方式请见项目二信号系统部分）。

二、城轨调车作业的基本种类

城市轨道交通调车作业主要包括基地内调车与正线调车两大类。

1. 车辆基地的调车作业

车辆基地调车作业的特点是作业量大和作业复杂，除列车折返调车外，其他各种类型的调车都有，主要是利用牵出线和车库线等线路进行调车作业。

车辆基地的调度员为调车工作领导人，负责组织车辆基地的调车作业，编制调车作业计划。车辆基地的调车员为调车作业指挥人，根据调车作业计划在现场指挥调车。车辆基地信号楼调度员负责办理调车作业进路并监控调车作业的安全进行。

车辆基地调车作业工作步骤及作业要求如下：

（1）调车工作领导人编制调车作业计划后，以书面形式下达给信号楼值班员和调车长。

(2) 车辆基地信号楼调度员在办理调车进路前应做到三确认：确认不存在与调车作业有干扰的接发车和检修施工作业；确认调车线路空闲；确认调车组做好作业准备。

(3) 调车长必须在作业前将调车作业计划和有关注意事项向调车司机及其他调车作业人员传达清楚。"调车作业通知单"必须做到参加作业的人员人手一份。

(4) 车辆基地信号楼调度员根据"调车作业通知单"及站场接发车时间与调车指挥人联系，确认具备调车作业条件后，方可开始作业。

(5) 调车工作必须按照调车信号机或调车手信号的显示要求进行。没有信号，调车司机不准动车进行调车作业；在调车作业中，调车司机要时刻注意确认信号，不间断地进行瞭望，认真执行呼唤应答制，按信号显示要求进行作业；遇到信号显示不清，调车司机应立即停止调车，严禁臆测作业。

(6) 以调车机为动力驱送电客车时，要求一名调车作业司机在电客车上配合对电客车打风、制动、缓解及连挂作业，并在推进运行中负责前方线路确认。动车前由电客车上调车作业司机确认受电弓已落下，轨旁及车下无人员作业，方可联系调车机司机动车。

(7) 调车作业时，要严格执行调车速度有关规定。调车机车在基地内经平交道口及进库前一度停车，连挂车辆按要求显示"三、二、一"车距离信号，接近被挂车辆车钩不小于10 m处一度停车，再以规定的速度连挂车辆。

(8) 一批调车作业（一张调车作业通知单）结束后，要及时报告基地调度员本次调车作业完毕，将作业中有无异常情况发生一起反馈。一旦调车作业中发生事故，应立即停止调车作业和取消调车计划，并立即报告基地调度员，由基地调度员负责通知相关人员进行处理。

2. 正线列车调车作业

正线列车调车主要包括列车折返与列车故障情况下救援时的调车作业。

三、调车作业计划

1. 调车作业计划定义

调车作业计划是进行调车作业的凭证与依据（如调车作业通知单）。

2. 调车作业计划的编制、交接、传达和变更

(1) 调车作业计划由调车工作领导人编制（基地内调车工作领导人为场调，正线调车工作领导人为行调），形成调车作业通知单。

(2) 调车作业计划由车辆基地调度员以书面形式向调车长下达，并说明具体要求和注意事项，调车长于作业前将作业计划和注意事项向司机、调车员传达清楚。

(3) 在作业中需变更计划时，必须先停止作业。调车作业计划变更不超过两钩时，由调车工作领导人将变更后的计划口头向有关人员传达清楚，有关人员必须复诵，确认无误后才能开始调车作业；调车作业计划变更三钩及以上时，需重新编制调车作业通知单后执行。

(4) 编制调车作业计划时，为了便于操作，一般使用专用符号来表示相关作业名称，如表8.2所示。

表8.2 调车专用符号

序号	作业	表示
1	连挂	用"+"表示
2	摘车	用"-"表示
3	调头	用"O"表示
4	牵引	用"Q"表示
5	顶车	用"丁"表示
6	推送	用"T"表示
7	整备	用"ZB"表示
8	超限车	用"超限"表示
9	关门车	用"关门"表示
10	交接班	用"JJ"表示
11	无岔区段	用"WC"表示
12	待命	用"D"表示

在轨道交通系统中,由于车辆停放需要采取防溜措施,通常不具备本线连接连挂的条件,而交接班、整备等作业通常不在调车作业单中安排。调车作业符号用得比较多的是"+""-""丁""D",其他符号通常用得比较少。

调车任务通常由车辆维修部门提出,将调车任务单交由车辆基地调度员,车辆基地调度员负责编制调车作业通知单,由调车人员和信号楼值班员负责实施。

【案例】

调车作业通知单的编写实例,调车任务:使用内燃机车库2道的内燃机车N1将停车列检库6道的电客车0304顶推6道B端,再到月修库9道牵引电客车0102在无岔区段WC2掉头后推送至停车列检库6道A端,作业完毕后到内燃机车库2道待命。调车路线如图8.5所示。

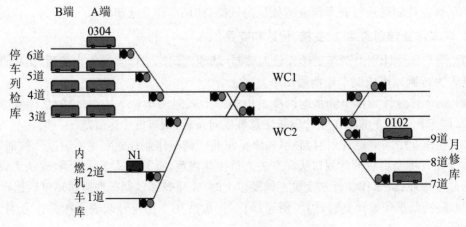

图8.5 调车线路

调车作业通知单,如表8.3所示。

表 8.3　调车作业通知单

机车号码N1		班组×班	第×号	编号：×
工作项目	作业时间	序号	股道 勾种 车数	备注
停车列检库电客车移位、从月修库取车回停车列检库	14:30—15:40	1	2 ZB	
		2	6A+1	0304
		3	6B−1	丁
		4	9+1	0102
		5	WC2−1	Q
		6	O	
		7	WC2+1	T
		8	6A−1	
		9	2 D	
		10		

调车工作领导人：×××　　　　　　　　　　　　　　　　×月×日

注：调车作业单一式多联，须发给司机、调车长、调车员、信号楼值班员。

四、调车作业中的有关规定

1. 调车作业车辆标识规定

在车辆基地内进行转线、调车作业的电客车和工程车，不赋予车次。在微机联锁系统工作站上，电客车采用车组号识别"K+电客车编号"识别，工程车采用"G+车辆序号"识别。

2. 调车作业方法限制

调车作业方法仅限牵引、推进调车，禁止溜放调车和手推调车（特殊情况下，经运营分公司主管安全的领导同意方可手推调车）。

3. 调车作业应按信号显示要求进行

调车作业必须按照调车信号机和平调信号（无平调信号时为调车手信号）的显示要求进行。没有信号不准动车，信号不清立即停车。调车作业时，调车长必须正确及时显示信号，司机要认真确认信号，并按规定回示，没有回示时，应立即显示停车信号。连挂车辆时必须显示三、二、一车的距离信号和连挂信号，一车距离以 20 m 为标准，没有显示三、二、一车距离信号和连挂信号不准挂车。

4. 车辆连挂规定

车辆连挂前要一度停车，连挂后的车辆要先试拉，确认连挂妥当，在正线需连接好制动主管后方可启动。

5. 调车进路的确认

(1) 牵引运行时，前方进路的确认由司机负责。

(2) 推进运行时，前方进路的确认由调车长负责。

6. 占用出入线调车规定

遇特殊情况需要越出基地占用出入线调车时(含洗车作业),原则上按列车办理。未经行调同意,禁止使用出入线进行调车作业。基地或与基地相连接的车站联锁设备不能正常使用时,严禁越出基地占用出入线调车。

7. 取消调车规定

取消调车进路时,应确认列车尚未启动,通知调车长或调车司机,并得到应答后,方可关闭调车信号。

8. 基地内的调车规定

(1) 基地内的调车作业,不得影响进出基地列车的正常运行。

① 基地接车前 10 min 停止调车作业,不迟于列车到达前 4 min 开放接车信号。

② 基地发车前 10 min 停止调车作业,不迟于列车发车前 2 min 开放发车信号。

(2) 基地内计划外的调车规定。基地在列车运行图规定的接发列车以外时间,运转值班员可以确定场内的调车作业;但与行车值班员布置的临时接发列车命令有抵触时,以接发列车作业为主。必须先进行调车作业时,应得到行车调度员的批准同意。

(3) 在基地内,两组车组或列车不能同时在同一条线路内移动,必须等候其中一组车组或列车暂停后,另一组车组或列车才能移动。

9. 正线调车规定

所有在车站进行的调车作业,应以确保正线正常运营为基础条件,合理安排调车作业程序、时机,不得以任何理由影响和干扰正线运营。

10. 调车前后的准备

调动车辆或列车要先检查和撤除防溜措施。调车作业完毕后,应将车辆或列车停于线路警冲标内方,做好防溜措施,防止车辆或列车自动溜走。

11. 调车速度规定

调车速度要求,调车作业要准确掌握速度,遇瞭望困难或天气不良时,应适当降低速度,调车允许速度如表 8.1 所示。

在尽头线上调车时,距车挡应有 10 m 的安全距离,遇特殊情况必须近于 10 m 时要严格控制速度,确保安全。

五、调车作业防溜及防护

为防止车辆溜逸,避免列车冲撞事故,需制定列车、车辆的防溜及防护规定。具体的防溜及防护要求如下:

(1) 牵出线、洗车线、出入基地线、试车线、咽喉道岔区禁止停放机车车辆,其他线路存放车辆时,应经车辆基地调度员同意方可占用。机车车辆应停在线路两端信号机内方并做好防溜措施,对于没有设置信号机的线路,应停放在该线路的警冲标内方。

(2) 工程机车、轨道车应在上车顶扶梯处悬挂写有"高压电,禁止攀爬"字样的标牌。

(3) 平板车及机车停放在线路上不再调动时,应连挂在一起,并拧紧双端手闸,必要时放置铁鞋。因装卸设备需要不能连挂在一起时,应分组做好防溜,中间车组拧紧手闸,两端放置铁鞋。

（4）在调车作业过程中,应做到摘车时先做好防溜（客车应恢复气制动和停车制动,工程车拧紧手闸,必要时放置铁鞋）后再摘车;连挂时挂妥后再撤除防溜。

技能点训练

如图 8.6 所示,使用内燃机车库 2 道的内燃机车 N1 将停车列检库 5 道的电客车 0708 牵引到无岔区段 WC2 掉头后推送到月修库 7 道,再到月修库 9 道牵引电客车 1112 在无岔区段 WC2 掉头后推送至停车列检库 5 道 A 端,作业完毕后到内燃机车库 2 道待令,作业计划时间为 14:30—16:40。请根据任务编写表 8.2 调车作业通知单。

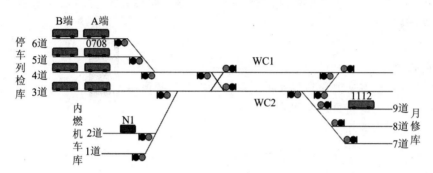

图 8.6　车辆基地调车任务场景

表 8.4　调车作业通知单

机车号码_____　　　班组___班　　　第___号　　　编号:_____

工作项目	作业时间	序号	股道 勾种 车数	备注

调车作业领导人:_____　　　　　　　　　　　　　　　___月___日

知识点练习

一、填空题

1. 调车计划是进行调车作业的_____与_____。
2. 调车作业方法仅限_____和_____。

3. 连挂车辆时必须显示三、二、一车的_____信号和_____信号,一车距离以____m为标准。

二、选择题

1. 调车作业专用符号中连挂用( )符号表示。
A. "++"　　　　B. "—"　　　　C. "JJ"　　　　D. "+"

2. 调车作业专用符号中摘车用( )符号表示。
A. "++"　　　　B. "—"　　　　C. "JJ"　　　　D. "+"

3. 调车工作的指导原则是( )。
A. 统一领导　　B. 单一指挥　　C. 多人指挥　　D. 无需领导

三、名词解释

调车计划。

四、简答题

1. 简述城市轨道交通调车作业指挥系统组成与指挥原则。
2. 简述城市轨道交通调车作业基本种类。
3. 简述调车作业相关规定。
4. 简述调车作业防溜与防护要求。

项目九　工程列车与救援列车的开行

任务一　工程列车的开行

素质目标

培养学生树立行车责任重于泰山的意识及科学组织确保平安的职业素养,培养学生的大局意识。

知识目标

1. 能描述工程车的作用。
2. 能描述工程车开行规定。

能力目标

1. 能完成对工程车车体号的编制。
2. 能组织工程车开行。

工程车指由机车和车辆编组而成的列车,使用机车作为动力,用于轨道上施工、运输货物、开展调车作业及在特殊情况下承担救援任务(含内燃机车、接触网检修车、钢轨打磨车等单机编组)。工程车在施工维修作业中一般与平板车连挂共同执行任务,平板车是指无动力、用于装载货物的车辆,包括中间装设起重设备的车辆。工程列车由于没有安装 ATP 系统,且承担的工作与普通列车完全不同,因而其开行过程中的行车组织方法也较为特殊。

一、工程车的作用

工程车的主要工作一方面是进行车辆基地日常的调车作业,另一方面是在城轨线路的施工养护中用来运载工具和人员。为了保证城轨线路中正线的运营秩序,一般情况下工程车担当的施工养护工作都在夜间运营结束后进行,只有在执行行车设备故障应急抢修或列车故障救援的任务时才会在正常运营时间内出动进入正线作业。

一般城轨运营企业的工程车都停在车辆基地,日常工作由车辆检修调度员和车辆基地信号楼调度员负责指挥。工程车的运用在日常工作中的调度指挥层次,如图 9.1 所示。

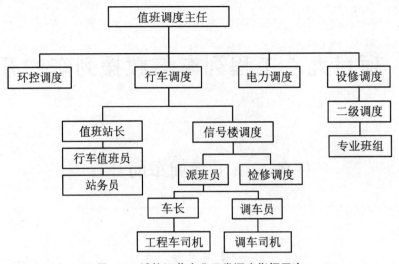

图 9.1　城轨运营企业日常调度指挥层次

二、工程车开行规定

(1) 工程列车必须配备1名司机及1名车长,工程车可牵引运行,也可推进运行,各站按正常列车办理。

(2) 工程车中车辆编组条件按相关规定执行,由车长负责检查确认。当装载货物时,由装载负责人检查确认,车长负责再次检查确认。工程车装载货物顶部距轨面超过3 800 mm时,接触网须停电。

(3) 工程车在正线及辅助线运行时,凭地面信号及调度命令行车。一个联锁区同一线路原则上只准有一列工程车运行。同一联锁区必须开行多辆工程车或间隔不能满足时,须经值班主任同意。

(4) 工程车进出正线及辅助线的规定:

① 最后一列电客车出清的线路可安排工程车运行,进入正线及辅助线运行的工程车须与电客车间隔四个及以上区间。需接触网停电的,应在确认相应区域接触网停电后工程车方可进入。

② 夜间施工开行的工程车回基地时,必须在次日运营开行的第一列车出基地前规定的时间(如50 min)出清正线及辅助线。

(5) 工程车停车后再开或在车站始发时,司机要确认地面信号并按行调命令行车。

(6) 工程车开行时,车站不用接发列车。工程车在运行中司机、车长通过电台加强与行调联系,掌握运行计划,确认运行进路。开行超长、超限、集重货物的工程列车时,车站必须派人在站台监督列车运行,发现危及安全时应及时显示停车手信号、通知司机(车长)停车并报告行调。

(7) 工程车到达指定的施工作业区域后,行调应根据施工计划及时发布书面命令封锁该作业区域。待施工结束后,再发布调度命令开通有关线路,安排工程车回车辆基地。

(8) 工程车编挂有平板车时,原则上在区间不准甩下作业。因施工或装卸货物的需要,可以在中途站甩下作业,但要做好安全防护及防溜措施,返回时应全部挂走。

（9）工程车司机须掌握运行速度，按规定驾驶运行。工程车运行限速表如表 9.1 所示，工程车挂有其他车辆时的运行速度不得超过表 9.2 的规定。某轨道公司带动力工程车牵引定数的规定，如表 9.3 所示。

表 9.1　工程车运行速度

序号	区域	车型	最高限制速度（km/h）	自重(t)	自带动力	说明
1	正线及辅助线	内燃机车	80	52	有	正线运行限速 40 km/h；辅助线运行限速 25 km/h；通过车站限速 40 km/h；车辆基地线限速 25 km/h
2		轨道车	70	56	有	
3		接触网检测车	80	40	有	
4		接触网维修作业车	80	28	有	
5		钢轨打磨车	80	88(2 节总重)	有	
6		接触网放线车	80	22	无	
7		轨道检测车	80	40	无	
8		平板车	80	17	无	
9		隧道清洗车	80	56	无	
10	基地内	各种机型	80	—	—	限速 25 km/h，但是推进运行限速 15 km/h

表 9.2　工程车挂有其他车辆时的运行速度

序号	项目	速度(km/h)
1	在正线上牵引运行	35
2	在正线上推进运行	20
3	大件货物运输列车的运行	15
4	进存车线、折返线	15
5	进入尽头线	10

表 9.3　某轨道公司带动力工程车牵引定数

序号	车型	坡度	牵引定数(t)					自重(t)
			10 km/h	20 km/h	30 km/h	40 km/h	50 km/h	
1	内燃机车	5‰	800	370	220	160	100	52
		35‰	120	30	—	—	—	
2	轨道车	5‰	660	290	170	110	70	46
		35‰	90	20	—	—	—	

续表

序号	车型	坡度	牵引定数(t)					自重(t)
			10 km/h	20 km/h	30 km/h	40 km/h	50 km/h	
3	接触网检测车	5‰	400	180	110	35	30	46
		35‰	40	—	—	—	—	
4	接触网维修作业车	5‰	440	210	125	90	50	26t
		35‰	60	—	—	—	—	

三、工程车车体号编制规定

工程车车体号通常由"线路号＋动力标识号＋车辆序号"共6位数字组成(各轨道公司规定不尽相同)。其中,线路号为2位数,如3号线为"03",依次编号;动力标识号为2位数,"00"表示无动力,"01"表示有动力;车辆序号为2位数,如表9.4所示。

表9.4 3号线工程车车体编号

序号	编号	工程车型	备注
1	030101	内燃机车1	有动力
2	030102	内燃机车2	有动力
3	030103	轨道车1	有动力
4	030104	轨道车2	有动力
5	030105	钢轨打磨车1	有动力
6	030106	钢轨打磨车2	有动力
7	030107	接触网检测车	有动力
8	030108	接触网维修作业车	有动力
9	030009	隧道清洗车	无动力
10	030010	轨道检测车	无动力
11	030011	接触网放线车	无动力
12	030012	随车吊平板车1	无动力
13	030013	随车吊平板车2	无动力
14	030014	平板车1	无动力
15	030015	平板车2	无动力

四、工程车开行的组织方法

1. 工程车参与检修、施工的行车组织方法

夜间检修、施工时工程车开行的行车组织由行车调度员负责。行车调度员既要根据检

修、施工计划的安排,保证维修更换和线路扩建工程等夜间检修、施工任务的顺利完成,又要保证次日运输生产能正常进行,为此,行车调度员应按以下作业办法要点对夜间检修、施工时列车运行进行组织。

(1) 行车调度员应认真核对当夜检修、施工计划,对检修、施工内容、地点和时间等做到心中有数。在确认进行夜间检修、施工后,行车调度员应下达调度命令给有关车站的行车值班员、车辆基地信号楼调度员和检修、施工作业负责人,布置检修、施工内容,地点,起止时间及注意事项等。在检修、施工过程中,行车调度员应与行车值班员和检修、施工作业负责人等保持联系,掌握检修、施工进度。

(2) 向检修、施工区间开行工程车,按电话闭塞法行车办理或根据调度命令办理。施工列车在进入运营线路前,必须对其技术状态进行全面检查,以确保行车和设备安全。检修、施工地点的每一端只准进入一列工程车。工程车推进运行时应在列车前部设专人引导。到达检修、施工地段后,应在防护人员显示的停车手信号前停车,然后再按调车作业办法进入指定地点。

(3) 当一个区段一条线路上,只有一列工程车往返多次运行时,可采取封闭区间运行的办法。此时,工程车运行按调度命令办理,并且还须符合下列要求:

① 封闭区间的所有道岔均应开通于施工列车运行的方向。
② 封闭区间内无其他检修、施工作业。
③ 工程车不准越出封闭区间运行。
④ 工程车按调度命令指定时间离开封闭区间。

(4) 行车调度应在满足检修、施工要求的前提下,尽量缩小线路封锁或封闭的范围,减少施工列车占用正线的时间。

(5) 在检修、施工中发生设备损坏、人员伤亡或不能按时完成检修、施工作业时,行车调度员应立即报告值班调度主任,采取有效措施确保次日运输生产能正常进行。

(6) 检修、施工结束后,行车调度员根据行车值班员的报告,在确认行车设备完好、检修、施工人员和机具撤离后,下达调度命令同意注销检修、施工。

工程车单独在正线运行的速度不得超过表 9.1 的规定。

2. 工程车参与故障抢修的行车组织方法

当城轨线路在运营中出现断轨、挤岔、接触网断线等严重影响行车安全的设备故障(事故)时,需要出动工程车进行紧急抢修。数据统计,在需要工程车出动参与抢修的故障(事故)中发生频率最高的是接触网断线等室外供电设备故障。

在需要工程车出动执行抢修任务时,一般由设备维修调度员向行调提出使用工程车的计划(包括需要跟车人员、设备的数量和上车地点等),行调收到设备维修调度员的计划后立即向车辆基地信号楼调度员发布调车指令,信号楼值班员根据行调的要求在 10 min 内组织工程车开行到车辆基地内指定地点待令,抢修工作执行部门在工程车到达后 10 min 内完成装载设备、物品等工作,并安排跟车人员上车。

当需要工程车执行抢修任务时,由于工程车无 ATP 保护,可能会影响后续列车的行车安全,因而行调必须发布封锁工程车作业区间的调度命令。向封锁区间发出执行任务的工程车时,不办理行车闭塞手续,以行调命令作为进入该封锁区间的许可。在未接到开通封锁区间的调度命令前,不得将执行任务的工程车以外的其他列车开往该区间。

工程车执行设备抢修任务时,行调负责组织工程车从车辆基地至封锁区间一端车站的运行,在封锁区间一端车站把工程车交给设备维修调度员指挥,同时命令该站向工程车交付封锁命令。设调负责通知现场指挥指派一名联络员登乘工程车驾驶室,将进入区间的作业计划交给车长,由车长引导进入封锁区间,并按计划指挥动车。如封锁区间内有道岔、辅助线时,由车长与车站联系落实调车进路计划,车站排好进路后通知车长,由车长指挥动车。工程车使用完毕,由联络员引导回到原交接站,由设调向行调交出。

【案例】

例如,当 0506 次列车由于接触网断线故障被迫停在 E 站—F 站上行区间时,如图 9.2 所示,电调经检查后确认必须出动接触网检修车才能将故障修复,此时,行调必须立即根据设备维修调度员的用车计划通知车辆基地信号楼做好接触网检修车出动的准备。

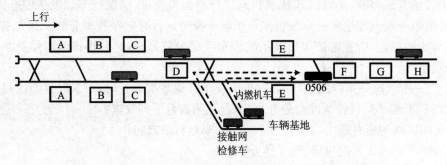

图 9.2　出动内燃机车和接触网检修车处理供电设备故障示意图

对于这种故障的处理还可能出现两种情况:一种情况是接触网检修车单独出动到达失电区段后很快完成抢修工作,电调对失电区段送电成功,0506 次列车升弓继续运行;另一种情况是由于种种原因必须先出动工程车将 0506 次列车推进至 F 站后,再出动接触网检修车到达故障地点进行抢修。显然,后一种情况对于运营工作的影响相对于前一种情况要大得多。

技能点训练

完成 G030002 与 G060103 两个工程车车体号的识读。

知识点练习

一、填空题

1. 工程车是指使用内燃机动力的机车车辆,包括_____、_____、_____ 等。
2. 工程车的主要工作一方面是_____,另一方面是在_____。
3. 一般城轨运营企业的工程车日常工作由_____和_____负责指挥。
4. 工程车车体号通常由"_____＋_____＋_____"共 6 位数字组成。

二、选择题

工程列车必须配备(　　)。

A. 1 名司机及 1 名车长　　　　B. 1 名司机及 2 名车长
C. 2 名司机及 1 名车长　　　　D. 2 名司机及 2 名车长

三、名词解释

1. 工程车。
2. 平板车。
3. 顺向救援。

四、简答题

1. 简述工程车开行的规定。
2. 简述工程车车体号编制规定并举例说明。
3. 简述工程车开行的组织原则。

任务二　救援列车开行

素质目标

培养学生树立行车责任重于泰山的意识及科学组织确保平安的职业素养,培养学生的应变与处置能力。

知识目标

1. 能描述救援列车作业原则。
2. 能分析开行救援列车的行车组织方法。
3. 能描述救援连挂作业步骤及规定。

救援列车开行

能力目标

1. 在给定故障场景的情况下,能够制定救援方案。
2. 能够指挥列车完成连挂作业。

救援是指当列车发生故障且短时无法修复时,为了尽快开通线路,必须清客下线,通过其他列车与其连挂,采用牵引或推进的救援方式使故障列车及时移出正线,以确保正线的安全畅通。根据救援实施地点不同通常可分为车站救援和区间救援。

救援列车作业根据行车调度员下达的调度命令和信号显示的要求进行。一般按调车作业办理,故障列车司机担当调车指挥人,指挥救援列车连挂故障列车,调车指挥人应正确、及时地显示调车手信号,救援列车司机应认真确认调车手信号,并鸣笛回示。

救援列车牵引故障列车运行时,进路的确认由救援列车司机负责;救援列车推送故障列车运行时,进路的确认由故障列车司机负责。

一、救援列车作业原则

(1) 当请求救援列车的通报发出后,故障列车司机不能擅自动车。

(2) 司机应以人工模式向故障列车施加制动,并应亮着两端的红色标识灯作为防护信号。

(3) 向行车调度员请求救援列车时,司机应报告列车故障情况、发生时间、迫停地点。

(4) 行车调度员应通过调度命令向救援列车司机讲清救援的工作过程及运行方式,例如正向牵引或推进运行。

(5) 应尽量遵循"顺向救援"的原则,以确保其他正线列车运行的秩序,即原则上应尽量采用相邻的后续列车正向推进故障列车的方法进行救援,如图9.3所示,0713为故障列车、

0913 担当救援列车。

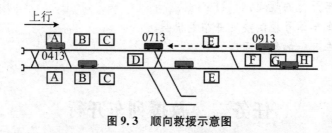

图9.3　顺向救援示意图

（6）原则上救援列车应空车前往救援。救援列车司机接到救援命令后，在后方站清客（清客广播两次），清客后关闭客室照明，2 min内完成清客，未完成清客带客前往救援。列车在到达存车线前或进车辆基地前一车站，可安排车站员工、地铁公安再次清客。

（7）救援列车应距被救援车20 m外停车，以5 km/h速度接近故障车，在3 m处一度停车，听候救援负责人（被救援列车司机）的指挥连挂。

（8）向封锁的线路发出救援列车时，不办理行车闭塞手续，以行车调度员命令作为进入该封锁线路的许可。

二、开行救援列车的组织方法

1. 救援列车开行前的准备工作

列车在区间或车站因故障被迫停车或不能启动时，司机要立即采取有效制动措施，并且用无线电话或其他有效通信工具向行车调度员报告情况，并在规定的时间内进行故障排除，如果不能迅速排除应及时向行车调度员汇报并请求故障救援。

故障列车司机救援请求报告的内容包括：列车车次、请求救援的事由原因、迫停时分和地点、是否影响邻线、其他需要说明的事项。

列车故障情况下行车组织由调度中心全权负责，故障的判断和处理由司机负责，行调有责任提出辅助处理意见，但司机离开驾驶室处理故障前需报告行调批准。

行调决定救援或接到司机的救援请求后，应向有关车站、司机发布开行救援列车的命令，讲清救援车开来方向。无ATP保护的列车救援，或因挤岔、脱轨、线路故障等可能会影响后续列车行车安全的原因救援时，必须发布封锁线路的命令。

已申请救援的列车严禁动车，司机应做好安全防护及救援准备工作，包括技术与服务准备，如采取列车停车制动，关闭相关开关、阀门，进行客室广播说明情况或者进行清客等措施，并在救援列车开来方向打开列车车头灯进行防护。

故障列车在站台时需要立即组织清客。当故障列车停在区间时，如果确认救援列车较长时间内不能挂走故障列车时，需要组织区间清客。清客时，由行调发出命令通知司机和有关车站，要求做好乘客疏散组织工作。在进行区间清客时，还需要环控调度员组织隧道送风。

2. 救援过程

（1）电客车救援。原则上救援列车必须空车前往救援。救援列车司机接到救援命令，清客广播两次后，可关闭客室照明，一定时间内未能清客完毕，带客前往救援。列车到达存车线(车辆基地)前,可安排车站、公安配合再次清客。

(2) 工程车救援。运营期间如需使用工程车进行救援(适合对靠近车辆基地的故障列车进行救援),进行客车救援的工程车应采用内燃机车,并加装过渡车钩,如图9.4所示。由于工程车无ATP保护,可能会影响后续列车的行车安全,因而行调必须发布封锁工程车作业区间的调度命令。向封锁区间发出执行任务的工程车时,不办理行车闭塞手续,以行调命令作为进入该封锁区间的许可。在未接到开通封锁区间的调度命令前,不得将执行任务的工程车以外的其他列车开往该区间。

图9.4 过渡车钩

救援列车司机必须清楚故障列车的停车位置,在接近故障车的行进过程中,应严格按照行调下达的救援命令执行。救援列车开往故障地点时应使用带ATP防护的人工驾驶模式进行,并且加强瞭望,限制行车速度,当接近故障车地点时列车收到"零码",列车停车后司机应使用限制速度的人工驾驶模式驾驶列车运行。以内燃机车为救援列车时必须在运行中高度警惕,不得超过规定速度,并认真瞭望,防止失去制动时机与制动距离而撞车。

救援列车应距故障车20 m外停车,以5 km/h速度接近故障车,3 m处一度停车,听候救援负责人(被救援列车司机)的指挥连挂,如图9.5所示。故障列车在连挂之前可继续排除故障,但不能动车,如故障排除则报告行调解除救援。

故障列车司机在完成等待救援的准备工作后应在与救援列车连挂端前方防护,发现救援列车到达,必须按规定显示手信号或用无线电对讲机与救援列车司机联络,待救援列车司机回复后才能允许挂车。得到可以连挂的信号后,救援列车以3 km/h的速度进行连挂。列车连挂后,救援列车司机要进行试拉,确认连挂可靠后通知故障车司机缓解制动。

救援列车司机和故障车司机联系确认列车完全缓解,并确认无线电对讲设备的测试良好后才能按规定动车,一般推进故障车时运行

图9.5 救援过程准备连挂作业

限速25 km/h,牵引故障车时运行限速45 km/h,运行中两车司机可通过司机室对讲机进行联系确认。救援牵引运行时前方进路由救援车司机负责瞭望和确认,行车方式为手动驾驶。推进运行时前方进路由故障车司机负责瞭望和确认,行车方式为手动驾驶,遇有危及行车安全的情况应立即用无线电话通知救援车司机停车。天气不良或环境恶劣时应适当降低速度。

3. 救援结束后的工作

现场抢险、救援工作完毕,救援人员、工具出清线路,具备恢复运营条件后,各专业人员立即向现场指挥汇报,所有专业人员救援、抢修完毕并检查确认具备恢复运营条件后,现场指挥及时向总指挥汇报。

总指挥在接报具备恢复运营条件后,发布或授权发布救援终止命令,恢复正常运营。遇到发生人员伤亡、设备损坏时,按城轨运营企业有关应急预案规定执行。故障发生后,受影响车站要做好运营服务工作,城轨公司对工作人员要进行合理的站间调配,行车调度人员要根据情况对列车运行进行调整。

三、救援连挂作业步骤及规定

救援调车的连挂作业方法各城轨公司稍有不同,表 9.5 以天津轻轨公司为例,说明救援调车时的连挂作业规定及操作步骤。

表 9.5 救援连挂作业步骤及规定

步骤	故障列车司机	救援列车司机
1	提出列车救援的申请后,不准动车,并应亮着两端的红色标识灯作为防护信号	
2	手持信号旗(夜间及能见度低时,使用手信号灯)站在距故障列车不小于 10 m 的安全距离,面向救援列车开来的方向并及时显示减速信号(三、二、一车的距离信号),保持与救援列车司机联络,并提示有关注意事项	确认手信号,并不失时机地降低车速,当驶至与故障列车距离小于 10 m 时一度停车
3	检查两车车钩状态	
4	当确认两车车钩状态无误后,通报救援列车司机,可以进行挂接,并向救援列车司机发出挂接信号	以规定速度接近故障列车,并以轻微冲击方法使两车钩挂接
5	当车钩挂接完毕,检查挂接后的车钩状态	经故障列车司机确认车钩已挂接好,进行稍动试拉;试拉良好,向救援列车实施制动
6	返回故障列车司机室,将"司控器"置于"N"位及"方向手柄"置于"0"位置,并确认故障列车已处于缓解状态,向救援列车司机报告	
7		报告行车调度员,列车挂接完毕,并等待行车调度指示;按救援列车的规定速度运行

四、救援列车开行案例

【案例】

1. 电客车救援

本案例介绍某城轨线路在运营中一列车发生故障停在区间时,行车调度员命令后续列车对故障车进行救援并进行相应运行调整的过程,在具体的行车指挥中,行调1负责指挥全线运行中的列车司机,行调2负责指挥全线车站的行车值班员。

某日10:26 0607次司机向行调报告车辆严重故障,现已停在E站—D站区间的两个隧道间。

10:27 行调1:0607次车辆严重故障,停在E站—D站区间的两个隧道间,做好乘客广播,按"车辆故障处理指南"处理。

10:27 行调2(报告调度长):调度长,0607次列车故障,在区间停车。

10:27 调度长:注意全线列车调整,0208次扣在A站上行站台。

10:28 行调1(向上行列车发布命令):D站—P站上行各次列车沿途各站各多停40 s,0708次复诵,行调1。(0708次司机复诵)

10:28 行调1:0208次A站待令,行调1。(0208次司机复诵)

10:28 行调1:0807次E站待令,行调1。(0807次司机复诵)

10:29 行调1(向下行列车发布命令):1207、1307次沿途各站各多停40 s,1207次司机复诵,行调1。(1207次司机复诵)

10:29 环调向相关车站发布晚点信息。

10:29 行调1:P站下行0109次晚开2 min,行调1。(0109次司机复诵)

10:29 行调2(向车辆检修调度员通报故障情况):检调,0607次在E站—D站区间车辆严重故障,已停车处理。(检调回复)

10:30 环调再次向相关车站发布晚点信息,通报故障处理情况。

10:31 行调1:0607次司机故障处理如何?

10:31 0607次司机回答:正在处理,故障依然存在。

10:31 行调2联系检调指导司机处理故障。

10:32 行调1:0908次、1007次列车到F站待令,0908次司机复诵,行调1,如图9.6所示。(0908次司机复诵)

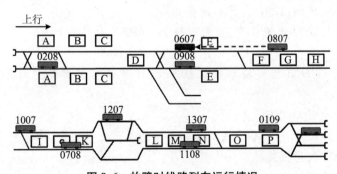

图9.6 故障时线路列车运行情况

10:32 0607次司机:故障处理不好,请求救援。

10:32 行调1将情况报告调度长。调度长布置救援方案,后续0807次担当救援任务,推进故障车至D站上行站台清客再牵引回车辆基地。同时进行信息通报。

10:33 行调1:0807次E站清客,行调1。(0807次司机复诵)

10:33 行调1:(向0607次、0807次列车发布救援命令)因0607次在E站—D站区间故障请求救援,准E站—D站下行线加开601次到E站—D站间下行线担任救援工作,推进故障车至 D 站上行站台清客再牵引回车辆基地,601 次由 0807 次担任,0807 次司机复诵,行调 1。(0807 次司机复诵)

10:33　行调 2:(向 E 站、D 站发布救援命令)因 0607 次在 E 站—D 站区间故障请求救援,准 E 站—D 站下行线加开 601 次到 E 站—D 站下行线担任救援工作,推进故障车至 D 站上行站台清客再牵引回基地,601 次由 0807 次担任,D 站复诵,行调 2。(D 站行车值班员复诵)

10:35　行调 1:1007 次 F 站清客,凭行调指令折返到 F 上行站台改开 2102 次,行调 1。(1007 次司机复诵)

10:35　行调 1:0908 次 F 站清客,换端后改开 2101 次 F 站载客,反方向运行经 D 站渡线至 D 站下行站台再运至 A 站下行站台,行调 1。(0908 次司机复诵)

10:35　行调 2:1007、0908 次列车 F 站清客,0908 次换端后改开 2101 次 F 站载客,反方向运行经 D 站渡线至 D 站下行站台再运至 A 站下行站台。1007 次折返到 F 站上行站台改开 2102 次。要求 D 站、E 站、F 站做好乘客服务,E 站复诵,行调 2。(E 站行车值班员复诵),如图 9.7 所示。

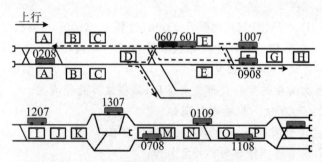

图 9.7　救援过程列车运行情况

10:36　行调 1:A 站上行 0208 次改开 0608 次正点发车,行调 1。(0208 次司机复诵)

10:37　1007 次司机:1007 次 F 站清客完毕。

10:37　行调 1:1007 次清客完毕,关门待令。(1007 次司机复诵)

10:38　0908 次司机:0908 次 F 站清客完毕,请求换端。

10:38　行调 1:0908 次换端后确认乘客上、下完毕凭地面信号动车。(0908 次司机复诵)

10:41　2101 次 F 站动车。

10:42　行调 1:F 站下行 1007 次凭地面信号折返至上行站台,确认乘客上、下完毕凭车载信号动车。(1007 次司机复诵)

10:46　2102 次 F 站动车。

10:47　行调 2:P 站,1 道备用车替开 0709 次,0708 次到达后替开 0909 次,行调 2。(P 站行车值班员复诵)

10:48　行调 1:P 站 1 道备用车凭地面信号动车到 P 站下行站台替开 0709 次正点发车,行调 1。(备用车司机复诵)

10:50　601 次司机报告连挂成功动车,行调 1 通知 601 次动车。

10:51　行调 1 将上行列车扣在 B 站。

10:53　601 次出清下行线。

10:58　601次报故障车清客完毕。
11:00　601次出清正线后组织车辆基地一列列车投入正线调整,恢复按图行车。

2. 工程车救援分析

如图9.8所示,当0114次列车在D站—E站上行区间发生故障需要救援。

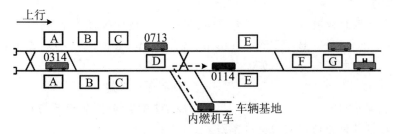

图9.8　出动工程车救援故障列车示意图

一般情况下行调既可以考虑让故障车附近的0713次或0314次列车担任救援任务,同时由于故障车所在地点紧靠车辆基地,行调也可以考虑让车辆基地出动工程车将故障车牵引至D站清客后推进回车辆基地,这样和利用正线运行的其他列车担任救援任务比较起来,一方面如果工程车能在需救援列车刚刚发生故障时就做好出动的准备,故障车司机一旦请求救援,工程车就能根据行调的命令立即出动,一般会比由正线其他列车担任救援任务节省时间;另一方面,由工程车担任救援工作只需对故障车进行清客,而由其他列车执行救援任务还需要对担任救援任务的列车进行清客,这样增加了清客的列车数量导致城轨服务质量的降低。因此,当靠近车辆基地的城轨线路上的列车发生故障需要救援时,行调往往会考虑让车辆基地出动工程车进行救援,只有当工程车执行其他任务无法立即出动时才会命令正线运行的其他列车救援故障车。

需要特别指出的是,对于在车辆基地既有轨道车又有内燃机车充当工程车的城轨运营企业来说,执行列车救援任务的工程车一般由内燃机车而不是轨道车来担任,因为轨道车功率较小,较难完成牵引或推进一列电客车的任务。

技能点训练

如图9.9所示,0109次列车在下行K0+700m处突发车辆故障无法排除需要救援,行调、司机及相关车站岗位联动完成0109次列车救援任务。

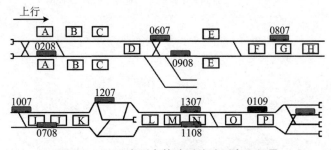

图9.9　0109次列车故障时线路列车运场景

知识点练习

一、填空题

1. 救援列车作业应尽量遵循_____的原则。
2. 通常根据救援实施地点不同可分为_____和_____。

二、选择题

1. 救援列车应距被救援车（　）外停车，以（　）速度接近故障车。（　）
   A. 15 m,5 km/h　　　B. 15 m,10 km/h　　C. 20 m,5 km/h　　　D. 20 m,10 km/h
2. 工程车救援电客车需要加装（　）。
   A. 自动车钩　　　　　　　　　　　　B. 半自动车钩
   C. 半永久牵引杆　　　　　　　　　　D. 过渡车钩（或转换车钩）
3. 正线救援尽量遵循（　）救援原则。
   A. 正向　　　　　B. 反向　　　　　C. 无向　　　　　D. 以上都正确

三、简答题

列车救援。

四、简答题

1. 简述救援列车的作业原则。
2. 简述开行救援列车的组织方法。
3. 简述救援连挂作业步骤及规定。

项目十　施工组织与管理

任务一　施工组织基本认知

素质目标

培养学生精湛的业务能力和一丝不苟、精益求精的敬业精神。

知识目标

1. 能正确描述施工组织与管理的基本概念。
2. 能说明城市轨道交通施工计划的不同分类方式。

能力目标

能正确识读施工命令。

一、施工组织的基本概念

施工检修分类

1. 影响行车的施工

影响行车的施工是指进行该项施工作业时,影响行车设备运行、降低或终止行车条件、妨碍行车安全的施工。

2. 影响客运的施工

影响客运的施工是指进行该项施工作业时,车站客运服务设备设施功能降低、客流组织及服务质量受影响的施工。

3. 施工负责人

施工负责人是指对施工作业的组织、安全和人员管理全面负责的人员,每项施工作业必须设置一个施工负责人,施工负责人需经培训考核合格后方可上岗。

4. 施工监管人

在外单位进行施工作业及委外单位进行 A0、A1、B1 类施工作业时,分公司内部专业归口管理部门负责监管的人员称为施工监管人。

5. 施工联络人

当一项施工作业设置主站、辅站时,辅站需设施工联络人。

6. 主站

在施工区域范围内,施工负责人持施工作业令及相关证件进行登记请点施工的地点称为主站。正线施工作业若区域内含联锁站,原则上联锁站作为主站。

7. 辅站

同一施工项目多站进行时,除主站外,其余各站均可设为辅站,施工联络人负责办理辅站请销点手续,同一施工项目安排辅站总数原则上不超过 5 个。

8. 请点

施工开始前不少于 30 min,施工负责人凭施工作业令及相关证件到车站、车辆基地调度室、主变电所、控制中心等场所办理施工登记手续。

9. 销点

施工结束后,施工负责人凭施工作业令及有效身份证件到车站、车辆基地调度室、主变电所、OCC 等场所办理施工销记手续。

10. 施工作业令

施工作业令是允许在分公司所辖设备或所辖范围内进行施工作业的唯一凭证,如表 10.1 所示。其中,A、B、C1 类作业的"施工作业令"由调度部门施工管理工程师或值班主任助理负责签发,C2 类作业的"施工作业令"由分公司各部门(中心)分管施工工作的工程师或专业工程师负责签发。

表 10.1 施工作业令

作业代码	2A2-1226-002	作业令号	〔2022〕公务 1 字(1226)-02 号
作业部门(单位)	公务通号中心公务二车间	申报人及联系方式	吴斌 139××××××××
作业名称	正线人工巡道	作业区域	A-D 站上、下行线含辅助线
作业日期	2022/12/26	作业时间	23:10—(次日)04:00
主要作业内容	正线人工巡检		
防护措施	作业人员穿荧光衣、劳保鞋、戴好安全帽		
接触网供电安排	无要求		
配合部门及要求			
主站	A 站	施工负责人及联系方式	王俊 136××××××××
辅站及责任人		作业人数	5
备注	该项作业需车站配合开启区间照明及扳动道岔,销点站 D 站		
签发人		发放人	
施工区域出清情况	设备情况	地线撤除情况	
	人员、物料等撤离情况	施工负责人/责任人	

续表

作业代码	2A2-1226-002		作业令号	〔2022〕公务 1 字 (1226)-02 号	
请点生效		批准人		销点生效	批准人	
销令时间			销令批准人		

(1) 作业代码。作业代码是指此项作业在"施工行车通告""施上行车通告补充说明""日补充计划表"、临时补修计划中的作业代码。如作业代码 2A2-1226-002,其中,2 代表 2 号线,A2 代表此项作业的类别为 A2 类施工,1226 表示 12 月 26 日,002 表示当天该类作业的第 2 项工作安排。

(2) 作业令号。〔年份〕签发部门×字(月份日期)-×号,如〔2022〕公务 1 字(1226)-02 号表示 2022 年工务部门 12 月 26 号签发的一号线的第 2 个作业令。

(3) 主要作业内容。应简要描述具体作业的内容等。此栏由作业部门或监管部门填写。

(4) 防护措施、接触网供电安排:是指该项作业时需要进行线路封锁、接触网停电、挂接地线等特殊要求的,在描述时应清晰、准确。

(5) 配合部门及要求:是指作业过程中需分公司内相关部门进行配合的要求,包括对水、电源等的需求,配合部门则按此栏内容进行配合。

(6) 主站、施工负责人、辅站及责任人、作业人数,如一项作业有多组人从不同地点进入作业区域进行施工的,应分别如实填写主站、施工负责人、辅站及责任人,并由施工负责人负责按规定统一办理相关施工手续;如作业只有一组人员作业,则只需在主站、负责人栏如实填写。此四栏由作业部门或监管部门填写。

(7) 签发人、发放人。签发人是指总调度所签发该"施工作业令"的人,此栏应盖分公司作业令签发专用章;发放人是指车间发放该"施工作业令"的人,此栏应加盖车间施工作业令发放专用章。

(8) 施工区域出清情况:指作业完成情况,包括设备情况(是否恢复正常)、人员物料等撤除情况(是否撤离)、地线撤除情况(撤除时间)等,此栏由施工负责人、施工责任人(若为辅站在"地线撤除情况"栏内直接画斜线)填写。无地线配合时在地线撤除情况栏画斜线。

(9) 请点生效、销点生效:指批准请点、销点的车站值班员、车场调度员或相应区域管理人员,在车站时该信息由车站填写,在车场时由车场调度员填写,OCC 或主变电所等由 OCC 调度或主变电所值班员填写。配合作业令上不需要填写该信息。

(10) 销令。销令批准人为当值车间生产调度员,销令时间由车间生产调度提供。

11. 施工作业令号

施工作业令号是指经施工登记请点批准后,给出的允许进行施工作业的命令号码。

12. 施工区域出清

施工区域出清是指在施工结束后,施工负责人/联络人确认作业有关人员已撤离,相关设备、设施已恢复正常,工器具、物料等已撤走的状态。

13. 抢修作业

抢修作业是指设备设施发生故障需立即进行抢修的作业。

14. 补修作业

补修作业是指遇运营时间段内设备设施发生故障（含必须当日处理的重大设备隐患），采取临时措施维持，需运营结束后进行补修的作业。

15. 计划兑现率

计划兑现率是指各类施工计划中实际完成件数与计划件数的比值。

16. 申请取消施工

申请取消施工是指在作业开始前 4 h 按规定流程申请取消的施工作业计划。

17. 擅自取消施工

擅自取消施工是指未按规定流程申请取消且没有按计划完成的施工作业计划。

18. 时间利用率

时间利用率是指施工作业实际时长与计划时长之比。

19. 安全避让区域

安全避让区域是指不侵入线路机车车辆限界，并确保抢修人员及工器具有足够的安全空间。

二、施工计划的分类

城市轨道交通系统施工计划一般按时间、施工地点和性质来分类。

1. 按时间分类

施工计划按照计划的时间可以分为年度计划、月计划、周计划、日补充计划、临时补修计划。

（1）年度计划：是指为平衡动车施工及对设备影响大、持续时间长的施工需求，各部门根据下一年度设备设施修程以及重大更新改造计划，按月分解施工任务，经审核批准后公布的年度计划。

（2）月计划：是指以一月为周期编制的计划，属于设备正常修程内和开车调试的作业应纳入月计划。月计划应结合地铁运营单位的月度设备检修计划编制。

（3）周计划：是指以一周为周期编制的计划。因设备检修需要，可将月计划里未列入的作业补充进周计划或将月计划中需调整变更的作业计划纳入周计划。

（4）日补充计划：是指提前一天申报的计划。可将月计划和周计划里未列入的作业补充进来或将月计划、周计划中需调整变更的作业计划纳入本计划。

（5）临时补修计划：是指在运营期间因设备设施临时故障，对设备进行抢修后，必须在当天停运后继续进行设备维修的作业计划。

2. 按施工作业地点和性质分类

按是否影响行车、施工作业地点和性质，分为 A、B、C 三类，具体情况如表 10.2 所示。

表 10.2 施工按施工作业地点及影响程度分类

施工分类定义			作业要求
A类	在正线（含辅助线、车站小站台，下同）或影响正线行车的施工检修作业	A0	对当日或次日运营有重大影响或重大风险的施工（如：需双电源停电的作业、换轨作业等）	(1) 需召开专题协调会审议通过，并由各专业部门编制（审核）施工方案，内容应包括施工作业保障及运营保障方案。 (2) 原则上按周计划申报，特殊情况由分公司分管施工副总予以确定。 (3) 行调负责批准请销点并给出施工作业令号。 (4) 需设备调度配合的按流程向设备调度办理相应手续
		A1	在正线轨行区范围内开行电客车/工程车的施工（如：调试列车、工程车运送物料等）	(1) 需施工协调会审议通过，并由各专业部门编制（审核）动车方案。 (2) 原则上按周计划申报，特殊情况由分公司分管施工副总予以确定。 (3) 行调负责批准请销点并给出施工作业令号
		A2	在正线轨行区范围内不开行电客车/工程车的施工（如：信号机检修、区间巡检等）	(1) 需施工协调会审议通过。 (2) 行调负责批准请销点并给出施工作业令号
		A3	在车站、主变电所、OCC范围内，影响正线行车设备正常运行的施工（如：设备房间内检修需停止使用调度电话）	(1) 需施工协调会审议通过。 (2) 行调负责批准请销点并给出施工作业令号。 (3) 需设备调度配合的按流程向设备调度办理相应手续
B类	在车辆基地（含试车线）或影响车辆基地行车的施工检修作业（不含车辆检修中心对电客车、工程车的检修作业）	B1	在车场线轨行区范围内（含试车线）开行电客车/工程车的施工（不含因车辆检修而进行的调车及库内动车）（如：需动用工程车的段场设备维修、电客车试车线调试等）	(1) 需施工协调会审议通过。 (2) 原则上按周计划申报，特殊情况由分公司分管施工副总予以确定。 (3) 由场调负责批准请销点并给出施工作业令号。 (4) 做好随时出清线路的准备
		B2	在基地线轨行区范围内不开行电客车/工程车的施工，但需进入车辆基地线路限界内，或影响接触网、信号等设备运行，或在车辆基地线路限界外3 m内种植乔木、搭建相关设施，或需要动火等影响行车，或库内影响进出车或影响送电的施工，或影响消防设备正常使用的施工（如：库内隔离开关检修、库门维修等）	(1) 需施工协调会审议通过。 (2) 由场调负责批准请销点并给出施工作业令号。 (3) 做好随时出清线路的准备

续表

施工分类定义			作业要求
C类	在车站（含小站台设备房）、主变电所、OCC、车辆基地等范围内不影响行车的施工检修作业	C1 大面积影响客运服务、影响消防设备正常使用，需要动火的设备设施维护检修等施工	(1) 运营期间原则上不安排此类施工(车辆基地除外)；遇特殊情况，由施工管理工作小组予以确定。 (2) 分别由车站行车值班员、主变电所值班员、OCC值班主任助理、场调负责批准请销点并给出施工作业令号
		C2 不影响客运服务或局部影响客运服务但经采取措施影响不大，不影响设备正常运行或经采取措施影响不大的设备设施维护检修等施工	(1) 由各部门负责施工管理工程师审核，各部门分管施工工作的负责人审批；遇需搭设脚手架，产生刺激性气味、粉尘、噪音等影响客运服务质量的施工检修作业，应安排在非运营时段进行。 (2) "施工作业令"由各施工部门(中心)自行填写打印，并加盖本部门(中心)公章或电子公章。 (3) 施工负责人到车站、主变电所、OCC、车辆基地调度室等地请点施工。 (4) 分别由车站行车值班员、主变电所值班员、OCC值班主任助理、车辆基地调度负责批准请销点并给出施工作业令号

技能点训练

请完成表10.3施工作业令识读。

表10.3 施工作业令示例

作业代码	5A1-1115-010	作业令号	〔2022〕运营1字(1115)-10号
作业部门（单位）	设施部工建车间	申报人及联系方式	李× 136××××××××
作业名称	轨道设备检修	作业区域	D-G站上、下行线含辅助线
作业日期	2022/11/15	作业时间	23:10—(次日)03:00
主要作业内容			轨道设备检修
防护措施			作业人员穿荧光衣、劳保鞋，戴好安全帽
接触网供电安排			无要求
配合部门及要求			
主站	D站	施工负责人及联系方式	王× 136××××××××
辅站及责任人		作业人数	6

续表

备注	该项作业需车站配合开启区间照明及扳动道岔			
签发人		发放人		
施工区域出清情况	设备情况		地线撤除情况	
	人员、物料等撤离情况		施工负责人/责任人	
请点生效	批准人		销点生效	批准人
销令时间			销令批准人	

知识点练习

一、填空题

1. 在作业区域范围内，施工负责人办理请销点手续的车站为_____站。
2. 施工计划按照计划的时间可以分为年度计划、_____、_____、_____、_____和_____计划。
3. 按是否影响行车、施工作业地点和性质，施工计划分为_____、_____和_____三类。
4. 同一施工项目多站进行时，除主站外，其余各站均可设为_____站，_____负责办理辅站请销点手续，同一施工项目安排辅站总数原则上不超过_____个。
5. 正线道岔故障维修按照是否影响行车、施工作业地点和性质属于_____类施工。
6. A、B、C1类作业的"施工作业令"由_____负责签发，C2类作业的"施工作业令"由_____负责签发。

二、选择题

1. 施工计划按照是否影响行车、施工作业地点和性质划分，在车站、主变电所、OCC、车辆基地等范围内不影响新车的施工是（　　）。
   A. A类　　　　B. B类　　　　C. C类　　　　D. D类

2. 施工结束后，施工负责人凭施工作业令及有效身份证件到车站、车辆基地调度室、主变电所、OCC等场所办理施工（　　）手续。
   A. 施工登记　　B. 请点　　　　C. 销点　　　　D. 监管

3. （　　）是允许在分公司所辖设备或所辖范围内进行施工作业的唯一凭证。
   A. 施工作业令　B. 动火令　　　C. 施工登记簿　D. 调度命令

4. （　　）是指经施工登记请点批准后，给出的允许进行施工作业的命令号码。
   A. 施工作业令号　B. 车体号　　C. 电话记录号　D. 调度命令号

5. （　　）的施工是指进行该项施工作业时，影响行车设备运行、降低或终止行车条件、妨碍行车安全的施工。
   A. 影响行车　　　　　　　　　B. 影响客运
   C. 影响工作人员绩效　　　　　D. 其他

6. 在施工作业令中，作业代码"2A1-1012-003"最左边的数字"2"表示（　　）。
   A. 本年2月　　B. 本月第2周　C. 本月2号　　D. 2号线

三、名词解释
1. 主站。
2. 辅站。
3. 施工计划申报人。
4. 施工负责人。
5. 请点。
6. 销点。

四、简答题
1. 影响行车的施工有哪些?
2. 影响客运的施工有哪些?

任务二　施工计划管理

素质目标
培养学生牢固树立遵章守纪、高度安全的责任意识及团队协作意识,培养学生组织施工作业的协调能力。

知识目标
1. 能正确描述施工管理机构的组成与职责。
2. 能正确描述施工计划管理流程。
3. 能区分周计划、临时施工的申报与审批流程。
4. 能正确描述施工计划变更(取消)相关规定。

能力目标
1. 能正确填写周计划申请表。
2. 能正确填写日补充(临时)计划申请表。
3. 能正确识读施工行车通告命令。
4. 能正确填写施工计划变更(取消)申请表。

一、施工管理机构

为加强对施工计划、施工作业组织的管理,各运营企业成立了专门的施工管理机构,因各企业岗位配置与运营模式不尽相同,所以架构并不统一。通常运营企业成立施工管理领导小组和施工管理工作小组。

1. 施工管理领导小组

(1) 组成:
组长:分公司分管副总经理。
副组长:调度处分管副处长。
成员:各处施工管理工程师。

(2) 职责分工：

领导小组职责：负责领导、督促施工管理工作小组开展工作；协调分公司与外单位、委外单位的相关工作关系以及重大且难以自行商妥的问题。裁决、审核、签发施工考核项目及考核结果。

组长（副）职责：负责组织施工管理领导小组开展工作，签发"施工行车通告"。

成员：指导施工计划的协调、管理工作；处理施工协调会上未能商妥的问题；督促、指导施工管理工作小组的工作。

2. 施工管理工作小组

（1）组成：

组长：调度处分管副处长。

副组长：调度部门施工管理工程师。

成员：各中心或处室负责施工工作的工程师。

（2）职责分工：

施工管理工作小组职责：负责施工计划申报、审批、协调；按要求组织召开施工协调会；编制、审核、发布"施工行车通告"；处理施工计划取消、变更、增补等日常事宜；负责对施工计划及实施情况进行统计、分析和总结；定期对施工日常管理工作的开展情况进行分析、总结，并有针对性地进行工作改进；对施工违章等情况进行考核，并报施工管理领导小组审批后实施；针对考核的问题要求责任单位制定合理的整改措施，并督促考核问题落实整改；负责与外单位、委外单位签订施工安全协议。

组长职责：主持或委托副组长主持施工协调会、审批"施工行车通告"；针对施工日常管理及计划实施情况进行有针对性的工作改进。

副组长职责：按要求组织召开施工协调会，协调施工相关事宜；编制、发布"施工行车通告"；及时处理施工计划取消、变更、增补等日常事宜；对施工的实施情况进行分析、总结，提出改进意见。

成员：负责施工计划申报、审核及协调工作；按职责要求对施工计划及实施情况进行统计、分析；落实施工现场检查要求。

二、施工计划管理流程

为了规范施工计划的申报、审批、下发与跟踪，应制定施工计划管理流程规定，明确各环节的时间节点，以便于按时完成施工作业计划下达与实施。施工计划管理基本流程，如图10.1所示。

三、施工计划编制原则

（1）施工计划编制部门应遵循"精细化"的要求，以"确保施工安全，提高施工效率，较少施工资源占用，降低设备使用频次"为原则开展施工计划编制；

（2）在施工计划编制过程中，施工计划管理机构应按照先重点后次要、先紧急后一般、先申请先安排的基本原则。对于影响大且在安全上重点控制的计划和一些重点施工等核心计划，应优先编制。

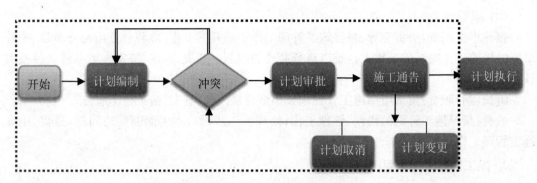

图 10.1 施工计划管理基本流程

（3）原则上正线轨行区施工登记、注销点为施工区段内的车站、信号楼。信号系统调试、运营演练、中央机房和调度大厅内的轨行区施工可在 OCC 办理登记、注销。变电施工在变电站内由变电值班员向电力调度员申请办理登记、注销。

（4）月、周施工作业计划的安排应在确保人员、设备安全的前提下，考虑均衡安排，避免集中作业。

（5）处理好列车的开行时间和密度、施工封锁等几方面的关系，避免抢时、争点现象发生。

（6）为方便施工单位作业，月、周施工作业计划内的各项作业应注明施工日期、作业起止时间、作业内容、作业区域、安全事项及其他应说明的问题（列车编组、行车计划、配合部门及详细配合要求、联系电话等）。

（7）经济、合理地使用机车车辆，避免浪费资源。

四、施工计划的申报与审批

1. 施工计划的申报

（1）周计划申报。在每月规定的时间内，由施工部门向施工计划管理机构提报施工计划申请单，各类施工如表 10.4 所示。施工计划管理机构根据月计划提报的情况，组织内部申报部门及相关施工单位人员参加施工协调会议，以审核计划。

表 10.4 施工周计划申请表

编号：

作业日期	作业类别	作业部门	作业时间	作业内容	作业区域	接触网供电安排	配合要求	施工负责人/施工监管人及联系方式	防护措施	请销点站	备注
×月×日	A0-A3/B1-B2/C1	×部×车间/委外单位公司	××:××—××:××	接触网检修	××站—××站上/下行	接触网停电	……	姓名、手机号	安全帽、劳保鞋……	××站	
……	……	……	……	……	……	……	……	……	……	……	……

处室（中心）：　　审核人：　　　　　　审核日期：

（2）日补充（临时）计划申报。在每周规定的时间内，施工计划管理机构在月计划的基础上统筹处理、合理安排，形成施工计划的"施工行车通告"文件，在施工统筹会上统一批复施工申请。

对于未列入每周的施工计划中的普通临时性施工，由施工部门向施工计划管理机构或施工作业审批单位提出申请。

由于特殊原因，施工单位需要在"施工行车通告"截稿后向施工计划管理机构申请施工，采用日补充计划形式（如申请时日不够，必须延日完工的施工作业等情形），申请表如表10.5所示。

表 10.5　日补充（临时）计划申请表

编号：

作业日期	作业类别	作业部门	作业时间	作业内容	作业区域	接触网供电安排	配合要求	施工负责人/施工监管人及联系方式	防护措施	请销点站	备注
临时计划提报原因											
申请单位（签章）			申请人					申请时间			
批复结果			批复人（签章）					批复时间			
其他说明											

对于紧急情况需要抢修的临时施工作业，可直接向施工审批部门提出申请，申请表同表10.4。临时补修计划适用于紧急抢修情况，不受周计划及日补充计划所限制，此计划将被优先处理。

2. 施工计划的审批

施工计划的审批方式主要有两种：

（1）集中审批。各单位按照层级申报，逐层审核，最终召开施工协调会统一审批及确定施工计划安排，或集中编制后，再按照专业审核分散审批。

（2）重点审批与分散审批相结合。安全性高级、资源紧张的计划试行集中审批，其余计划按照属地管理分散审批。

审批完成后，以正式的施工行车通告文件下发各部门，施工行车通告如表10.6所示。各部门依据施工行车通告文件组织开展计划日期内的施工项目。为维护计划编制的严肃性，凡列入计划的施工项目，均应按期、按申报内容履行实施。对于因故不能实施的项目，施工负责人应在规定的时限内向施工作业审批单位提出注销申请。图10.2—图10.4为某城轨运营企业周计划、日补充计划及临时计划申报与审批流程。

表10.6 施工行车通告

编号：

施工作业计划											
序号	作业代码	作业部门	作业时间	作业内容	作业区域	接触网供电安排	配合要求	施工负责人/施工监管人及联系方式	防护措施	请销点站	备注
20××-08-31 星期×											
1	1A2-0831-001	……	……	……	……	……	……	……	……	……	
2											
……											

说明：(1) A、B、C1类施工计划纳入施工行车通告；(2) 施工行车通告以年月日、星期几为单位，每天的施工计划按A、B、C1类顺序排列；(3) 施工作业代码编号规则：作业代码由字母和数字组成，共10位。前三位为线路编号和施工类型，中间四位表示施工的月日日期，最后3位为顺序编号。例如，序号为"1A2-0915-125"的施工作业计划，表示1号线本年度9月15日的第125项A2类施工作业计划。日补充计划、临时计划的施工作业代码编号原则相同，最后3位数字顺延予以编号，在编号后加注"(补)""(改)""(删)""(临)"字样。

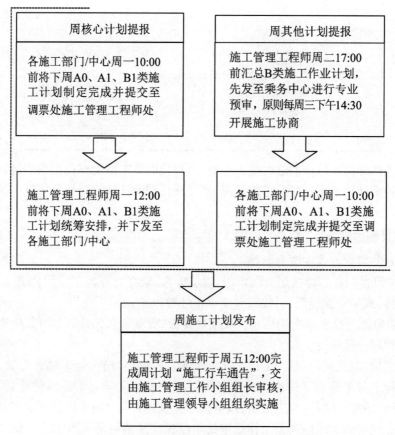

图10.2 某城轨运营企业周计划申报与审批流程

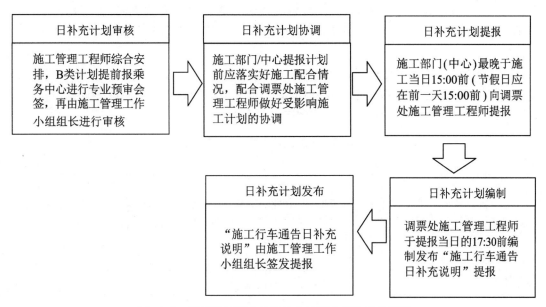

图 10.3　某城轨运营企业日补充计划申报与审批流程

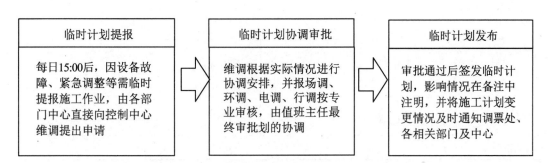

图 10.4　某城轨运营企业临时计划申报与审批流程

五、施工计划取消和更改

1. 施工计划取消有关规定

(1) 施工计划一经下发,原则上不予取消。

(2) 施工计划取消由申报部门/单位提出申请办理,申请表如表 10.7 所示。

(3) 因特殊情况,施工作业不能按计划实施,施工部门(中心)需在作业前(一般为 4 h,各企业规定不尽相同)申请取消施工作业计划,否则按擅自取消施工统计。因抢修、天气等不可抗力因素造成不具备施工条件,施工取消可不受"4 h"限制,施工统计时均按申请取消施工统计。

(4) 施工作业计划的取消,需由施工部门(中心)根据时间按日补充计划、临时计划的申报程序办理。

2. 施工计划变更有关规定

(1) 施工计划一经下发,原则上不予变更。

(2) 施工计划变更由申报部门/单位提出申请办理,申请表同表 10.6。

(3) 其中仅限施工作业区域、施工负责人及联系方式等内容调整时,方可提出更改申请,原则上不得变更作业内容且不得影响其他施工计划,遇特殊情况由施工管理工作小组予以确定。

(4) 遇施工计划必须变更时,施工部门(中心)原则上应按日补充计划申报流程提前向调度部门施工管理工程师提出申请;在时间紧急情况下的计划更改可按临时计划申报流程办理,或经调度部门值班主任同意后,按调度指示办理。

表 10.7 施工计划变更(取消)申请表

编号:

原计划	作业代码	作业部门	作业时间	作业内容	作业区域	接触网供电安排	配合要求	施工负责人/施工监管人及联系方式	防护措施	请销点站	备注
变更事项											
取消计划											
变更(取消)原因											
申请单位(签章)		申请人			申请时间						
批复结果		批复人(签章)			批复时间						
其他说明											

技能点训练

某城轨运营分公司供电一中心,计划 2022 年 10 月 25 日 23:55—次日 3:40 对 C 站—D 站上下行线(含辅助线)G079—G096 锚段刚性接触网综合检修,0109—0112 停电自挂地线,作业过程需要在 C 站进出轨行区并拆挂地线,需要设备调度配合开启风机,施工负责人及联系方式为冯三,联系电话是 158××××××××,需要安全帽、荧光衣以做好安全防护措施,销点站为 D 站,请完成表 10.8 周计划申请表填写。

表 10.8　施工周计划申请表

编号：

作业日期	作业类别	作业部门	作业时间	作业内容	作业区域	接触网供电安排	配合要求	施工负责人/施工监管人及联系方式	防护措施	请销点站	备注

处室(中心)：　　审核人：　　　　　　　审核日期：

知识点练习

一、填空题

1. 为加强对施工计划、施工作业组织的管理，各运营企业成立专门的施工管理机构，因各企业岗位配置与运营模式不尽相同，所以架构并不统一。通常运营分公司成立_____小组和_____小组。

2. 施工计划按照计划的时间可以分为年度计划、_____、_____、_____、_____和_____计划。

二、选择题

1. 下面施工计划中未纳入施工行车通告的是(　　)。
   A. A 类　　　　B. B 类　　　　C. C1 类　　　　D. C2 类

2. 施工行车通告中的作业代码与(　　)作业代码是一致的。
   A. 施工作业令　　B. 调度命令　　C. 发车计划单　　D. 收车计划单

3. 主持或委托副组长主持施工协调会、审批"施工行车通告"、针对施工日常管理及计划实施情况进行有针对性的工作改进一般由(　　)负责。
   A. 施工管理领导小组组长　　　　　B. 施工管理工作小组组长
   C. 施工管理工作小组副组长　　　　D. 施工管理工作小组成员

三、简答题

1. 简述施工计划的编制原则。
2. 简述施工计划的管理流程。
3. 简述周计划的申报与审批流程。
4. 简述日补充计划的申报与审批流程。

任务三　施工计划实施

素质目标
培养学生牢固树立岗位安全责任意识,提高团队协作与组织管理能力。

知识目标
1. 能描述出施工计划实施中的各岗位职责。
2. 能分析 A、B、C 及特殊施工不同作业过程。
3. 能正确描述施工防护含义及防护措施。

能力目标
1. 能完成不同类施工作业的请点与销点。
2. 能正确设置安全防护。

施工检修时间要求

一、施工计划实施中的各岗位职责

施工作业过程中涉及施工负责人/联络人、施工监管及现场属地人员。以上人员必须经过培训并考核合格,且报施工管理工作小组审核、备案后,方可上岗。

1. 施工负责人/联络人职责

(1) 负责作业人员及设备的管理,确保施工顺利开展。
(2) 办理请销点手续。
(3) 落实施工现场的组织指挥工作,按施工计划及相关方案组织施工。
(4) 及时与有关人员联系作业事项,必要时联系 OCC。
(5) 确认作业影响范围,落实作业安全防护措施。
(6) 确保施工区域出清、设备状态恢复正常。

2. 施工监管人职责

(1) 负责按规定协助外单位、委外单位办理施工请销点,检查其人员施工防护、劳动保护情况。
(2) 负责清点进出作业区域的施工作业人员。
(3) 负责监督外单位、委外单位的施工作业。
(4) 负责检查外单位、委外单位人员、物品(工器具、材料、施工垃圾等),出清施工作业区域,并向车站反馈。
(5) 检查、确认施工所动用的运营设备恢复到正常使用状态且已加固及不会侵入限界,并向车站反馈。
(6) 检查、监督外单位、委外单位人员的保卫综治问题(有无盗窃、抽烟等)。

3. 现场属地人员的职责

(1) 负责核实施工负责人/联络人的相关证件(施工作业令、有效身份证件、动火令等)。

(2) 负责办理施工作业登记、请销点手续。

(3) 负责按规定设置和撤销红闪灯防护。

(4) 负责向施工负责人和施工监管人确认作业影响范围,核对进出作业区域的施工作业人员。

(5) 负责监督属地施工作业安全,向施工负责人和施工监管人确认施工作业安全。

(6) 负责向施工负责人、施工监管人确认施工区域线路出清、设备恢复情况。

二、时间规定

1. 施工时间规定

(1) 原则上,正线施工的开始时间为最后一列车(含运营的电客车、进行施工作业的工程车/电客车)通过作业影响区域两站两区间(编制计划时以 15 min 予以预估);结束时间为列车运行图第一列电客车或巡道车出基地时间 45 min 之前。

(2) 凡影响列车出入库的 B 类施工不得安排在早晚高峰时段进行,作业前需告知行调,并做好随时出清线路的准备。

(3) 凡车站的 C1 类施工,原则于本站运营结束后即可安排;OCC、变电所内的 C1 类施工,应于运营时间结束后方可安排;C2 类施工作业可由登记地点人员视具体情况予以安排。

(4) 凡开行电客车/工程车的施工作业,编制提报计划时,需预留足够的开行/返程时间;需停送电或配合挂拆地线的施工作业,须考虑停送电和挂拆地线时间,编制提报计划时,停送电、挂拆地线时间分别按 15 min 予以预估。

(5) 各项施工作业必须在具备施工作业条件且得到批准的情况下方可组织作业。

2. 施工延时的规定

(1) 各项施工作业原则上应在施工计划规定的结束时间内完成施工作业并出清施工区域。

(2) 遇正线施工特殊情况需延长作业时间时,由施工负责人在规定的作业结束时间前 15 min 通过主站向行调申请,由值班主任审批后实施。延长后的作业结束时间距离所属施工区域列车运行图第一列电客车或巡道车实际开行时间不得小于 40 min,若小于 40 min 时,应注销原施工计划并按抢修作业办理。

(3) 车辆基地施工的延点要求按车辆基地运作管理有关规定执行。

三、施工组织

1. A 类施工组织

(1) 请点登记:施工负责人/联络人提前到主站、辅站,出示施工作业令及有效身份证件,并在"车站施工作业登记簿"上进行登记请点,如表 10.9 所示。需辅站配合施工的作业,施工负责人应在登记前与施工联络人确认人员到位及登记手续履行情况。

表 10.9　车站施工作业登记簿

编号：

日期	作业代码	作业部门	请点时间	施工负责人及电话	作业内容	请点											销点					
						作业区域		作业时间		停电范围		异地注销车站（多点施工）	行调代码	行调承认时间	作业令号	行值签认	备注	施工结果	注销点时间	销点人签名	行调销点时间	行调代码	行调承认	行值签认	备注
						起	止	起	止	起	止														

(2) 主站对照"施工行车通告"，对施工作业令及有效身份证件进行核对，确认具备施工条件后，向行调请点。

(3) 行调批准请点：行调确认施工条件符合要求后批准请点，同时给出施工作业令号，行调批准请点时需注意：

① A1 类施工作业需封锁作业区域时应及时发布线路封锁命令。

② 需停电作业的施工，行调需提前通知设备调度对相应区域停电，在得到设备调度已经停电的通知后，方可批准请点。

③ 需接触网挂/拆地线的施工，按规定流程执行。

④ 涉及或影响车辆基地的作业，行调须征得场调的同意后方可批准。

(4) 准许施工：主站确认行调批准请点后，对存在辅站配合作业的施工，通知辅站向主站办理请点。确认所有辅站均请点完毕后，主站、辅站在"施工作业令"上填写施工作业令号，并分别交付施工负责人、施工联络人（A1 类施工作业需车站设置红闪灯防护：在所有辅站均请点完毕后，由主站组织相关车站按规定设置红闪灯防护，确认红闪灯已设置完毕后方可交付施工作业令）。

(5) 开始施工：相关车站负责开启相应端墙门（A1 类施工作业要交付线路封锁命令的由主站交付"施工作业令"时一并交给施工负责人或电客车/工程车司机）。

(6) 进行施工作业：施工负责人组织施工人员按计划进行施工，施工过程中遇特殊情况需临时调整计划内容时，需得到行调批准，并由行调将受影响情况通知相关车站。

(7) 销点登记：施工结束后施工负责人/联络人共同确认线路出清、设备恢复正常后，分别到主站、辅站进行销点登记，主站、辅站应分别核实线路出清及设备恢复情况。

(8) 辅站销点：主站通知辅站向主站销点，确认所有辅站销点完毕后，按规定组织相关车站撤除红闪灯防护。

(9) 主站向行调销点：主站确认施工作业结束、线路出清、设备恢复正常、相关防护均已撤除后向行调销点。

(10) 行调批准销点：行调与主站确认施工结束、线路出清后，批准销点，行调批准销点

时需注意:

① A1类施工作业需解除作业区封锁时应及时发布线路开通命令。

② 需接触网挂/拆地线的施工,按规定流程执行。

③ 涉及或影响车辆基地的作业,行调须征得场调的同意后方可批准销点。

(11) 施工结束:主站确认行调批准销点后通知各辅站,由主站、辅站分别通知施工负责人、联络人施工结束。需送电作业的,行调应通知设备调度对相应区域送电。

2. B类施工组织

(1) 请点登记:施工负责人提前到车辆基地调度室,出示施工作业令及有效身份证件,并在"车辆基地施工作业登记簿"上进行登记,如表 10.10 所示,履行登记请点手续。

表 10.10 车辆基地施工作业登记簿

编号:

作业代码		作业部门		施工负责人及电话	
作业起止时分		配合部门		配合车辆	
作业内容		作业区域		影响范围	
停电区域		申请停电时分		场调	
		完成停电时分			
防护操作		设置时分		信号楼值班员	
作业令号		施工承认时间		场调	
实际作业区域:			备注:		
线路出清及设备状态	1. 本项作业已结束,人员及器具已出清。 2. 设备设施状态_____				
申请销点时分		施工负责人		同意销点时分	场调
送电区域		申请送电时分		场调	
		完成送电时分			
解除防护操作			解除时分	信号楼值班员	

(2) 批准请点:场调对照"施工行车通告"、对施工作业令及有效身份证件进行核对,确认施工条件具备,按规定通知信号楼值班员后方可批准请点,填写施工作业令号,并将"施工作业令"交付施工负责人。场调批准请点时需注意:

① 需停电作业的施工,场调在确认车辆基地具备停电条件后,即可通知设备调度对相应区域停电,在得到设备调度已经停电的通知后,方可批准请点。

② 需接触网挂/拆地线的施工,按规定流程执行。

③ 开始施工:施工负责人持令后方可开始组织施工。

④ 进行施工作业:施工负责人组织施工人员按计划进行施工,施工过程中遇特殊情况需临时调整计划内容时,需得到场调的批准。

⑤ 销点登记:施工结束后施工负责人确认施工区域出清、设备恢复正常,到车辆基地调度室办理注销手续。

⑥ 批准销点:场调确认施工区域出清、设备恢复正常,按规定通知信号楼值班员后(需接触网挂/拆地线的施工按规定流程执行),方可批准销点,施工结束。需送电作业的,场调应通知设备调度对相应区域送电。

3. C1 类施工组织程序

(1) 请点登记:施工负责人提前到相关车站、主变电所、OCC、车辆基地调度室等地出示施工作业令及相关证件,进行登记请点。

(2) 批准请点:由车站行车值班员、主变电所值班员、调度处值班主任助理、场调批准请点,填写施工作业令号(属于设备调度管辖设备的作业,施工计划及施工作业令中注明"作业前联系设备调度"的,请点时由车站、车辆基地调度将作业内容等事项告知设备调度,经设备调度同意后,方可批准请点)。

(3) 开始施工:施工负责人持令后方可开始施工,请点完成后,施工人员自行进入正确的作业区域。

(4) 销点登记:施工结束后施工负责人确认施工区域出清、设备恢复正常后,分别到车站、主变电所、OCC、车辆基地调度室等地进行销点登记。

(5) 批准销点:确认施工区域出清、设备恢复正常后,由车站行车值班员、主变电所值班员、调度处值班主任助理、车辆基地调度批准销点(属于设备调度管辖设备的作业,施工计划及施工作业令中注明"作业前联系设备调度"的,作业结束销点时,由车站、场调将作业完成情况告知设备调度,经设备调度同意后,方可批准销点)。

4. C2 类施工组织程序

(1) 请点登记:施工人员持各施工部门(中心)自行打印并加盖本部门(中心)公章(电子公章)的施工作业令,到达车站、主变电所、OCC、车辆基地调度室等地,出示有效身份证件,进行登记请点。

(2) 批准请点:经车站行车值班员、主变电所值班员、调度处值班主任助理、基地调度同意(属于设备调度管辖设备的作业,施工计划及施工作业令中注明"作业前联系设备调度"的,请点时由车站、场调将作业内容等事项告知设备调度,经设备调度同意后,方可批准请点)并填写施工作业令号后,即可开始施工作业。

(3) 销点登记:施工结束后确认施工区域出清、设备恢复正常后,由登记人分别到车站、主变电所、OCC、车辆基地调度室等地进行销点登记。

(4) 批准销点:经车站行车值班员、主变电所值班员、调度处值班主任助理、基地调度确认后批准销点(属于设备调度管辖设备的作业,施工计划及施工作业令中注明"作业前联系设备调度"的,作业结束销点时,由车站、场调将作业完成情况告知设备调度,经设备调度同意后,方可批准销点)。

5. 特殊施工组织

(1) 接触网供电分区停/送电:

① 正线接触网供电分区停/送电过程:

a. 行调确认准备停/送电的接触网供电分区具备停/送电条件后,即可通知设备调度可以停/送电。

b. 设备调度核实停/送电条件并确认符合要求后,进行停/送电操作。

c. 设备调度操作完成并确认按要求停/送电后,通知行调。

d. 行调确认已经停/送电后,通知相关车站停/送电情况。

② 车辆基地接触网供电分区或接触网单股道停/送电过程:

a. 场调确认准备停/送电的接触网供电分区或接触网单股道具备停/送电条件后,即可向设备调度申请停/送电。

b. 设备调度核实停/送电条件并确认符合要求后,进行停/送电操作。

c. 设备调度操作完成并确认按要求停/送电后,通知场调。

d. 场调确认已经停/送电后,通知相关单位停/送电情况。

(2) 接触网挂/拆地线:

① 在正线施工作业需要供电人员配合接触网挂/拆地线程序:

a. 行调接到需要供电人员配合挂/拆地线的施工作业的申请后,确认具备挂/拆地线条件,通知设备调度可以挂/拆地线。

b. 设备调度核实符合挂/拆地线条件后,通过调度电话通知供电人员可以操作挂/拆地线,并告知行调确认,行调需通知相关车站挂/拆地线安排。

c. 由车站开启相应端门,供电人员配合施工负责人进行挂/拆地线操作。

d. 完成挂/拆地线操作,回到车站后,供电人员通知设备调度、车站值班员地线已经挂/拆完成,车站值班员需向行调报地线已挂/拆完成。

e. 设备调度确认后,通知行调挂/拆地线已完成,行车值班员确认后向行调申请,行调核实后方可批准该项施工作业的请销点申请。

② 在车辆基地施工作业需要供电人员配合接触网挂/拆地线程序:

a. 基地调度接到需要供电人员配合挂/拆地线的施工作业的请销点申请后,确认具备挂/拆地线条件,通知设备调度可以挂/拆地线。

b. 设备调度核实符合挂/拆地线条件后,通过调度电话通知供电人员可以操作挂/拆地线。

c. 供电人员凭设备调度的调度命令,经基地调度批准后,进入线路,配合施工负责人进行挂/拆地线操作。

d. 完成挂/拆地线操作,返回车辆基地调度室,供电人员通知设备调度地线已经挂/拆完成。

e. 设备调度确认后,通知场调挂/拆地线已完成,基地调度核实后方可批准该项施工作业的请销点申请。

四、施工防护

施工防护是指为保证施工作业过程的安全所采取的各种防范措施。

(1) 施工负责人/施工联络人办理施工登记时,办理登记人员要逐项检查"施工作业令",确认作业人数,向施工负责人确认施工防护用品和防护措施满足施工计划的要求,确保施工防护到位。

(2) 原则上进入线路的施工作业人员每组不得少于两人,严禁单人单独作业或执行作业中的某一项作业程序(特殊作业除外,但需由作业部门制定相应的安全互控和安全防护措施),施工作业人员应携带可靠通信工具,按规定佩戴安全帽(防护帽)、反光背心、安全鞋等,并根据作业性质及作业要求使用其他安全防护用品。

（3）施工作业过程中如要进行动火作业，必须按照《消防安全管理办法》办理相关动火令，施工审批中无动火令的动火作业不予批准，严禁在无动火令的情况下进行动火作业。需要动火的施工，请点时应主动向请点站说明动火情况并出示动火令，登销记办理人员负责检查核实。

（4）车站应在上下行端门附近设置醒目的上下行线路及方向标志，防止车站及施工人员错进施工作业区域。

（5）凡在运营时间内进行的C2类作业，必须做好安全防护措施，确保运营及乘客安全，最大限度减少对运营及乘客的影响。

（6）车辆基地内施工的安全及防护要求按《基地运作管理规则》的有关规定执行。

（7）接触网停送电及挂拆地线的安全要求：

① 施工作业过程中作业人员包括所持机具、材料、零部件等与接触网之间至少保证1 m的安全距离，否则接触网必须停电并挂接地线防护。

② 电客车在正线某一段动车作业时必须按要求设置防护区域，其作业及防护区域接触网必须带电，相关接触网供电要求应在施工计划中予以体现。

③ 接触网挂好地线后，在地线绝缘杆离地面1 500 mm处悬挂红闪灯，地线拆除后同时撤除红闪灯。

④ 需接触网停电挂地线的施工作业，停电区域不得小于作业区域，现场作业严禁超出地线挂接范围。

（8）正线及辅助线封锁、开通的安全规定：

① 行调按规定发布封锁区间或线路的调度命令，完成后方可批准施工申请，施工注销后方可发布解除封锁的调度命令。

② 行调发布线路封锁命令前，必须确认工程车/电客车在作业区域内正确的地点待令，列车运行进路已按施工计划安排予以办理。

③ 在封锁作业区内，工程车/电客车的运行由施工负责人指挥，施工负责人原则上不得与工程车/电客车分开。

④ 遇特殊情况封锁区域内需转动道岔、变更进路时，由施工负责人向行调提出，行调确认作业车辆位置并通知司机后，方可操作道岔、排列进路，操作完成通知施工负责人，施工负责人确认道岔位置正确后指挥动车；若动车施工由作业部门自行操作ATS时，封锁区域内转动道岔、变更进路由施工负责人统一组织指挥，但应提前确认作业车辆位置并通知司机，以保证作业安全。

⑤ 行调发布线路开通命令前必须确认工程车/电客车在指定地点待命。

⑥ 线路封锁和开通命令必须同时发给作业区域内所有车站。

（9）开行工程车/电客车的防护区域及安全要求：

① 因施工或调试作业需要，组织工程车/电客车在正线运行时，其运行前方必须保证至少"一站两区间"空闲。

② 在动车作业区域两端必须保证"一站一区间"空闲以作为防护区域，原则上两个动车作业区域不能共用同一个防护区域，如图10.5所示。遇在尽头式车站或在出、入线施工作业等特殊情况，无法满足"一站一区间"要求的，以尽头线阻挡信号机及进出基地信号机划分防护区域。

③ 动车作业的施工作业区域及防护区域严禁安排其他施工作业。

图 10.5 A1 类施工作业区域及防护区域示意图

④ 工程车/电客车与作业人员在同一区域作业时,作业人员应在现场本作业区来车方向设置红闪灯防护,并按施工前进方向,列车在前、人员在后,原则上不得颠倒或列车运行前后皆有作业;非随车施工人员与列车应有 50 m 以上的安全间隔距离,列车原则上不得后退;遇特殊情况必须后退时,不得超过 5 km/h,并必须保证 50 m 的安全距离要求。

⑤ 工程车在车站装卸物料时,物料必须整齐堆放稳固在距站台边缘 1 m 以外的地方,施工负责人应做好监控工作并查看物品是否侵限。

(10) 正线施工作业红闪灯防护要求:

① A1 类施工作业:

a. 由车站在作业区域两端的轨道中央并排(与轨道方向垂直)各放置两盏红闪灯,防护区域两端的轨道中央各放置一盏红闪灯,如图 10.6 所示。施工作业请点批准后,由请点车站通知作业区两端车站及防护区域两端车站设置红闪灯防护。施工单位作业结束后,销点车站通知相关车站撤除红闪灯防护后办理销点手续。

图 10.6 A1 类施工作业红闪灯设置图

b. 当进出段(场)线作为施工作业区域或开车作业的防护区域时,由场调组织胜任人员在相应轨道中央处并排(与轨道方向垂直)放置两盏红闪灯。

c. 遇施工作业区域同时包含正线及车辆基地时,红闪灯设置按一个施工作业区域设置防护,车辆基地内的防护区域以 10 m 为限。

d. 下列情况不需设置红闪灯防护:

情况 1:组织工程车/电客车进出车辆基地、列车转到其他线路时,运行线路两端不需要设置红闪灯。

情况 2:当工程车/电客车作业区域的一端为尽头线时,不需在尽头线一端设置红闪灯。

情况 3:全线开行工程车/电客车作业时,不需在作业区域两端设置红闪灯防护。

② A2 类施工作业:

a. A2 类施工作业由施工人员设置红闪灯,需在作业现场两端轨道中央(与轨道方向垂直)各设置一盏红闪灯,遇多个作业需要在同一地段设置红闪灯时,相邻两个红闪灯之间至少有 1 m 以上的距离,如图 10.7 所示。

b. 巡道作业由作业人员随身携带红闪灯,进行安全防护。

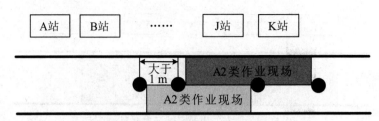

图 10.7　A2 类施工作业红闪灯设置

（11）车辆基地施工作业红闪灯防护要求：车辆基地内的施工防护按《车辆基地运作管理规则》有关规定执行。

（12）施工区域出清的规定：

① 施工负责人负责施工区域人员、工器具、物料的清场工作，保证工完场清。

② 施工负责人应在登记和注销施工前，对施工人数、携带的工器具物料等进行清点，存在多站配合的施工作业，施工联络人应配合做好清点工作。

五、施工安全管理

1. 现场作业"五必须"

（1）进入轨行区必须穿荧光衣。

（2）登高作业必须系好安全带。

（3）挂拆接地线必须穿绝缘靴、戴绝缘手套。

（4）高空作业或高空可能有坠物时必须戴安全帽。

（5）在轨行区固定地点作业时必须设置红闪灯。

2. 现场作业"七严禁"

（1）严禁施工人员酒后施工。

（2）严禁工器具标识有缺失或磨损。

（3）在侧式站台施工时，严禁在站台间违规抛接、传递物品。

（4）施工过程中，严禁施工负责人离场。

（5）严禁超范围施工。

（6）严禁清场时乱扔垃圾。

（7）施工结束后，严禁人员、物料、垃圾不清，所动设备设施不能满足正常销点要求。

技能点训练

1. 现有表 10.11 及表 10.12，N 站值班员为李四，行调代码为 001，行调承认时间为 22:55，行调销点时间为次日 2:45，请根据以上信息完成表 10.13 车站施工作业登记。

表 10.11 施工作业令

作业代码	1A2-0903-001	作业令号	〔2022〕通号 1 字(0903)-01 号
作业部门（单位）	通号一中心	申报人及联系方式	彭× 157××××××××
作业名称	N 站 SW1202 道岔检修	作业区域	D-G 站上、下行线含辅助线
作业日期	2022/09/03	作业时间	23:15—(次日)03:00
主要作业内容	\multicolumn{3}{N 站 SW1202 道岔检修}
防护措施	现场设专人防护、安全帽、荧光衣		
接触网供电安排	无要求		
配合部门及要求	需 N 站站务人员配合：ATS 界面操作需在 N 站进出，需借 N 站信号设备室钥匙		
主站	N 站	施工负责人及联系方式	王× 138××××××××
辅站及责任人		作业人数	3
备注	该项作业影响 N 站上下行线（含辅助线）信号设备使用		
签发人		发放人	
施工区域出清情况	设备情况	地线撤除情况	
	人员、物料等撤离情况	施工负责人/责任人	
请点生效	批准人	销点生效	批准人
销令时间		销令批准人	

表 10.12　施工行车通告

编号：×/×××-×-×××××-×××-×××

序号	作业代码	作业部门	作业时间	作业内容	作业区域	接触网供电安排	配合要求	施工负责人/施工监管人及联系方式	防护措施	请销点站	备注
				施工作业计划							
				2022.09.03　星期六							
1	1A2-0903-001	通号一中心	9月3日	N站SW1202道岔检修	N站上行	无	需N站站务人员配合：ATS界面操作需在N站进出,需借N站信号设备室钥匙	王×138××××××××	现场设专人防护,安全帽、荧光衣	N站	该项作业影响N站上下行线（含辅助线）信号设备使用

表 10.13　车站施工作业登记簿

编号：×/×××-×-×××××-×××-×××

日期	作业代码	作业部门	请点时间	施工负责人及电话	作业内容	请点						异地注销车站（多点施工）	行调代码	行调承认时间	作业令号	行值签认	备注	销点				
						作业区域		作业时间		停电范围								施工结果	注销时间	销点人签名	行调销点时间	行调代码	行值签认
						起	止	起	止	起	止												

2. 图 10.3 所示为 A1 类施工作业，请在此基础上设置红闪灯。

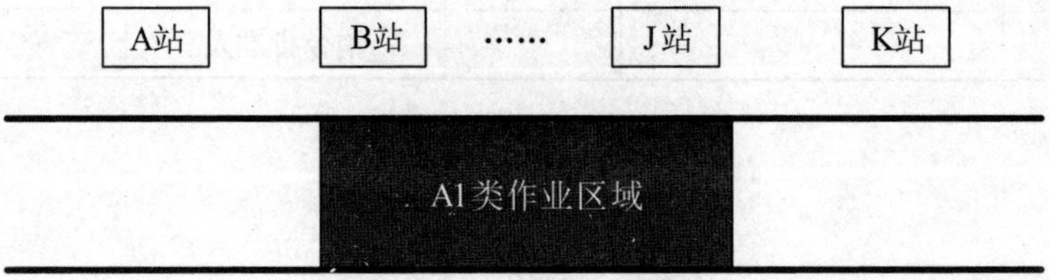

　　A站　　　B站　　……　　J站　　　K站

A1 类作业区域

图 10.8　A1 施工作业区

知识点练习

一、填空题

1. 施工作业过程中涉及＿＿＿＿＿＿、＿＿＿＿＿＿及＿＿＿＿＿＿。

2. 在动车作业区域两端必须保证"＿＿＿＿＿＿"空闲以作为防护区域。

3. 原则上进入线路的施工作业人员每组不得少于＿＿人，严禁单人单独作业或执行作业中的某一项作业程序（特殊作业除外，但须由作业部门制定相应的安全互控和安全防护措施)。

4. 原则上进入线路的施工作业人员应携带＿＿＿＿＿＿，按规定佩戴＿＿＿＿＿＿、＿＿＿＿＿＿、＿＿＿＿＿＿等,并根据作业性质及作业要求使用其他安全防护用品。

5. 凡在运营时间内进行的C2类作业,必须做好安全防护措施,确保运营及＿＿＿＿＿＿安全,最大限度减少对运营及乘客的影响。

二、选择题

1. 原则上,正线施工的开始时间为(　　)列车(含运营的电客车、进行施工作业的工程车/电客车)通过作业影响区域两站两区间(编制计划时以15 min予以预估)。

    A. 最后一列　　　　B. 第一列　　　　C. 回基地列车　　　　D. 备用

2. 原则上,正线施工的结束时间为列车运行图(　　)列电客车或巡道车出基地时间45 min之前。

    A. 最后一列　　　　B. 第一列　　　　C. 回基地列车　　　　D. 备用

3. 请点作业时主站对照(　　),对施工作业令及有效身份证件进行核对,确认具备施工条件后,向行调请点。

    A. 施工作业令　　B. 动火令　　C. "施工行车通告"　　D. 调度命令

4. A1类施工作业需车站设置红闪灯防护:在所有(　　)均请点完毕后,由(　　)组织相关车站按规定设置红闪灯防护,确认红闪灯已设置完毕后方可交付施工作业令。(　　)

    A. 主站、辅站　　B. 辅站、主站　　C. 主站、主站　　D. 辅站、辅站

三、判断题

1. 主站向行调销点:主站通知辅站向主站销点,确认所有辅站销点完毕后即可以向行调销点。　　　　　　　　　　　　　　　　　　　　　　　　　　　　(　　)

2. 施工结束后施工负责人、联络人共同确认线路出清、设备恢复正常后,分别到主站、辅站进行销点登记,主站、辅站不需要核实线路出清及设备恢复情况。　　(　　)

3. B类施工请点登记:施工负责人提前到车辆基地调度室,出示施工作业令及有效身份证件,并在"车站施工作业登记簿"上进行登记。　　　　　　　　　　　(　　)

四、名词解释

施工防护。

五、简答题

1. 简述现场作业"五必须"。
2. 简述现场作业"七严禁"。

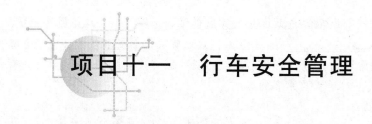

项目十一　行车安全管理

任务一　城市轨道交通行车安全

素质目标

培养学生牢固树立岗位安全责任意识，形成工作中肯钻研、严格要求自己的工匠精神，从而戒骄戒躁、求真务实。

知识目标

1. 能阐述城市轨道交通行车安全的概念。
2. 能描述行车安全的意义。
3. 能分析城市轨道交通行车安全的影响因素。
4. 能阐述安全管理的内容。

能力目标

能对相关行车事件或事故开展安全因素分析。

一、行车安全的概念

行车安全就是在地铁运营过程中，员工的人身安全、设备安全和乘客人身安全。对于城市轨道交通运营本身而言，行车安全不仅是运营生产的基本要求，而且也是企业产品质量的第一重要特征。乘客在全部行车过程中，除了不可抗的天灾或由于乘客本身的机能而无法防止以外，企业必须保证不给乘客造成心理和生理机能的损伤。在运营过程中发生的人员伤亡、设备破损等任何事故，都会造成生命财产损失，同时也会降低城轨在公众心中的声誉。

二、行车安全的意义

安全是城市轨道交通运营的生命线，而行车安全又是城市轨道交通运营安全中最重要、最核心的部分。行车安全是衡量城市轨道交通运营管理水平和各部门工作质量的主要指标之一。

城市轨道交通发生行车事故，轻则造成城市轨道交通企业财产损失、影响乘客出行和城市交通，重则危及人民的生命和财产安全、影响社会安定、损害城市和国家声誉。

因此，城市轨道交通运营安全对整个社会生活具有重要的意义和重大的影响，应认真贯彻"安全第一,预防为主,综合治理"的方针,做到"时时、事事、处处、人人"讲安全,这是城市轨道交通运营单位应尽的职责,也是每一位城市轨道交通员工应该履行的责任和义务。

三、行车安全的影响因素

现代安全理论认为,导致事故的原因有:人的不安全行为和物的不安全状态。近年来,国内外的城市轨道交通事故统计分析表明,人、车辆、轨道、供电、信号、社会灾害及自然灾害等是诱发城市轨道交通事故的主要因素。

1. 人的因素

统计分析表明,一般事故的发生多是乘客未遵守安全乘车规则而导致的,而危险性事故则多是工作人员疏忽大意引发的。人员因素始终是引发轨道交通事故的主要因素,人员因素包括以下几种:

(1)拥挤。国内部分城市轨道交通线路发生过由拥挤造成乘客坠轨伤亡及上、下车期间因拥挤踏空,掉落站台与列车之间的缝隙而受伤的事件。

(2)乘客不慎落入和故意跳入轨道。在未安装站台门的轨道交通车站,每年都会发生乘客落入和故意跳入轨道的事件。据统计,某城市地铁某年全年乘客掉落或不经意进入轨行区事件就发生过8起。

(3)工作人员处理措施不当或工作中注意力不集中。工作人员处理措施不当或工作中注意力不集中、疏忽大意也是造成城市轨道交通事故的主要人员因素之一。例如,美国马萨诸塞州波士顿地铁系统2009年5月8日发生列车追尾事故,造成49人受伤和大约100人被疏散,经了解追尾发生时列车司机在向友人发送手机短信。

2. 车辆因素

(1)导致城轨列车发生大事故的是列车脱轨,而其主要因素一方面是轨道问题,另一方面是车辆走行部存在问题。

(2)其他车辆因素,如车钩问题、车门问题、空调盖板不牢等,往往导致发生人身伤害和设备损坏事故。

3. 轨道因素

轨道因素主要是指轨道存在裂缝、轨道偏移,导致中断行车及列车脱轨等事故。

4. 供电因素

供电因素主要是指地铁供电系统或城市供电网络发生大面积停电等造成列车中断和乘客被困隧道后,从隧道疏散乘客时发生人身伤害等事故。

5. 信号因素

信号因素主要是指信号系统发生故障,造成行车水平降低。而有时会因为信号系统故障采用人工排进路组织行车,由于人为因素而发生挤岔、列车冲突等事故;有时检修人员错接线路,导致标识错位等,造成列车冲突等事故。

6. 社会灾害

社会灾害主要指恐怖袭击,如故意纵火、毒气袭击、爆炸等造成人员伤害的事故。

7. 自然灾害

自然灾害主要指恶劣天气、地震等自然灾害造成人员伤害及设施损坏等。

四、安全管理的内容

安全管理是城市轨道交通运营管理的重要组成部分。它是以控制危险、防止事故发生，最大限度地减少事故损失为目标而进行的决策、组织与控制等一系列活动。安全管理涉及以下内容。

1. 技术设备选型

主要包括车辆、供电设备、信号设备、线路等。由于城市轨道交通的特殊性，火灾始终是轨道交通的第一天敌。因此，轨道交通设备的选型应优先满足防火的要求，同时在资金预算能满足的条件下，尽可能采用较为先进的技术设备。

2. 作业招聘人员

统计数据表明，人的失误在城市轨道交通系统发生的事故中占70%以上的比例，人的感觉知觉、记忆思维、能力、气质、性格、情绪、疲劳等因素对工作人员的行为有着重要的影响。因此，在人员招聘中要重点考虑个人的性别、年龄、学历和身体条件等生理、心理素质是否与岗位要求相适应。

3. 规章制度的制定

轨道交通运营单位的各部门应根据各自的工作特点及工作职责和范围制定一套完善的规章制度。规章制度应包括安全管理规章制度、各岗位作业指导书、人员绩效考核及奖惩等管理制度，用于规定人员作业的要求。

4. 应急预案编制与演练

当列车在运行中遭遇各种突发情况，处于非正常运营或紧急运营状态时，总是伴随着相应的事故发生。因此，必须针对各种突发情况制定相应的应急预案，对应急机构、人员职责、通报程序、应急资源、事故抢险等程序进行规定。同时，定期进行相关的演练，确保人员准确掌握预案的流程和要求。

5. 安全教育与检查

从业人员安全意识、安全理念、作业技能、应急技能等必须通过不断的教育、培训及演练，才能得以巩固和提高，安全教育工作要贯穿运营的全过程。针对规章制度的执行情况、人员的在岗状态情况，展开安全检查是较为有效的手段。

6. 事故调查处理

安全是相对的，事故是不可避免的。事故发生后需要做大量的调查和处理工作，总结经验教训，采取防范措施等，以防止同类事故的重复发生。另外，事故发生后，通过及时的调度、指挥、抢险等一系列处置工作，可以有效减少事故的影响范围，降低损失，因此，事后的处置也是安全管理的一项重点工作。2009年12月22日，上海地铁1号线先是发生接触网故障，修复后因列车调整造成列车冲突，虽未造成人员伤亡，但由于组织不力，引起广大市民的不满，申通公司也因此负上管理失职的责任。

7. 安全状况分析

事故发生有其必然性和偶然性，通过对历史数据的收集、分析和总结，对安全状况做出准确判断，提出有针对性的措施，能有效防止事故的发生。

技能点训练

使用互联网搜索引擎搜索"4·2 台湾列车出轨事故"，并针对此次事故做出行车安全因素分析。

知识点练习

一、选择题

1. 现代安全理论认为导致事故的原因有：人的不安全行为和物的不安全状态。近年来，国内外的城市轨道交通事故统计分析表明，_____、_____、_____、供电、_____、社会灾害及_____等是诱发城市轨道交通事故的主要因素。

2. 技术设备选型，主要包括_____、_____、_____、线路等。

3. 轨道安全影响因素主要是指轨道存在_____、_____，导致中断行车及_____等事故。

4. 自然灾害主要指_____、地震等自然灾害造成人员伤害及_____等。

二、选择题

1. 人员因素始终是引发轨道交通事故的主要因素，人员因素包括以下几种（　　）。
A. 拥挤
B. 乘客不慎落入和故意跳入轨道
C. 车站设计不合理
D. 工作人员处理措施不当或工作中注意力不集中

2. 社会灾害主要指（　　）。
A. 故意纵火　　　B. 毒气袭击　　　C. 爆炸　　　D. 恐怖袭击

三、名词解释

1. 行车安全。
2. 安全管理。

四、简答题

1. 简述安全管理所包含的主要内容。
2. 简述行车安全的意义。
3. 简述影响行车安全的因素。

任务二　城市轨道交通行车事故防治

素质目标

培养学生牢固树立安全第一、预防为主、防治结合的责任意识,增强学生的科学防治能力。

知识目标

1. 能阐述事故的定义。
2. 能描述行车事故的分类与等级划分标准。
3. 能描述事故报告程序流程与处理原则。
4. 能阐述运营事故调查处理流程。
5. 能阐述事故预防主要途径。

能力目标

1. 能对发生的行车突发事件(事故)做出等级划分。
2. 能对发生的行车突发事件(事故)进行分析,制定有效防范措施。

一、行车事故的定义

事故是指凡违反规章制度、违反劳动纪律和作业纪律、设备不良及其他原因,在行车工作中造成人员伤亡、设备损坏、经济损失,影响正常行车或危及行车安全的事件。

二、行车事故的分类

行车事故按照事故性质、损失及对行车造成的影响进行分类。目前国内各大城市轨道交通对行车事故的分类不尽相同。

(1) 按照事故损失及对运营造成的影响和危害程度一般分为特别重大事故、重大事故、较大事故、一般事故(以上海、深圳为例)。

(2) 按事故类别进行分类,可分为行车事故、设备事故、工伤事故、火灾事故等。

三、行车事故等级划分

各城市均根据事故损失及对运营造成的影响和危害程度,对事故等级作了划分,由高至低依次分为特别重大事故、重大事故、较大事故、一般事故,但各城轨公司略有区别。以北京、广州、上海、深圳、南京、西安为例,就各地等级划分特点加以分析。

1. 各地城市轨道公司行车事故等级划分

(1) 广州、西安、北京、南京地铁行车事故等级由高至低依次为特别重大事故、重大事故、较大事故、险性事故、一般事故、事故苗头6级。

（2）上海、深圳地铁行车事故等级由高至低依次为特别重大事故、重大事故、较大事故、一般事故4级（其中，一般事故等级由高至低又分为A类到D类4级）。

2. 现以上海、深圳为例阐述行车事故等级划分

（1）特别重大事故的构成条件。造成下列后果之一的为特别重大事故：

① 人员死亡30人及以上；

② 人员重伤110人及以上；

③ 直接经济损失1亿元以上；

④ 特别重大火灾。

（2）重大事故的构成条件。造成下列后果之一的为重大事故：

① 人员死亡10人以上30人以下；

② 人员重伤50人以上100人以下；

③ 中断正线运行6h以上；

④ 直接经济损失5 000万元以上；

⑤ 较大火灾。

（3）较大事故构成条件。造成下列后果之一的为较大事故：

① 人员死亡1人以上10人以下；

② 人员重伤10人以上50人以下；

③ 中断正线运行3h以上；

④ 直接经济损失1 000万元以上；

⑤ 一般火灾。

（4）一般事故。一般事故按事故损害程度或造成的影响程度分为A、B、C、D四类。

① 一般事故A类。凡事故性质严重，但造成损害后果不够较大事故且符合下列条件之一时：

• 员工轻伤1人以上；

• 员工重伤1人以上或轻伤5人以上；

• 责任乘客重伤3人以上或轻伤10人以上；

• 直接经济损失100万元以上；

• 中断正线行车1h以上；

• 正线列车冲突；

• 正线列车脱轨；

• 正线列车分离；

• 正线挤岔；

• 正线列车非法逆行；

• 未经批准，向占用区间发出列车；

• 未经批准，向占用线接入列车；

• 正线列车、工程车、车辆溜走；

• 正线列车运行中，设备设施超限、车辆超限、装载货物列车超限、装载货物掉落、车辆部件脱落等造成地铁设备损坏，全部或部分退出运行的；

• 轨行区内设备（如消防水管、接触网、站台门等）或存放的维修工器具或施工后遗留的物品等侵限与列车相碰撞的；

- 列车运行中,齿轮箱、抗侧滚扭杆、牵引电机、空压机和牵引机、制动电气箱等车辆重要部件脱落的;
- 无驾驶资格的人员操纵列车;
- 列车运行中擅自切除车载安全防护装置;
- 列车错开车门;
- 列车运行中开启车门;
- 正线供电系统误停、送电;
- 由于排水不畅造成积水漫过轨道;
- 未按规定撤除放在钢轨上的工器具或防护设备;
- 正线走行轨由轨头到底贯通断裂;
- 乘客通过隧道内疏散;
- 正线接触网塌网;
- 运营时间内未经批准进入隧道内行走或隧道内施工作业未进行请销点;
- 其他(经运营分公司安全管理委员会决定列入本项的)。

② 一般事故 B 类。造成下列后果之一,但损害后果不够一般事故 A 类条件且符合下列条件之一时:
- 员工轻伤 1 人以上;
- 责任乘客重伤 1 人以上或轻伤 5 人以上;
- 直接经济损失 10 万元以上;
- 中断正线运行 30 min 以上;
- 首班列车晚开 30 min 以上;
- 正线发生起火冒烟火险,致使消防车出动现场扑救火灾;
- 列车夹人动车;
- 未经批准列车载客将进入辅助线或基地线;
- 隧道内设备位移侵限;
- 基地线调车冲突;
- 基地线调车脱轨;
- 基地线吊车挤岔;
- 正线列车冒进信号;
- 基地线接触网塌网;
- 未办或错办列车手续发车;
- 基地线机车车辆未撤除止轮设施开车;
- 基地线列车运行中,因设备设施超限、车辆超限、装载货物超限、装载货物掉落、车辆部件脱落等损坏地铁设备;
- 基地线接触网供电系统发生错误停、送电;
- 正线临时限速运行 120 min 以上或造成列车运行增晚 5 min 以上;
- 控制中心调度有线和无线通信系统全部中断 10 min 以上;
- 设备设施故障、操作流程失误或火灾等情况产生的车站非正常封站或限流 120 min 以上;
- 错发、错收、错传或漏发、漏收、漏传行车调度命令;

- 非运营时间内未经过批准进入隧道内行走或隧道内施工作业未进行请销点；
- 运营时间内站台门非正常开启致使人员、物品跌落轨行区或造成不良社会影响；
- 擅自变更施工作业计划或扩大作业范围；
- 运营时间内系统设备子系统完全瘫痪 1 h 以上；
- 其他（经运营分公司安全管理委员会决定列入本项的）。

③ 一般事故 C 类。造成下列后果之一，但损害后果不够 B 类条件且符合下列条件之一时：

- 直接经济损失 5 万元以上；
- 列车救援时间 30 min 以上；
- 列车夹物行车三站两区间以上；
- 隧道内消防水管爆裂跑水；
- 非正线发生起火冒烟危险，致使消防车出动现场扑救；
- 无操作资格或无调度命令或错误操作行车、供电等重要设备；
- 运营期间，车站正常照明全部熄灭 30 min 以上；
- 控制中心调度有线或无线通信系统中断 60 min 以上；
- 事故的监控录音或录像资料缺失；
- 基地线内施工作业未进行请销点；
- 基地调车冒进信号；
- 施工作业未按要求设置或撤除安全防护装置；
- 运营时间内设备子系统瘫痪影响单个车站运营服务 2 h 以上；
- 未经批准关闭站台门防灾设备；
- 其他（经运营分公司安全管理委员会决定列入本项的）。

④ D 类一般事故。造成下列后果之一，但损害后果不够 C 类条件且符合下列条件之一时：

- 直接经济损失 1 万元以上；
- 列车救援；
- 未经批准应停列车在站通过或通过列车在站停车进行乘降作业；
- 运营期间，车站正常照明全部熄灭 10 min 以上；
- 控制中心调度有线或无线通信系统之一全部中断 10 min 以上；
- 其他施工作业未进行请销点；
- 人工准备进路手摇道岔超过 30 min；
- 未经批准，超出设备限界安装设备；
- 未经批准改变供电、信号、轨道、通信、消防系统技术参数或运行模式；
- 涉及人身安全和行车安全的隐患未采取临时防护措施；
- 其他（经运营分公司安全管理委员会决定列入本项的）。

出入基地线及连接正线的辅助线发生事故比照正线发生处理，其他辅助线发生事故比照基地线发生处理。

四、行车事故报告程序流程图

行车事故报告程序流程如图 11.1 所示。

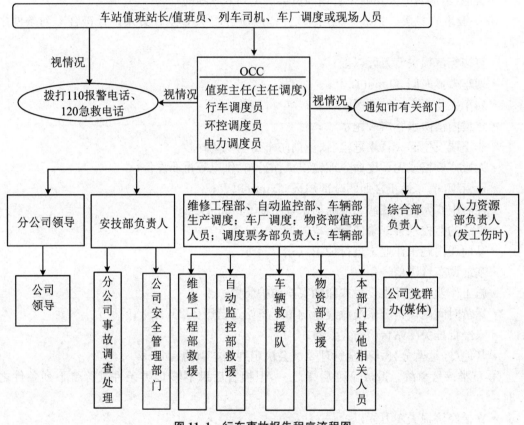

图 11.1 行车事故报告程序流程图

(1) 发生各类事故时,有关人员要按流程图规定报告。

① 如果发生在车站时,由车站行车值班员或现场人员立即向行车调度员报告。

② 如果发生在车辆基地时,由事发归属部门生产调度(车务部门为车厂调度、物资部为值班员)或现场人员立即向行车调度员报告。

③ 如发生在区间时,由司机或现场工作人员立即向行车调度员或通过车站行车值班员向行车调度员报告。

④ 供电系统发生影响运营的故障,由现场值班人员立即向电力调度员报告,电力调度员接到报告后立即报告主任调度员,并向行车调度员通报。

(2) 按就近处理原则,发生立即需要外部支援的运营事故(如火灾、爆炸、人员伤亡等)时:

① 现场人员有条件时应立即报 110、120。

② 控制中心当值人员接到报告后立即报 110、120。

③ 控制中心接到报告后视情况通知市有关部门。控制中心所通知的市有关部门是指应急指挥中心、市交通局、市公安局、市急救中心等政府组织机构,由主任调度决定通知范围

（3）发生影响运营事故时由控制中心根据接报情况填写事故上报单，并将内容口头报告，报告后要进行进一步了解事故情况，及时补填事故上报单，其他事故由责任部门填报。

（4）符合一般事故 A 类以上事故特征的事故发生后，相关部门要立即将事故上报单填写完整报分公司领导、安全技术部，符合一般事故 A 类以下事故特征的事故，相关部门要将事故上报单填写完整，在事故发生后 6 h 内报分公司领导、安全技术部，其中原件由安全技术部存档。

（5）事故上报单内容如下：
① 报告人姓名、单位。
② 发生时间（月、日、时、分）。
③ 发生地点（基地、车站、区间、百米标和上、下行线）。
④ 列车车次、车组号，有关系人员的姓名、职务。
⑤ 事故概况、人员伤亡、设备损坏及对运营影响。
⑥ 是否需要支援。
⑦ 是否影响邻线运行。
⑧ 其他必须说明的内容及要求。

五、行车事故处理原则

事故的分析、调查与处理是事故发生后的重要工作，目的是尽快恢复正常运营以及查明事故发生的原因和形成机制，以便及时制定相应的措施、方法和手段，以杜绝日后同类事故的再次发生。行车事故处理原则如下：

（1）"高度集中、统一指挥"的原则。各相关部门处理行车事故必须执行"高度集中、统一指挥"的原则。

（2）分级处理原则。行车事故发生后应根据事故所涉及的各部门的隶属关系和事故的等级分类，按分级管理原则予以处理。

（3）坚持"先救人，后救物；先全面，后局部"的原则。优先组织人员疏散、伤员抢救，同时兼顾对重点设备和环境的保护，将损失降到最低限度。

（4）坚持"就近处理"的原则。在上一级行车事故处理负责人到达现场前，按表 11.1 的规定担任现场事故处理负责人，在上一级行车事故处理负责人到达现场后，由其担任现场指挥。

表 11.1　行车事故现场处理临时负责人

序号	发生处所	现场临时负责人
1	列车上（列车在区间）	本列司机
2	列车上（列车在车站）	所在站当班值班站长
3	车站	所在站当班值班站长
4	区间线路上	行车调度员指定的值班站长
5	车辆基地	当班基地调度员
6	其他场所	现场职务最高的员工

(5) 员工要反应迅速,做到早发现、早报告、早控制。

(6) 兼顾现场保护的原则。员工在行车事故处理过程中应兼顾做好现场保护工作,以利于公安、消防和调查部门的现场取证。

(7) 事故发生后,要以事实为依据,以有关法规、规章为准绳,按照"四不放过"的原则(即事故原因没查清楚不放过,事故责任者没有严肃处理过不放过,广大职工没有受到教育不放过,防范措施没有落实不放过)处理事故,分清责任,吸取教训,制定措施,防止同类事故再次发生。

(8) 坚持对外宣传归口管理的原则,不得擅自发布相关信息。

六、行车事故的调查

1. 事故调查处理组

组长:分公司经理、分管安全副经理(或由经理指定)。
副组长:安全技术部部长、副部长,分公司主任。
常设组员单位:安全技术部、计划经营部、人力资源部、综合部、分公司工会。
组员:由组长定。
安全技术部负责运营事故调查的日常工作。

2. 事故调查人员组成原则

凡与事故发生有直接关系的人员不得参与事故分析或调查分析。

3. 事故调查处理组职责

(1) 配合重大、较大事故的调查分析工作。
(2) 负责一般事故的调查分析工作。
(3) 提出对事故定性定责及处理意见。
(4) 检查控制事故的应急措施是否得当、落实。
(5) 提出对有关规章制度的修改意见、对设备设施的整改意见和防止类似事故再次发生的措施。
(6) 写出"运营事故报告"。

4. 事故调查程序

(1) 根据事故等级、性质、损失、影响等因素,如由政府部门或地铁公司主持调查分析工作,分公司应主动积极配合开展事故调查工作。

(2) 事故发生后,运营事故调查处理组常设组员单位应立刻赶赴现场组织开展现场事故调查前期工作。

(3) 发生影响列车运行的相关事故时,在启动后备措施仍不能保证行车恢复的情况下,在尽量获得现场图像、标记后,按"先通后复"原则执行。但发生重大事故级以上事故时除外。

(4) 调查内容:

① 认真勘查现场,详细调查车辆、线路及有关设备,进行拍摄,并形成文字记录、绘制现场事故示意图,必要时设置警戒线。当技术设备破损时,应保存其实物。

② 听取事故现场人员的情况陈述，收集现场负责人提供的有关资料及物证。

③ 根据事故性质、情节对事故当事人进行单独调查，责成当事人写出书面材料。

④ 若事故发生地点的线路遭到破坏，无法检测测量线路质量时，应对事故地点前后适当距离(100 m 以内)进行测量，以作为事故地点线路质量的参考依据。

⑤ 对事故关系人、现场见证人调查询问时，应做详细记录。

⑥ 检查有关技术文件、报表的编制填写情况，必要时将原件或其复印件附在调查表记录内。

⑦ 调取有关录音、录像资料。

⑧ 注意是否有人为破坏迹象。

⑨ 必要时召开现场分析会。

(5) 在事故调查组到达现场前，现场事故处理负责人要保护现场，挽留事故见证人，保存可疑证物，做好记录，配合运营事故调查组做好事故调查的前期准备工作。在运营事故调查组到达现场后，立刻按职责配合调查取证工作。

(6) 根据事故调查需求，各部门需调用电话录音、录像资料时，需向自动监控部调度人员说明情况后，到所在具体保存地点登记听取，在听取过程中需有保存地点人员全程陪同。如需拷贝，需向陪同人员说明情况，由陪同人员拷贝后做好登记。但较大事故以上事故的录音、录像资料未经运营事故调查处理组允许不得听取、查看和拷贝。

(7) 根据调查内容，事故调查处理组组长召开事故分析会议，分析事故原因，判明事故责任，拟定事故处理建议，制定防范措施，形成分公司"事故报告"，于五日内报分公司安全管理委员会。

(8) 事故若初步判明属地铁外部单位责任时，事故调查组应立即通知责任单位，双方共同调查。

5. 事故的判定和处理

(1) 事故责任划分为：

① 全部责任：负有事故损失及不良影响 100% 责任。

② 主要责任：负有事故损失及不良影响 60%—90% 责任。

③ 同等责任：各方均负有事故损失及其不良影响的相同比例的责任。

④ 次要责任：负有事故损失及不良影响 30%—40% 责任。

⑤ 一定责任：负有事故损失及不良影响 10%—20% 责任。

⑥ 管理责任：根据事故性质承担。

(2) 事故判定的依据：有效的各项规章、制度、办法及规定等。

(3) 事故责任定则判定及处理。分公司安全管理委员会接到事故调查组的报告后，由分公司安全管理委员会主任或指定人员召开事故处理会议，审议事故调查组的调查报告，认定事故性质及责任，对事故责任单位及其负责人和事故责任人提出处理意见并通报分公司，其中，责任判定应遵循以下原则：

① 在正线上因车辆调车作业发生的事故，由于车辆本身技术问题的，由负责调车作业的主体负责部门承担主要责任(60%)；在非正线上因车辆调试作业发生的事故，由于车辆本身技术问题的，由负责调试作业的主体责任部门承担主要责任(70%)。但其他原因造成的仍按照正常事故处理。

② 承包商在城轨内进行设备维修、施工造成的运营事故，列为承包商责任事故。管理

部门承担全部管理责任。

③ 货物装载不良或押运人员监督不力造成的事故,由装载部门或押运部门承担责任。

④ 由于车辆、设备、设施、器材、装置发生异常状况发生事故时,其事故责任将按照以下原则处理:

a. 对于尚无明确分工的项目,按主体责任原则设备管理的部门承担主要责任(60%),按属地管理原则,相关部门承担次要责任(30%),负责确定分工的部门承担一定责任(10%)。

b. 对于已有明确分工的项目按设备分工责任部门承担全部责任。

c. 车辆、设备、设施、器材、装置发生异常状况时,由于处理人员操作不当直接发生事故时,则该处理人员及所属部门承担全部责任。

⑤ 分公司批准的技术革新、科研项目进行试验时,在规定的试验期间内,被试验的项目发生事故,不列为责任事故。但由于违反操作规程以及其他人为因素仍列为责任事故。

⑥ 正式投入使用的各种运营设备,发生事故时,一律列入行车事故。

⑦ 事故全部由一方原因造成,则承担全部责任;当事故由两方原因造成,但双方推诿扯皮,造成责任难以分清时,可以裁定双方均负有全部责任。

⑧ 当事故由两方或多方原因造成,当各方责任等同时,则各方承担等同责任。

⑨ 当事故由三方以上原因造成,则视各方责任而依次承担主要责任、次要责任、一定责任;或具有非造成事故的直接原因,但与事故发生有着一定关系时,则负有一定责任。

⑩ 当一起事故具有多种定性条件时,按事故性质等级高的定性。

⑪ 以下事故可列入非责任事故:

a. 自然灾害等原因使设备损坏造成运营事故的。

b. 人为破坏(经公安部门认定)造成运营事故的。

c. 特殊情况经地铁公司领导审查,确定可列入非事故的。

⑫ 凡隐瞒事故、弄虚作假、破坏证据等,一经查清,该部门或人员承担全部责任。

⑬ 其他未尽事宜根据事故调查处理组调查报告由分公司安全管理委员会判定。

6. 事故的统计分析和总结报告

(1) 一般事故折算系数:

① 一起一般事故 A 类系数为 1(件)一般事故。

② 一起一般事故 B 类系数为 0.8(件)一般事故。

③ 一起一般事故 C 类系数为 0.5(件)一般事故。

④ 一起一般事故 D 类系数为 0.3(件)一般事故。

(2) 安全成绩。负全部责任、主要责任的影响分公司或部门的安全成绩。

分公司:无行车较大事故以上天数。

部门:无行车一般事故 A 类以上事故的天数。

室(车间):无运营一般事故 B 类以上事故的天数。

(3) 各生产部、室(车间)要建立事故记录台账,详细记载各种运营事故发生的经过、原因及处理情况,定期分析总结,根据运营分公司事故通报,对员工进行安全教育。

(4) 事故相关部门应及时将事故发生及应急处理情况汇报分公司安全技术部,并负责组织协助事故调查。

(5) 各部门安全工程师负责填写"安全情况统计表"并按规定时间上报。

（6）安全技术部负责于每月上旬对上月发生的各类事故进行分析汇总，视情况发布安全预警信息，必要时根据运营安全形势开展相关专项安全活动。

（7）事故的统计数字和责任部门以安全技术部的相关记载为依据。事故涉及两个以上部门时，应将事故件数列入全部责任或主要责任部门。按同等级责任论处的事故，责任部门按平均数统计，分公司按一件事故统计。

（8）列为非责任事故的，事故发生部门统计事故件数，但不影响安全成绩。

7. 事故的处罚原则

（1）对行车事故责任部门处罚按运营分公司目标考核的相关管理办法执行。

（2）对行车事故责任人的处罚按"运营分公司安全管理考核与奖罚办法"执行。

（3）对拖延事故处理、推脱责任、破坏事故现场、阻挠事故调查、隐瞒不报、作伪证、不如实反映情况的责任者及部门加倍处罚；有犯罪嫌疑的，提交司法机关处理。

（4）事故调查小组工作人员调查中不负责任，致使调查工作有重大漏洞或索贿受贿、借机打击报复情况的负责人及部门加倍处罚；有犯罪嫌疑的，提交司法机关处理。

8. 事故现场处理

（1）行车事故发生时，在上一级行车事故处理负责人到达现场前，现场负责人按就近处理原则担任现场临时事故处理负责人；在上一级行车事故处理负责人到达现场后，则由上一级行车事故处理负责人担任现场指挥，并配合上一级事故处理负责人开展救援工作。

（2）行车事故处理调查小组负责人为事故现场事故处理最高负责人，负责行车事故的现场统一指挥。

（3）发生行车事故时，控制中心在行车事故调查处理小组统一指挥下负责行车事故工作中的行车、电力和环控调度工作，承担事故信息集散功能，并按行车事故现场负责人的指令提供支持。

（4）行车事故救援队为事故现场处理的具体实施机构，接到行车事故发生的通报后，迅速赶赴现场，在行车事故调查处理小组指挥下，负责实施事故现场处理，并提供相关技术支持。

七、事故处理应急预案及预防

应急预案是针对各种可能发生的事故或突发事件所需的应急行动而制定的指导性文件，是应急救援系统的重要组成部分。其目的是指导应急行动按计划有序进行，防止因行动组织不力或现场救援工作的混乱而延误事故应急救援，从而减少人员伤亡和财产损失。

1. 应急预案的制定

应急预案的制定应该分层次、级别。

（1）城市轨道交通特大事故和突发事件应急救急预案应由当地政府组织制定。当地政府应组织城市轨道交通运营单位、公安、消防、供电、通信、供水、交通和医疗等单位建立统一和完善的灾害救援指挥机构和抢险救灾体系，制定故障、火灾、爆炸、化学恐怖袭击、灭火抢险等应急处理工作预案。

（2）城市轨道交通运营单位应急预案。城市轨道交通运营单位应组织制定运营机构应对城市轨道交通事故和突发事件应急救援预案，该预案应遵循统一指挥、逐级负责、快速反

应、配合协同的原则,并且该应急预案还要包括以下子预案:

① 控制中心应急处理预案。城市轨道交通运营单位应组织制定控制中心应急处理预案,该预案应规定控制中心各岗位在运营组织中遇到各类突发事件时的应急处理预案,且应规定控制中心各调度岗位在运营组织中遇到各类突发事件时的应急处理程序。

② 车站应急处理预案。城市轨道交通运营单位应组织制定车站应对各类事故和突发事件的应急处理预案。车站现场应急处理预案均应遵循及时报警、疏散乘客、抢救伤员的原则,周密制定相关岗位职责、工作流程和设施器材配置标准及操作规程。

③ 车站其他预案。为确保城市轨道交通运营安全,除火灾应急预案外,运营单位还应建立毒气、爆炸、劫持人质等突发事件应急预案。

④ 乘务安全应急处理预案。城市轨道交通运营单位应组织制定乘务安全应急处理预案,该预案应规定车站、列车司机及基地行车有关人员对乘客服务、行车组织、调车作业等工作中有可能发生的各种应急事件、事故的处理程序。

⑤ 乘客疏散预案。因发生火灾等突发事件需要疏散乘客时,各岗位工作人员应密切配合、协调动作,根据指挥开展乘客疏散作业。

2. 应急预案的基本内容

各应急预案在制定时应明确以下内容:

(1) 运营单位在制定抢险指挥领导小组的人员组成和职责,抢险指挥领导小组应负责抢险救援的组织、指挥、决策,并指挥各部门实施各自应急预案,尽快恢复轨道交通运营。

(2) 抢险信息的报告程序,应遵循迅速、准确、客观和逐级报告的原则。

(3) 现场处理过程中各部门的组织原则及相关职责。

(4) 不同事故情况下的抢险救援策略和人员疏散方案。

(5) 为救援人员提供通信、物资、医疗救护和生活保障。

3. 应急预案的分类

应急预案按照针对事故的不同分为三种:故障应急预案、事故应急预案、突发事件应急预案。图11.2所示为应急预案的分类。

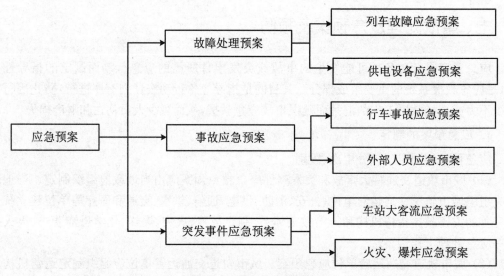

图11.2 应急预案的分类

4. 应急预案的使用

应急预案在编制完成后,应注意让工作人员熟悉、演练。首先,应急预案必须及时发放给相关工作人员,包括应急处理指挥人员、参与应急处理人员、可能与事故直接有关人员、可能会受到事故影响的人员。其次,应急预案必须通过模拟演练与培训来强化。通常,应急预案中规定的救援办法都需要多单位、多部门的人员进行相关配合使用,因此,应急预案编制完成后一定要安排所涉及人员进行配合模拟演练。

八、事故预防途径

1. 建立完善安全规章,安全生产有章可循

完善安全规章制度是抓好运营安全工作的保障。规章制度是管理工作的基础,应建立科学、完善、全面的安全生产管理制度,使安全生产有章可循。在地铁开通运营前,狠抓安全规章制度建设,用规章制度约束员工的工作行为,为员工提供安全生产指引。在严格执行国家、省、市各项安全法律法规的同时,建立健全《安全生产管理办法》《安全奖惩法》《行车组织规章》等制度和各类操作规程,涵盖公司的各个专业、运营生产环节,使各专业的安全生产管理都有章可循,促进公司的生产工作向规范化、制度化迈进。

2. 建立三级安全网络,落实安全生产责任制

坚持"安全第一,预防为主"的工作方针,全面贯彻《安全生产法》,强化制度化、规范化、科学化的安全管理。坚持管生产必须管安全、安全生产各级主要负责人亲自抓的原则,有效发挥"纵管到底、横管成线、群管成网"的安全管理网络作用,形成安全工作一级抓一级、一级保一级、一级监督一级的网络化安全监督管理体系,狠抓安全生产责任制的落实,上至总经理,下至基层员工,逐级签订安全生产目标责任状和社会综合治理目标责任状,将安全生产目标纳入考核内容,明确各层级的安全职责和安全生产目标,有效落实安全生产责任,形成安全生产、人人有责的良好氛围。

3. 建立安全检查制度,预防运营事故发生

加强监督检查机制是抓好运营安全工作的关键。安全检查是对安全工作实施有效管理的一项重要内容。学习运用"破窗理论"抓漏洞,抓隐患,漏洞不补必酿大祸。建立班组每周一查、中心每旬一查、专业管理系统每月一查、公司每季度一查的制度,采取定期检查与不定期抽查相结合,综合检查与专项抽查相结合的形式,坚持安全检查以自查自纠为重点,自下而上,查找不足。严抓隐患整改,按照"五个落实",即任务落实、经费落实、力量落实、时间落实,按期整改完成;在做好安全检查工作的同时,逐级建立安全隐患管理机制,将安全检查和隐患管理统一起来,并落实到工作制度中,形成健全的检查网络,实施有效监控。

4. 建立安全培训制度,营造安全文化氛围

提高员工安全意识和技能是抓好运营安全工作的基础。认真开展安全生产知识培训教育工作,组织各单位负责人和安全生产管理人员参加《安全生产法》培训,取得安全生产资格证,对新员工实行三级(公司级、中心级、岗位级)安全教育;除国家规定的特殊工种外,规定内部特种作业项目,如计算机联锁区域操作员工作站LOW操作、参加列车四级证考试等;制定特种作业人员安全管理办法和特种作业人员培训上岗制度;利用安全宣传月、119消防日等活动,在车站、列车等宣传阵地,向市民派发安全实用手册,不断提高员工和市民的安全意识。通过广泛开展各类生产培训教育活动,提高干部职工的安全文化素质。

5. 建立应急救援体系,增强应急处置能力

根据国内外地铁运营抢险的经验和突发事件的特点,建立健全应急预案体系,针对轨道交通运营线路发生火灾、列车脱轨、列车冲突、大面积停电、爆炸、自然灾害、设备故障、客流冲击以及地方发生紧急事件、疫病传播情况时,制定相关应急预案。另外,还要将部分预案经政府组织相关部门、专家进行评审,报市政府。

组织员工对各种预案进行学习,按计划进行演练,演练方式包括培训式、桌面式、突发式。在演练过程中,每个安全点都安排评估人员把关,使演练活动有序、安全地进行。定期实战演练可以及时暴露预案的缺陷,救援设备是否足够、运营设备是否完好、员工是否熟悉掌握各种规章,从而改善各部门间的协调能力,增强员工的熟练程度和信心,提高员工的安全意识。通过演练检验规章、设备和预案,提升员工的业务技能,增强员工对事故事件的应急处理能力。

6. 建立事故处理机制,落实责任追究制度

建立健全事故处理机制,按照"四不放过"原则和"安全奖惩办法",定因、定性、定责,严格惩处。通过教育和处罚使员工吸取教训,提高认识,增强岗位意识、责任意识和纪律意识。将"降低故障率事件率"作为一项长效工作机制,专题研究,开展地铁事故案例研究,学习先进一流的运营安全管理,博采众长,取长补短。用"投石头原理"防员工思想麻痹;不断在"平静水面上荡起水花"让每个工作人员认识到任何时候都不要把安全生产形势估计得过好,要始终保持一种危机感和忧患感。同时,转变观念,对发生的事故由此及彼,由表及里,透过现象看本质,从领导层、管理层上剖析深层次原因,从加强管理上研究制定有针对性的措施,解决安全工作中的问题,变被动管理为主动管理,变事后惩处为事前预防,不断提高事故分析处理能力。

7. 建立警地联动机制,共保地铁一方平安

目前,国内地铁都建立了相应的公安部门,地铁运营单位要加强与地铁公安的合作,充分依靠公安力量,保障地铁的平安秩序,建立《警地联动工作实施办法》,确保联动例会制度、工作联系机制及联动应急机制。通过双方精诚合作,共保地铁平安。

技能点训练

针对 2022 年 1 月 22 日下午 4 点 30 分左右,某地铁全自动运行系统下 15 号线祁安路站一名女乘客下车时被站台门夹住,工作人员上前试图帮助其脱困,后经送医抢救该乘客仍不幸身亡事故案例,开展事故原因分析,并制定相关整改措施。

知识点练习

一、填空题

1. 行车事故按照事故损失及对运营造成的影响和危害程度一般分为_____、_____、_____。
2. 行车事故发生在车站时,现场临时负责人是_____。

二、选择题

1. 按事故类别进行分类,行车事故可分为( )。

A. 行车事故、设备事故、工伤事故、火灾事故
B. 行车事故、设备事故、工伤事故、重大事故
C. 行车事故、设备事故、工伤事故、一般事故
D. 特大事故、工伤事故、火灾事故、自然灾害

2. 下列不是构成较大事故构成条件的是( )。
A. 人员死亡1人以上10人以下
B. 人员重伤10人以上50人以下
C. 中断正线运行3 h以上
D. 直接经济损失1亿元以上

三、名词解释
列车事故。

四、简答题
1. 简述行车事故的分类。
2. 绘制出事故报告程序流程图。
3. 简述行车事故处理原则。
4. 简述事故预防的主要途径。

任务三　事件、事故汇编

素质目标
以案示警,培养学生牢固树立岗位安全责任意识,做到防微杜渐。

知识目标
1. 能阐述列车挤岔的含义。
2. 能阐述列车脱轨的含义。
3. 能阐述列车冒进信号的含义。
4. 能阐述列车冲突的含义。

能力目标
能够对相关事件、事故进行分类统计。

一、事件

(1) 2006年8月2日××线35101次进入3B4无电区事件。
(2) 2006年12月17日××线40103次4A015车列车喇叭脱落的事件。
(3) 2007年11月27日××线005006客车接地线松的事件。
(4) 2008年4月28日,司机驾驶01306次(023024车)在××上行站台关门动车出站后,在司机室内闻到有一股煤气味,且越来越浓。司机马上让学员通过列车的CCTV及通道门观察客室情况,观察后没有发现异常。列车运行至××汽车城进站时,司机通过对讲机

通知车站人员到车上确认情况。车站人员上车确认后,发现驾驶端 A 车的 2 号车门座位处有一名乘客携带一个用布袋装的煤气瓶乘车。车站人员立即要求该名乘客下车,司机确认车辆及站台安全后动车出站。

(5) 2008 年 7 月 11 日××基地 17A 道 043044 客车接触网冒火花事件。

(6) 2008 年 7 月 23 日××—××下行的 01213 次(003+004)司机报:列车出洞口时,听到一声爆炸声,列车运行正常。电调发现××—××区间变电所 212 开关跳闸,约 19 s 后自动重合闸成功。行调组织 01213 次列车到××下行站台清客后限速运行至××折返线 I 道退出服务,原因是 04B003 车第 3 轴左侧接地装置绝缘环断裂引起。

(7) 2008 年 12 月 31 日三号线××—××下行区间疏散平台发现有施工人员事件。

(8) 2009 年 4 月 26 日,2711 次司机在××下行报:乘客向其反映有小孩进入隧道。司机立即检查发现一名小孩在列车头部右侧停车标附近。随后车站人员与司机将小孩带上站台。之后该名小孩反映还有另外 2 名同伴在隧道内。车站和司机进行确认,同时行调组织 2711 次在××下行清客。行调立即组织下行 2409 次在××清客。车站人员已将 2 名在站台 19#站台门下方的小孩带上站台,线路出清。经了解该 3 名小孩年龄为 8—9 岁,是从围蔽网爬入车辆基地,经出基地线进入区间到达××下行线隧道的。

(9) 2009 年 6 月 28 日××号线 00804 次司机在××上行站台进站过程中,司机和学员发现站台有 2 名乘客携带一个小型液化气瓶候车事件。

(10) 2009 年 8 月 7 日三号线 0511 次在市桥出站时,通过 PIDS 发现 B 车有乘客携带一个煤气罐乘车事件。

(11) 2012 年××地铁设备故障,××线、××线信号系统受干扰,导致信号系统安全保护功能启动,列车紧急制动,造成多次列车重新启动。

(12) 2014 年 3 月 21 日××地铁 1 号线 0515 次列车在机场东站下行折返线采用无人驾驶自动折返模式进行空车站后折返时,越过停车标与车挡碰撞,发生脱轨事故。

(13) 2014 年 5 月 3 日××地铁试车线 011 列车在×××车辆段试车线进行测试时冲撞南端车挡,越过车挡发生列车脱轨事故。

(14) 2015 年 3 月 25 日在××地铁××线××车辆段试车线上,一列车在调试过程中冲出试车线冲入××路,车头栽入路北土沟。

二、事故

(1) 1997 年 7 月 17 日一号线车场 1A02 单元车在 10 道压铁鞋动车事故。

(2) 1997 年 7 月 18 日调车机车撞库门事故。

(3) 1999 年 11 月 5 日,××车场调车作业,机车计划从 17 道原路折返进入 12 道,进路上的道岔被误操作且乘务值班员盲目通知司机动车造成工程车挤岔一般事故。

(4) 2003 年 12 月 10 日××车辆段 34 单元客车在 25 道压铁鞋动车事故。

(5) 2004 年 7 月 21 日××接触网故障事故。

(6) 2006 年 4 月 11 日,由××开往××的 T××次,行至××车站到××车站区间时,与××至××方向的 1×××次列车发生追尾,造成 T××次列车机车受损,1×××次尾部 1 位发电车、尾部 2 位宿营车、尾部 3 位硬卧车颠覆,尾部 4 位硬卧车脱轨,中断行车 9 h 58 min,2 名铁路职工死亡,3 名职工、18 名旅客受伤,构成旅客列车重大事故。

（7）2006年7月30日××车辆段未拆接地线合闸送电一般事故。

（8）2006年8月5日××区间跟随所错送电一般事故。

（9）2006年11月9日，××车场乘务值班员对6502控制台也没有进行管理，封锁进路上的道岔被外来人员操作而工程车司机在运行中未确认道岔开通位置，导致工程车挤岔一般事故。

（10）2008年8月18日站站台门控制室火灾事故。

（11）2011年9月27日××地铁10号线设备故障信号故障，采用电话闭塞法行车时发生列车追尾，造成271人受伤。

（12）2012年××地铁设备故障受电弓发生故障，电弧击穿列车顶部，4人受伤。

（13）2013年1月8日××地铁空载试运行脱轨致1死1伤。

（14）2013年3月15日××地铁1号线列车行驶在××村到××路下行轨行区间时，与一名男子相撞，致1死。

（15）2019年1月8日，××轨道交通环线××路至××区间人防门侵入列车行驶区域，与列车发生擦碰，造成第一节车厢略微偏移、车头受损，致1死3伤。

（16）2021年7月20日，××市持续遭遇极端特大暴雨，致××地铁5号线×××停车场及其周边区域发生严重积水现象。当日18时许，积水冲垮出入场线挡水墙进入正线区间，导致5号线一列列车被洪水围困。12名乘客不幸遇难。

（17）2022年1月22日××地铁15号线站台门夹人动车导致1名乘客受伤送医抢救无效死亡。

三、常用行车事故相关术语含义

（1）列车脱轨。脱轨是指车辆在正线、配线、车辆基地线等线路运行时，车轮落下轨面（包括脱轨后又自行复轨）或车轮轮缘顶部高于轨面（因作业需要的除外）而脱离轨道。

（2）列车冲突。冲突是指在正线、配线、车辆基地线等线路，列车、机车车辆相互间或与工程车、设备设施（如车库、站台、车挡等）发生冲撞。

（3）列车撞击。撞击是指在正线、配线、车场线等线路，列车或机车车辆在运行过程中与行人、机动车、非机动车及其他障碍物发生碰、撞、轧。其他障碍物是指声屏障、防火门、人防门、防淹门等构筑物及射流风机、电缆、管线等因脱落而侵入限界的吊挂构件或其他设备。

（4）列车挤岔。挤岔是指在正线、配线、车场线等线路，由于道岔位置不正确、尖轨未能与基本轨密贴，导致列车通过道岔时将尖轨与基本轨挤开或挤坏，造成尖轨弯曲变形、转辙机损坏。

（5）车站、轨行区淹水倒灌。车站、轨行区淹水倒灌是指雨水等通过出入口、风亭、过渡段洞口等倒灌车站和轨行区，导致车站公共区积水浸泡或漫过钢轨轨面。

（6）大面积停电。大面积停电是指单个及以上车站、变电所、控制中心或车辆基地范围全部停电。

（7）通信网络瘫痪。通信网络瘫痪是指行车调度指挥通信、车地无线通信、通信网络传输系统等中断30 min（含）以上。

（8）信号系统重大故障。信号系统重大故障是指中央和本地自动监控系统（ATS）均无法监控列车运行或联锁故障错误持续60 min（含）以上。

(9) 夹人夹物动车。夹人夹物动车是指乘客或物品夹在列车车门或站台门时动车,含乘客或物品夹在列车和站台门之间时动车。

(10) 中断行车。中断行车是指线路中有2个及以上车站或区间发生单向行车中断。中断行车时间由事件或事故发生的时间起至恢复运行条件的时间为止。

(11) 列车冒进信号。列车冒进信号是指在未授权的情况下,列车前端任何部分越过信号显示的停车信号或规定的手信号显示地点,以及停车时越过了警冲标。

(12) 漏乘。漏乘是指列车司机在列车开车时,未按规定人数出乘。运转车队要充分考虑各种意外发生的可能性,在出现漏乘苗头时,立即安排同等职务的人员或能胜任现行职务的更高级别人员顶替出乘,使列车正点开出,防止发生漏乘事件。

(13) 整备作业。整备作业是指对列车、机车车辆、轨道车等进行检查、试验设备功能、清扫等作业。

(14) 列车分离。列车分离是指编组列车因未确认车辆的连接状态或车钩作用不良而发生的车辆分离(包括车钩缓冲装置破损)。

(15) 直接经济损失。直接经济损失是指城市轨道交通运营公司设备损失费用及事故救援、伤亡人员(不含人身保险赔偿费用)处理费用。

(16) 错开门。错开门是指司机在站台未对标停准(超过企业规定的范围)时开门及开启无站台侧或非乘降侧站台车门。

(17) 未办或错办行车手续发车。未办或错办行车手续发车是指未与相邻站(或相邻闭塞办理站)办理手续或办理手续后的区间同列车运行的区间不一致时发车。

(18) 错办行车凭证发车。错办行车凭证发车是指与相邻站已办妥闭塞手续,但由于未交、错交、未拿、错拿、漏填、错填行车凭证而发车。

技能点训练

能够按照时间、事件或事故的性质对国内城市轨道交通行车事件和事故进行汇编。

技能点训练

一、选择题

1. (　　)是指司机在站台未对标停准(超过企业规定的范围)时开门或开启无站台侧或非乘降侧站台车门。
   A. 错办进路　　　B. 错开车门　　　C. 错开站台门　　　D. 错开列车

2. (　　)是指列车夹住人体任何部位或物品动车。
   A. 夹人夹物动车　　B. 列车冲突　　　C. 列车脱轨　　　D. 列车冒进信号

二、名词解释

1. 挤岔。
2. 脱轨。
3. 列车冒进信号。
4. 列车冲突。

附 录

附录一 行车日志

___年___月___日___班 天气___　　　　　　　　　　　交班人___ 接班人___

列车运行计划		上级重要指示及文件精神					交接班注意事项				
备品交接	路票										
	钥匙										
	其他										

车次	上 行					附注	车次	下 行				附注
	到 达			出 发				到 达			出 发		
	电话记录号码及收发时间	邻站出发	本站到达	电话记录号码及收发时间	本站出发	邻站到达			电话记录号码及收发时间	邻站出发	本站到达	电话记录号码及收发时间	本站出发	邻站到达	

附录二 调度命令登记簿

____年____月

发令时间		命令号码	命令		复诵人姓名	接受命令人姓名	行调姓名	阅读时刻（签名）
月	日		受令及抄知处所	内容				

附录三 中间站接发车作业标准

程序标准			岗位作业标准		
程序	项目	行车调度员	行车值班员	站务员	司机
一、接车	1. 接车作业		(3) 联锁站通过 ATS/LCW 监视列车运行情况。 (4) 联锁站通过 ATS/LCW 确认列车停站情况 (5) 监察自动广播情况或播放必要的广播	(1) 站务员在指定方向前端第二节车厢第二个客室门的位置，靠近紧急停车按钮)接车，目迎列车进站	(2) 列车进站对标停车
二、站台作业	2. 乘降作业	(11) 通过中央 ATS 和大屏幕监控列车运行及到站停车情况		(7) 维持秩序并观察乘客上、下车	(6) 列车到站停车，司机执行开门程序。 (8) 待停站时间已到，司机执行关门程序
	3. 关门程序			(9) 确认车门、站台门关闭良好，未发现夹人、夹物情况；向司机显示"好了"信号	(10) 司机关门完毕后，确认站务员"好了"信号显示，上车关司机室门，凭车载信号显示动车

附录四 折返站站前折返作业标准

程序标准

程序	岗位作业标准			
	行车调度员	行车值班员	站务员	司机
一、接车		(3) 通过 ATS/LCW 的计轴的占用情况确认列车停站情况	(1) 站务员在指定位置（列车运行方向前端第二节车厢第二个客室门的位置，靠近紧急停车按钮）接车，目迎列车进站	(2) 驾驶列车进入车站站台对标停车。 (5) 司机执行开门程序
	(4) 通过中央 ATS 和大屏幕监控列车运行，到站停车，折返及发车情况			
二、站台作业		(8) 通过 ATS/LCW 观察系统自动排放进路是否正确。 (11) 通过 ATS/LCW 观察列车折返情况，同时根据列车性质（客运列车）做好相应的乘客信息广播	(6) 维持秩序并观察乘客上、下车。 (10) 确认车门、站台门关闭良好，未发现夹人、夹物情况；向司机显示"好了"信号	(7) 司机执行换端作业。 (9) 根据时刻表，确认发车时间已到，司机执行关门程序
三、发车		(13) 通过 ATS/LCW 的计轴的占用情况监视列车发车及运行情况		(12) 司机确认站务员"好了"信号显示，根据时刻表核对 DID，具备发车条件后启动列车发车至下一站

附录五 折返站站后接发车作业标准

程序标准

程序	行车调度员	行车值班员	岗位作业标准 — 站务员	司机
一、接车	(4) 通过中央ATS和大屏幕监控列车运行,到站停车,折返及发车情况	(3) 通过ATS/LCW显示计轴的占用情况确认列车停站情况	(1) 站务员在指定位置(列车运行方向前端第二节车厢第二个客室门的位置,靠近紧急停车按钮)接车,目迎列车进站。(6) 执行清客后回到指定位置向司机显示"好了"信号	(2) 列车到达终点站对标停车。(5) 司机执行开门程序。
二、折返		(10) 通过ATS/LCW观察列车完全停进折返线后,系统自动排放进路是否正确。(13) 通过ATS/LCW观察列车折返情况,同时根据列车性质(客运列车,排空列车)做好相应的乘客信息广播	(8) 确认车门、站台门关闭良好,未发现夹人、夹物情况;向司机显示"好了"信号	(7) 司机确认站务员"好了"信号显示,执行关门程序。(9) 具备发车条件后启动列车驶入折返线。(11) 司机执行换端作业。(12) 具备发车条件后启动列车出折返线
三、发车	(20) 通过ATS/LCW的计轴的占用情况监视列车发车及运行情况		(16) 维持秩序并观察乘客上、下车。(18) 确认车门、站台门关闭良好,未发现夹人、夹物情况;向司机显示"好了"信号	(14) 驾驶列车进入车站站台对标停车。(15) 司机执行开门程序。(17) 根据时刻表,确认发车时间已到,司机执行关门程序。(19) 司机确认站务员"好了"信号显示,根据时刻表核对DID,具备发车条件后启动列车发车至下一站

附录六　出基地作业标准

程序标准		岗位作业标准			
程序	行车调度员	行车值班员	站务员	DCC值班员	司机
一、出基地前准备工作	(4) 检查确认符合出车顺序表和列车运行图，"同意××次列车经转换轨×道的出基地请求"			(2) 确认转换轨×道空闲。 (3) 向行调请求××次列车运行至转换轨×道	(1) 于电客车出库前15 min完成整备作业，向DCC值班员请求出基地
二、转换轨作业	(7) 通过中央ATS观察到列车已运行至转换轨×道，按运行图和列车运行计划核对TID、计划DID及PVID号。 (9) 接受司机核对TID、计划DID及PVID号。用语："××次通信正常，结束。" (10) 监控进路的开放及列车运行			(5) 得到行调的授权后排列××股道的进路，使列车进入转换轨×道	(6) 以RM模式人工驾驶运行至转换轨×道一度停车。 (8) 与行调进行通信测试，转换驾驶模式为ATO模式，输入司机号并与行调核对TID、计划DID及PVID号。用语："×××次××车在转换轨×道停稳。" (11) 具备发车条件启动列车，运行中确认道岔位置
三、站台作业		(13) 通过ATS/LCW、CCTV监视列车启动及运行情况	(12) 站务员在指定位置（列车运行方向前端第二节车厢第二个客室门的位置，靠近紧急停车按钮）接车，目迎列车进站		(14) 驾驶列车进入站台，执行站台作业程序

附录七 入基地作业标准

程序标准	岗位作业标准					备注
程序	行车调度员	行车值班员	站务员	DCC值班员	司机	
一、确认区间空闲	(2) 按运行图，确认回基地列车，并核对TID、DID及时刻。"××次按计划回基地，运行至转换轨×道与DCC联系回基地" (4) 确认车辆基地信号机开放			(3) 根据运行图规定，确认转换轨×道空闲列车到基地前提达回基地信号开放相应回基地信号机	(1) 按照时刻表，确认为回基地列车，并核对TID、DID及时刻，与行调确认："××次××车呼叫行调。"	
二、接车		(6) 通过ATS/LCW、CCTV监视列车启动及运行情况并做好相应的乘客信息广播	(5) 站务员在指定位置（列车运行方向前端第二节车厢第二个客室门的位置，靠近紧急停车按钮）接车，目迎列车进站		(7) 驾驶列车进入回基地衔接站站台对标停车	① 如需清客，车站执行清客程序。并广播通知乘客下车。 ② 如为排空列车，不需站务员接发车作业
三、发车	(10) 监视列车运行情况。 (12) 观察列车离开转换轨×道后，在调度终端窗上确认该列车次调度已删除，并在无线调度台上确认该列车次已删除		(9) 列车启动离开站台时，观察列车、站台、站台门有无异常		(8) 具备发车条件后，启动列车至转换轨×道。 (11) 运行至转换轨×道与DCC联系，转换轨×道转在转换轨×道转RM模式回基地	如需换端，司机执行换端作业

附录八 电话闭塞前准备作业

程序及项目	行车调度员	电话闭塞区各站值班站长	电话闭塞区各站行车值班员	司机	备注
一、发现联锁故障	(1) 扣停受故障影响列车于就近站台，通知全线区间运行列车限速25 km/h运行。 (2) 通知全列车司机和本站"×××时×××分，×××站至×××站准备改用电话闭塞"。 (3) 在具备提前下路机办理进路的条件时，行调可授权车站下发提前办理进路。 (4) 与车站和司机确认联锁故障区列车位置和车次。 (5) 手绘列车运行图，记录列车位置和车次。 (6) 做好行车记录。	(1) 有岔站需通知兼职联扳道站务员准备下路机准备进路。 (2) 落实两名列车监控站员添乘上/下行列车。 (3) 联锁站指定一名胜任人员对行车值班员作业进行监督。	(1) 通知值班站长故障情况，启用列车占用表示牌。 (2) 向行调报告本站列车占用情况和车次，与行调确认车站前后区间列车占用情况。并摆挂好列车占用表示牌，做好行车记录。 (3) 中间有岔站需与正线连接道岔用钩锁器锁定于定位。 (4) 折返站需向行调申请办理进路，路机现场办理进路。	制停列车，向行调报列车次，按行调指示或调度命令动车。	在只有一名列车司机驾驶的情况下，办理电话闭塞车站值班站长指定两名监控员上/下行站台添乘列车，本站添乘监控员在站台添乘到订列车先到添乘的原则添乘到办理电话闭塞终端站下车后反向添乘，在电话闭塞区域内的两端站进行轮流添乘。本站人员不足需由本站站长迅速请求非闭塞区站提前添乘人员支援，在非闭塞区站不能及时安排监控员，列车需限速25 km/h运行
二、改用电话闭塞法行车	(1) 安排故障区间迫停于区间的列车限速25 km/h运行至前方站停车。 (2) 在与车站和司机确认车次，并保证电话闭塞区列车全部停于车站后发布改用电话闭塞法行车命令		(1) 接收行调转交的调度命令。 (2) 确认发车进路空闲后，向前方站请求电话闭塞	接收车站转交的调度命令，凭路票进入闭塞区间，按发车信号发车	(1) 电话闭塞区两端站负责将调令抄送司机，抄送调令可采取打印作或复印加盖车站行车专用章的形式。 (2) 折返站扳道站务员在每次扳道完成后立于规定的安全位置。 (3) 在启用电话闭塞法后，行调通知非故障区列车恢复正常运行

附录九　电话闭塞法中间站接发车作业标准

程序标准		岗位作业标准					备注
程序	项目	发车站		接车站			
		行车值班员	站务员	站务员	行车值班员	站务员	
一、确认区间空闲	1. 确认区间空闲	(1) 向站务员布置进路，进路准备完毕后报告："上/下行站台发车进路准备好。"或接到接车站向本站报告下次列车占用本站发车站请求闭塞，用语："××次请求××站至××站上/下行闭塞，时间××分××秒。"	(2) 复诵："准备上/下行站台发车进路。" (3) 检查线路空闲，岗位置正确后，向行车值班员汇报："上/下行站台线路空闲，发车进路准备好。"		(5) 听取发车站请求闭塞。 (6) 与站务员确认接车进路空闲。向站务员布置进路，进路准备完毕后报告："准备完毕。" (9) 复诵："上/下行站台线路空闲，接车进路准备好。"根据"行车日志"确认前次列车已从本站发出，区间表示牌，接车线路空闲，道岔已锁闭在正确位置	(7) 复诵："准备上/下行站台接车进路，进路准备完毕后报告。" (8) 检查线路空闲，道岔位置正确后，向行车值班员汇报："上/下行站台线路空闲，接车进路准备好"	对于首次办理电话闭塞的区间，接车站值班员在同意闭塞前需与行车调度员确认接车进路空闲
二、办理闭塞	2. 办理闭塞手续（接车）	(11) 复诵："同意××次××站至××站上/下行闭塞，时间××时××分××秒，电话记录号码××。"答复后，填写"行车日志" (13) 得到接车站"正确"答复后，填写行车日志			(10) 承认发车站闭塞，用语："同意××次××站至××站上/下行闭塞，时间××时××分××秒，电话记录号码××。" (12) 回答："正确"。填写"行车日志"		

续表

程序标准		岗位作业标准					备注
程序	项目	发车站			接车站		
		行车值班员	站务员	司机	行车值班员	站务员	司机	
二、办理闭塞	3. 办理闭塞手续（填写路票）	(114) 向站务员发布路票内容，电话记录××××站上/下行，车次××，××站至××站，电话闭塞办理人×××，××年×月×日，××站行车专用章印有。"(16) 回答："正确。"	(15) 手填路票，并复诵×"上/下行，车次××码××，××站至××站，电话闭塞办理人×××，××年×月×日，××站行车专用章印有。"					①对于首次办理电话闭塞的路票，需在路票中加盖"首列运行限速25 km/h"章。②接车站同意闭塞后，发车站布置站务员填写路票
	4. 发车作业	(26) 复诵发车通知："××次××时××分××秒××站上/下行×××站上/下行整挂列车开出。"(27) 向发车站报点："××次××时××分××秒××站上/下行开出。"(29) 听取复诵无误回答："正确。摘挂×××站行车占用表示牌"(30) 向发车站报发点	(18) 与车站交接路票，先接后交，交路票时手指记录号码××××站上/下行，车次××，××站至××站，电话闭塞办理人×××，××年×月×日，××站行车专用章印有。"(21) 确认站台门关好后向机车显示"好了"信号。(23) 在指定地点向机车发车信号。(25) 目送列车出清站台后向行车值班员报点："××次××时××分××秒××站上/下行开出。"	(17) 列车到站停稳后，司机开车门（监控屏蔽门）。(19) 与车站交接路票，接路票时手指记录号码呼："上/下行，车次××，××站至××站，电话闭塞办理人×××，××年×月×日，××站行车专用章印有。"(20) 待站台门、车门关闭后关车门。(22) 司机确认站台门关好后目视车站显示"好了"信号。(24) 司机确认车站显示上车关司机室门后上车关司机室门动车	(28) 复诵发车站报点："××次××时××分××秒××站上/下行开出。"(31) 通知站务员："准备车。"摘挂列车占用表示牌	(29) 复诵："准备上/下行接车。"到指定位置接车		①停站时间有时刻表时按时刻表规定，无时刻表时视定为30 s。②站务员第一次向司机交接路票同时交电话闭塞书面命令。③站台候车区站务员显示"好了"信号等站台门、列车门关好（门指示灯熄灭），站台有无异常情况。④待站台门、车门关好后，司机协助观察车门端门，站务员到小站台处向司机显示发车信号⑤待司机上车关司机室门后，站务员停止显示发车信号

续表

程序标准		岗位作业标准						备注
程序	项目	发车站			接车站			
		行车值班员	站务员	司机	行车值班员	站务员	司机	
三、接车	5. 接车作业				（34）复诵："××次上/下行整列到达。"摘挂列车占用表示牌	（33）列车进站停车后向行车值班员报点："××次上/下行整列到达。"	（32）列车到站停稳后，司机开车门。（监控员开站台门）	⑥联锁站行车值班员需向行调报点

附录十 电话闭塞法站后折返接发车作业标准

程序标准		岗位作业标准				
程序		折返站				司机
		主行车值班员	副行车值班员	站台站务员	扳道站务员	发车站行车值班员
一、确认区间线路空闲		(2) 向扳道站务员布置进路："准备上/下行进折返线进路，××道岔定/反位，进路准备完毕后报告。" (5) 复诵："上/下行站台折返线进路准备好，具备接车条件"，通过"行车日志"中记录和列车占用表示牌检查确认具备上/下行接车条件	(6) 听取主值自述的作业安排，与主值共同确认上/下行接车进路空闲		(3) 复诵："准备上/下行进折返线进路，××道岔定/反位，进路准备完毕后报告。" (4) 将规定道岔转换至正确位置后，立于规定的安全位置向主行车值班员汇报："上/下行站台折返线进路准备好，具备接车条件。"	(1) 向接车站请求闭塞，用语："××次请求××站至××站上/下行闭塞，时间××时××分××秒。"	
二、办理闭塞手续		(7) 接车线路空闲，进路准备妥当，向发车站发出电话记录号码同意闭塞。用语："同意××次××站至××站上/下行闭塞，时间××时××分××秒，电话记录号码××。" (9) 听取发车站复通无误回答："正确"并填写"行车日志"				(8) 复通："同意××次××站至××站上/下行闭塞，时间××时××分××秒，电话记录号码××。""填写"行车日志"，布置站务员填写路票	

续表

程序标准	岗位作业标准					
程序	折返站				发车站行车值班员	司机
	主行车值班员	副行车值班员	站台站务员	扳道站务员		
三、站台接车	(11) 复诵："×××次上/下行××站××时××分××秒开出。"填写"行车日志"，指示副值摘挂列车占用表示牌。 (13) 在副值摘挂完毕后，手指口呼："正确。" (14) 通知站务员："准备上/下行接车。" (18) 复诵："×××次上/下行整列到达。" (20) 指示副值摘挂列车占用表示牌："×××次上/下行整列到达。" (22) 在副值摘挂完毕后，手指口呼："正确。"填写"行车日志"。 (23) 向行车调度员报点。	(12) 按主值指示摘挂列车占用表示牌，手动用口呼："×××站上/下行开出。" (21) 摘挂区间占用表示牌手动用口呼："×××次上/下行整列到达。"	(15) 复诵："准备上/下行接车。" (17) 列车进站停车后向主行车值班员报点："×××次上/下行整列到达。" (19) 回答："正确。"		(10) 到站务员发车报点后，向接车站报点："×××次××时××分××秒×站上/下行开出。"	(16) 列车到站停稳后，司机开车门（监控员开站台门）

程序标准	岗位作业标准					备注
程序	折返站				司机	
	主行车值班员	副行车值班员	站台站务员	扳道站务员		
四、折返(列车从折返站台进折返线)	(27) 通过列车占用表示牌确认后,通知站务员:"上/下行站台折返线进路准备好。" (31) 复诵:"××次上/下行整列开出。" (33) 复诵:"××次在××站××次折返×道已停妥。" (35) 与现场扳道员确认列车折返线到清。 (36) 指示副值摘挂完毕正确后,手指口呼:"正确。" (38) 在副值摘挂完毕且正确后,手指口呼:"正确。"	(37) 摘挂区同占用表示牌动手指口呼:"××次折返线到达。"	(25) 确认站台门、车门关好后在指定位置向司机显示"好了"信号。 (26) 向主行车值班员确认:"上/下行站台折返进路准备好。" (28) 在得到主行车值班员的确认班车门和站台门关闭良好后,在指定地点向司机显示发车信号。 (30) 目送列车出清站台后向主行车值班员报点:"××站上/下行整列开出。"		(24) 待停站时间已到,监控员关站台门、司机关车门。 (29) 确认发车信号后凭发车信号进入折返线。 (32) 列车折返向车站值班员报:"××次折返××道已停妥。" (34) 回答:"正确。"	站后折返时需"好了"信号显示两次,第一次为清一次客完毕,第二次为车门、站台门关好

续表

程序标准	岗位作业标准					备注
程序	折返站					
	主行车值班员	副行车值班员	站台站务员	扳道站务员	司机	
五、折返线进上/下行站台接车	(39) 向接车站台站务员确认接车站台空闲后通知扳道站务员："准备折返进上/下行站台进路。" (42) 复诵："折返线进上/下行站台进路准备好，具备接车条件。" (43) 通过"行车日志"中记录和列车占用表示牌检查并通知接车站务员准备接车。 (44) 通知司机："××站折返线×道进上/下行站台进路准备好，凭发车手动动车。" (46) 通知扳道站务员"上/下行站台线路空闲，向司机显示发车信号×××。" (48) 回答："正确。"			(40) 复诵："准备折返线进上/下行站台进路。" (41) 做好防护，现场手摇道岔，准备好进路后，立于规定位置向主行车值班员报："折返线进上/下行站台进路准备好，具备接车条件。" (47) 复诵："上/下行站台线路空闲，向司机显示发车信号×××。" (49) 在规定位置向司机显示发车信号	(45) 复诵："××站折返线×道进上/下行站台进路准备好，凭发车信号动车。" (50) 司机凭发车信号动车进入上/下行站台	两名人员负责扳动道岔排列进路。排列进路时无需加钩锁器固定，不需要复位，只需正确确认位置，进路排列按由远及近的原则

程序标准	岗位作业标准					备注
程序	折返站					
	主行车值班员	副行车值班员	站台站务员	扳道站务员	司机	
六、站台作业	(53)复诵："××次上/下行整列到达。"指示副值摘挂列车占用表示牌并填写"行车日志"。 (55)确认副值摘挂列车占用表示牌正确后，手指口呼："正确。" (57)确认列车鉴到达站台后授权扳道站务员办理上/下行站至折返线进路。	(54)按主值指示摘挂列车占用表示牌	(52)在列车停稳后，向主行车值班员报点："上/下行整列到达。" (59)与主值交接路票，先接后交，手指路票口呼："上/下行，电话记录号码××、车次××、××站至××站、电话闭塞办理人××，××年×月×日，××行车专用章印有。" (62)确认站台门、车门关好后在指定位置向司机显示"好了"信号。 (64)在规定位置向司机显示发车信号	(56)目送列车出清后向主行车值班员请求："是否准备上/下行站至折返线进路。" (58)接授权后做好防护手摇道岔准备进路	(51)司机到开车门后打开站台门 (60)与站务员交接路票，先交后接，手指路票口呼："上/下行，电话记录号码××、车次××、××站至××站，电话闭塞办理人××，××年×月×日，××行车专用章印有。" (61)待停站时间到，监控员关门门司机关车门。 (63)确认车门、站台门关好后目视车站显示"好了"信号。 (65)确认发车信号后上车关司机室门动车	①折返站请求闭塞的时机为收到接车点后。通过"行车日志"和列牌检查确认前次列车到达前方站并开出、区间已空闲。 ②接车站占用"行车日志"和列车表示牌检查确认前次列车到达本站并已从本站开出

续表

程序标准	岗位作业标准					备注
程序	折返站				司机	
	主行车值班员	副行车值班员	站台站务员	扳道站务员		
七、发车	(67) 复诵:"××次上/下行整列开出。"填写"行车日志",并向接车站及行车调度员报点。 (68) 指示副值摘挂列车占用表示牌。 (70) 确认副值摘挂摘挂列车占用表示牌正确后,手指口呼:"正确。"	(69) 摘挂列车占用表示牌动口呼:"××次列车上/下行开出。"	(66) 目送列车出清站台后向主行车值班员报点:"××次上/下行整列开出。"			

附录十一 电话闭塞法站前折返作业标准

程序标准	折返站				发车站行车值班员	司机
程序	主行车值班员	副行车值班员	接车站务员	扳道站务员		
一、确认接车进路	(2) 向扳道站务员布置进路:"准备上/下行站台站前折返接车进路,××道岔定/反位,进路准备完毕后报告。"(5) 复诵:"上/下行站台站前折返接车进路准备好,具备接车条件。"通过"行车日志"中记录和列车占用表示牌检查确认具备接车条件	(6) 听取主值自述的作业安排,与主值共同确认上/下行站前折返接车进路空闲		(3) 复诵:"准备上/下行站台站前折返接车进路,××道岔定/反位,进路准备完毕后报告。"(4) 将正确道岔位置换至规定的安全位置后,立手规定的主行车值班员汇报:"上/下行站台站前折返接车进路准备好,具备接车条件。"	(1) 向接车站请求闭塞,用语:"××次请求××站至××站上/下行闭塞,时间××时××分××秒。"	
二、办理闭塞手续	(7) 接车线路空闲,进路准备妥当,收到发车站电话闭塞号码同意闭塞,发车站发出电话闭塞号码同意闭塞。用语:"同意××站至××站上/下行闭塞,时间××时××分××秒,电话记录号码××。"(9) 听取发车站复诵回答:"正确。"填写"行车日志"				(8) 复诵:"同意××次××站至××站上/下行闭塞,时间××时××分××秒,电话记录号码××。"填写"行车日志"。布置路票,务员填写路票	

续表

程序标准						
程序	岗位作业标准					
	折返站				发车站行车值班员	司机
	主行车值班员	副行车值班员	接车站务员	扳道站务员		
					(10) 接到站务员发车报点后，向接车站报点："×××次××时××分××秒上/下行××站开出。"	
	(11) 复诵："×××次××时××分××秒上/下行开出。"填写"行车日志"，指示副值班员摘挂列车占用表示牌 (13) 在副值摘挂完毕目正确后，手指口呼："正确。" (14) 通知站务员："准备上/下行接车。"	(12) 按主值指示摘挂列车占用表示牌，手动口呼："××站×××次上/下行开出。"	(15) 复诵："准备上/下行接车。"			
三、站台接车	(18) 复诵："×××次上/下行整列到达。" (20) 指示副值摘挂列车占用表示牌："×××次上/下行整列到达。" (22) 在副值摘挂完毕目正确后，手指口呼："正确。"填写"行车日志" (23) 向行车调度员报点	(21) 摘挂区间占用表示牌，手动口呼："×××次上/下行整列到达。"	(17) 列车进站停车后向主行车值班员报点："×××次上/下行整列到达。" (19) 回答："正确。"			(16) 列车到站停稳后，司机开车门（监控员开站台门）

续表

程序标准		岗位作业标准					备注
	程序	折返站				接车站行车值班员	
		主行车值班员	副行车值班员	站台站务员	扳道站务员		
	四、准备发车进路	(24) 确认列车整列到达站台授权扳道站务员："准备上/下行站台进路。" (27) 复诵："上/下行站台折返发车进路准备好,具备发车条件。"	(28) 与主值确认："上/下行站台折返发车进路准备好,具备发车条件。"		(25) 复诵："准备上/下行站台进路。" (26) 做好防护,准备现场手摇道岔,扳好进路后,定于主行车值班员报:"上/下行站台发车进路准备好,具备发车条件。"		①行值授权准备发车进路的时机为接车站务员报列车整列到达后。 ②两名人员负责板动道岔进路。排列进路时无需加动的道岔钩锁器固定,不需复位,只需确认位置正确。进路按由远而近的原则排列
	五、办理闭塞	(29) 向接车站请求闭塞,用语："××次请求××站至××站上/下行闭塞,时间××时××分××秒。" (31) 复诵："同意××次××站至××站上/下行闭塞,电话记录号码×××"。填写行车路票				(30) 接车线路空闲,进路准备妥当,收到发车站闭塞请求后,向发车站发出电话记录同意闭塞,用语："同意××次××站至××站上/下行闭塞,时间××时××分××秒,电话记录号码×××"。	

续表

程序标准					岗位作业标准		备注
程序		折返站				司机	
		主行车值班员	副行车值班员	站台站务员			
六、站台作业				(32) 与司机交接路票，先交后接。手指路票口呼："上/下行，电话记录号码××，车次××，××站至××站，××年×月×日，电话闭塞办理人××，××行车专用章印有。" (35) 确认站门、车门关好后在指定地点向司机显示"好了"信号。 (37) 在规定位置向司机显示发车信号		(33) 与站务员交接路票，先交后接。口呼："上/下行，车次××，××站至××站，××年×月×日，电话闭塞办理人××，××行车专用章印有。" (34) 待停站时间已到，站台关门、站门关好且车站台门司机关车门。 (36) 确认发车信号后上车关司机室门起动车	① 折返站请求闭塞的时机为扳道员报告发车进路准备好后。且通过"行车日志"和列车占用表示牌检查确认前次列车确已到达前方站并从前方站开出，区间已空闲。 ② 接车站通过"行车日志"和列车占用表示牌检查确认前次列车确已到达本站并从本站开出。 ③ 站前折返站的交接路票说明：站务员在发车端小站到处接车，列车到达后，到达司机在完成开门作业后向发车端站务员交接车路票。站务员交接车路票后上车向发车司机交发车路票
七、发车		(40) 复通："×××次上/下行整列开出"，填写"行车日志"，并向接车站及行车调度员报点。 (41) 指示副值摘挂列车占用表示牌。 (43) 确认副值摘正确后，用表示牌口呼："正确。"	(42) 摘挂列车占用表示牌，用表示牌口呼："×××次列车_上/下_行开出。"	(39) 目送列车出清站台后向主行车值班员报点："××次上/下行开出。"			在确认列车整列到达前方车站后，行车值班员通知扳道员排列车上/下行站台折返接车进路

附录十二 电话闭塞法出基地接发车作业标准

程序标准	岗位作业标准				
程序	主行车值班员	副行车值班员	接车站务员	扳道站务员	DCC值班员	司机
一、出基地前准备工作					根据调车作业计划，安排出基地信号车运行至出基地信号前停车待命。向行调请求列车出基地授权	执行出车前例检程序，准备妥当后，向DCC值班员请求出基地
二、办理接车进路	(1) 与接车站务员确认接车站台上/下行站台空闲。 (3) 复诵："上/下行站台空闲。" (4) 向扳道站务员布置接车进路："准备××出(入)基地进路，××道岔定/反位，进路准备完毕后报告。" (7) 复诵："××出(入)基地线至上/下行站台接车进路准备好，具备接车条件。"	(8) 听取主值自述的作业安排，与主值共同确认上/下行接车进路准备好	(2) 现场确认后回答："上/下行站台空闲。"	(5) 复通："准备××出(入)基地线至上/下行站台进路，××道岔定/反位，进路准备完毕后报告。" (6) 将道岔转换至正确位置，立于规定的安全位置向主行车值班员汇报："××出(入)基地线至上/下行站台接车进路准备好，具备接车条件。"		

续表

程序标准	岗位作业标准				
程序	主行车值班员	副行车值班员	站务员	基地DCC值班员	司机
三、办理出基地闭塞	(10) 同意基地的出基地闭塞："同意至×××站上/下行闭塞,基地至×××站上/下行闭塞,时间××时××分××秒,电话记录号码×××。" (12) 听取DCC值班员复诵无误后回答:"正确。"并填写"行车日志"			(9) 得到行调空闲授权且向接车站请求发车进路基地向接车站请求闭塞:"×××次请求××站上/下行闭塞,时间××时××分××秒。" (11) 复诵:"同意××次×××车辆基地至×××站上/下行闭塞,时间××时××分××秒,电话记录号码×××。" (13) 填写"行车日志"和路票	
四、准备接车	(19) 复诵:"×××次××时××分××秒出基地。" (21) 通知接车站务员:"准备接车。" (23) 填写"行车日志"并摘挂列车占用表示牌	(24) 监督主值班作业安排,共同确认列车占用表示牌摘挂正确	(22) 复诵:"准备上行/下行接车。"在指定位置接车	(14) 由指定人员与司机交接路票,先接路票电话记录号码×××,车次×××,车辆基地××道经出/人基地闭塞办理×××站上/下行,电话经出/人×××年×月×日,×××车辆基地行车专用章印有。 (16) 确认复诵正确后,手指定位置向司机显示发车信号。 (18) 向接车站值班员报点:"××次××时××分××秒出基地。" (20) 回答:"正确。"	(15) 司机复诵号码×××,车次×××,车辆基地××道经出/人基地闭塞办理×××站上/下行,电话经出/人×××年×月×日,×××车辆基地行车专用章印有。 (17) 确认发车信号后启动车进出/人基地线

续表

程序标准		岗位作业标准						备注
程序		主行车值班员	副行车值班员	站务员	DCC值班员	司机	接车站行车值班员	
五、接车作业		(29)复诵："×××次上/下行整到达。" (30)向DCC值班员报点："×××次×××时××分×××秒到达。" (32)回答："正确。"		(28)列车整列到达后报主行车值班员："×××次上/下行整列到达。"	(31)复诵："×××次××时××分×××秒到达。"	(25)在转换轨一度停车完成各项转换作业和测信通信测试，报告调度员进行通信测试。用语："×××次车次号，在转换轨×道停稳。" (26)行调回答："×××次车通信正常。" (27)与行调通信测试成功后启动列车进站对标停车。到达站台后打开车门（监控员开站台门）		
六、办理发车闭塞		(33)当接到接车站开通通报点时，向接车站请求闭塞："×××次上/下行请求闭塞，时间××时××分×××秒。" (35)复诵："×××次上/下行闭塞，时间××时××分×××秒，电话记录号码××。" (37)填写"行车日志"并摘挂列车占用表示牌 (39)向站务员发布路票内容："上/下行，车次×××，电话闭塞办理人×××，××年×月×日，××站行车专用章印有。" (41)回答："正确。"	(38)监督主值班业安排，共同确认列车占用表示牌摘挂正确	(40)手填路票并复诵："上/下行，车次×××，电话记录号码××，××站至××站闭塞，电话办理人×××，××年×月×日，××站行车专用章印有。"			(34)同意闭塞："同意×××次上/下行至××站闭塞，时间××时××分×××秒，电话记录号码××。" (36)听取回答，无误复诵："正确。"	

续表

程序标准	岗位作业标准					
程序	主行车值班员	副行车值班员	站务员	DCC值班员	司机	接车站值班员
七、发车作业	(50) 复诵发车通知:"××次上/下行××时××分××秒开出。" (51) 向接车站报点:"××次××时××分××秒××站上/下行开出。" (53) 听取复诵无误回答"正确。"摘挂列车占用表示牌		(42) 交路票时手指口呼:"上/下行,车次×××,××站至××站,电话闭塞办理人××,××年×月×日,××站行车专用章印有。" (45) 确认站台门、车门关好后向司机显示"好了"信号。 (47) 在指定地点向司机显示发车信号。 (49) 目送列车出清站台后向主行车值班员报点:"××次上/下行开出。"		(43) 接路票时手指口呼:"上/下行,车次×××,××站至××站,电话闭塞办理人××,××年×月×日,××站行车专用章印有。" (44) 待停站时间已到,(监控员关站台门)司机关车门。 (46) 确认车门、站台门关好且车站显示"好了"信号。 (48) 司机确认发车信号后上车关司机室门动车	(52) 复诵发车站报点:"××次××时××分××秒××站上/下行开出。" (54) 通知站务员:"准备上/下行接车。"摘挂列车占用表示牌

附录十三 电话闭塞法入基地接发车作业标准

程序标准	岗位作业标准					
程序	主行车值班员	副行车值班员	站务员	扳道站务员	DCC值班员	司机
一、办理进路	(1) 布置扳道站务员现场准备进路："准备上/下行站至出（入）基地线准备进路，××道岔定/反位，进路准备完毕后报告。" (3) 听取复诵正确后，回答："正确。" (5) 复诵："上/下行站至出（入）基地线发车进路准备好，具备发车条件。"	(7) 听取主值自述的作业安排，与主值共同确认发车进路准备妥当		(2) 复诵："准备上/下行站台至出（入）基地线进路，××道岔定/反位，进路准备完毕后报告。" (4) 将规定道岔转换至规定的安全位置后，立手工规定汇报："上/下行站台进入（出）基地线发车进路准备好，具备发车条件。" (6) 回答："正确。"		
二、办理闭塞发车	(8) 确认发车进路准备好后，向DCC值班员请求闭塞，用语："××次请求××站至××车辆基地闭塞，时间××时××分××秒。" (10) 复诵闭塞："同意××次××站至××车辆基地闭塞，时间××时××分××秒，电话记录号码××。" (12) 填写"行车日志"。向站务员发布路票内容："电话记录号码××，车次××，上/下行站出/人基地办理人××，××年×月×日，××道，电话闭塞办理人××，××年×月×日，××站行车专用章印有。" (14) 回答："正确。"		(13) 手填路票，并复诵："电话记录号码××，车次××，上/下行经出/人基地线道××，电话闭塞办理人××，××年×月×日，××站行车专用章印有。"		(9) 确认接车进路准备好后，同意发车站闭塞，用语："同意××次请求××站至××车辆基地闭塞时间××时××分××秒，电话记录号码××。" (11) 回答："正确。"	

续表

程序标准	岗位作业标准					
程序	主行车值班员	副行车值班员	站务员	扳道站务员	DCC值班员	司机
三、接车	(18) 复诵副值整列到达："××次上/下行整列到达。"(20) 指示副值整列到达。(22) 在副值摘挂完毕正确后，手指口呼："正确。"填写"行车日志"。	(21) 摘挂区间占用表示牌手动口呼："××次上/下行整列到达。"	(15) 在规定位置接车（若载客列车则执行清客作业）。(17) 列车进站停车后，向主行车值班员报点："××次上/下行到达。"(19) 回答："正确。"			(16) 列车进站对标车，（若载客列车则开门清客。
四、发车	(30) 复诵发车通知："××次上/下行开出。"(31) 向××车辆基地报点："×××次××分××秒××站上/下行开出。"		(23) 与司机交接路票，先接后交。交路票时手指记录××码××，车次××，××站上/下行经出/人基地线至××车辆基地办理闭塞印有人××，××年××月××日，××站行车专用章印有。(25) 确认列车站台门，车门关好后发"好了"信号。(27) 在指定地点向司机显示发车信号。(29) 目送列车出清站台后向主行车值班员报点："××次上/下行整列开出。"		(32) 复诵发车报点："××次××时××分××秒××站上/下行开出。"(34) 确认进路准备好接车进路，然后回答："允许××次凭××人基地内信号回基地。"	(24) 与司机交接路票，先接后交。交路票时手指口呼："电话记录号码××，车次××，××站上/下行经出/人基地线至××车辆基地办理闭塞办理人××，××年××月××日，××站行车专用章印有。"(26) 司机确认车门关好且车站显示"好了"信号。(28) 司机确认发车信号后上车关司机室门启动车。(33) 司机运行至转换机一度停车完成转换作业与××转换机，请求转换机联系："××停车于××车辆基地转换机，请求回基地。"(35) 复诵："凭××人基地信号回基地。"(36) 确认××人基地信号机显示正确后启动列车

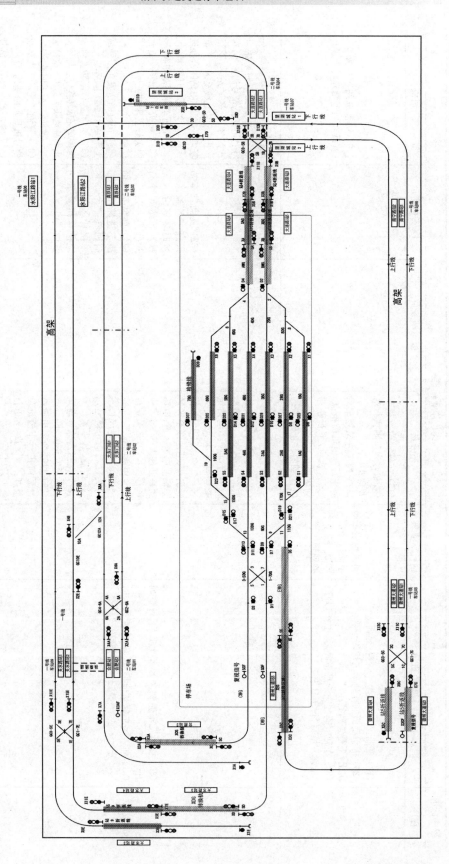

附录十四 城市轨道交通站场平面示意图

参 考 文 献

[1] 徐新玉.城市轨道交通行车组织[M].2版.北京:人民交通出版社,2021.
[2] 孟祥虎.城市轨道交通行车组织[M].北京:人民交通出版社,2018.
[3] 孙玥.城市轨道交通行车组织[M].北京:人民邮电出版社,2022.
[4] 张耀宁.城市轨道交通车辆驾驶术[M].北京:中国劳动社会保障出版社,2021.
[5] 徐金祥.城市轨道交通信号基础[M].北京:中国铁道出版社,2022.
[6] 何静.城市轨道交通运营管理[M].3版.北京:中国铁道出版社,2017.
[7] 毛昱洁.城市轨道交通电动列车驾驶[M].2版.北京:机械工业出版社,2021.
[8] 薛亮,刘小玲.城市轨道交通调度指挥[M].北京:人民交通出版社,2013.
[9] 永秀.城市轨道交通行车组织[M].北京:中央广播电视大学出版社,2014.
[10] 何霖.城市轨道交通网络化运营的实践与思考[M].北京:人民交通出版社,2015.
[11] 李宇辉,李志成.城市轨道交通行车组织[M].北京:高等教育出版社,2019.
[12] 李慧玲.城市轨道交通运营调度指挥[M].3版.北京:中国铁道出版社,2021.
[13] 人力资源和社会保障部教材办公室等.城轨行车值班员:三级[M].北京:中国劳动社会保障出版社,2015.
[14] 广州地铁设计研究院股份有限公司智慧地铁科研组.面向城市轨道交通运营调度和乘客服务的智慧化应用研究[M].成都:西南交通大学出版社,2021.
[15] 陈思斌.全自动运行地铁车辆:济南轨道交通2号线[M].北京:中国铁道出版,2021.